P. Erbar

Onkologie

2. Auflage

Onkologie

Einführung in Pathophysiologie, Klinik und Therapie maligner Tumoren

Paul Erbar

Mit einem Geleitwort von
J. H. Hartlapp

2., überarbeitete und ergänzte Auflage

Mit 41 Abbildungen, in 62 Einzeldarstellungen,
12 Tabellen und 27 Nachsorgeschemata

Schattauer

Anschrift des Autors:

Dr. med. P. Erbar
Arzt für Urologie
Bussardweg 3, 50858 Köln

Die Deutsche Bibliothek – CIP-Einheitsaufnahme

Erbar, Paul:
Onkologie : Einführung in Pathophysiologie, Klinik und Therapie maligner Tumoren ; mit 12 Tabellen und 27 Nachsorgeschemata / Paul Erbar. Mit einem Geleitw. von J. H. Hartlapp. – 2., überarb. und erg. Aufl. – Stuttgart ; New York : Schattauer, 1995
(CompactLehrbuch)
ISBN 3-7945-1621-4

Printed in Germany
Satz: Typo-Design Hecker GmbH, 69115 Heidelberg
Druck und Bindung: Allgäuer Zeitungsverlag, Kotterner Straße 64, D-87435 Kempten/Allgäu
Gedruckt auf chlor- und säurefrei gebleichtem Papier.

ISBN 3-7945-1621-4

Geleitwort zur 2. Auflage

Eine kritische Würdigung erfährt das CompactLehrbuch „Onkologie – Einführung in Pathophysiologie, Klinik und Therapie maligner Tumoren“ aus onkologischer Sicht in meinem Geleitwort zur ersten Auflage dieses Buches, das vor einem Jahr im April 1994 erschien. Ungewöhnlich ist, daß schon nach so kurzer Zeit eine Neuauflage notwendig wurde.
Die zweite, überarbeitete Auflage wurde um das Kapitel „Immuntherapie“ ergänzt. Die bei den letzten Meetings der American Society of Clinical Oncology (ASCO) vorgestellten Ergebnisse und die umfangreichen Studien zur „Aktiv-Spezifischen-Immunisierung“ (ASI) aus Heidelberg, Bonn und anderen Zentren zwingen zu dieser Erweiterung. Im Kapitel „Chemotherapie“ wurden unter der Gruppierung „Andere zytostatisch wirkende Substanzen“ noch zusätzlich die Taxane beschrieben. Es handelt sich hierbei um eine vielversprechende Innovation bei den Zytostatika. Neu verfaßt wurden die Kapitel „Schmerztherapie bei Tumorpatienten“ und „Tumornachsorge“.
Der in der Tumortherapie engagierte Arzt findet in dem Kapitel „Schmerztherapie“ praxisrelevante Regeln für eine ursachenorientierte und abgestufte Behandlung der unterschiedlichen Tumorschmerzen. Die erneut in Fluß gekommenen Nachsorgekonzepte werden für die einzelnen Tumorentitäten entsprechend den Empfehlungen der Arbeitsgemeinschaft deutscher Tumorzentren (ATO) dargestellt.
Mit diesen Erweiterungen vermittelt das CompactLehrbuch einen praxisrelevanten Überblick über Pathogenese, Diagnostik, Klassifikation, Therapie und Nachsorge von Tumorkrankheiten.

Prof. Dr. med. J. H. Hartlapp

Geleitwort

Die *Onkologie* stellt medizingeschichtlich noch ein junges Fachgebiet dar. Sie befaßt sich mit dem traurigsten Kapitel der Medizin, nämlich mit den Krebserkrankungen in allen medizinischen Teilgebieten hinsichtlich Forschung, Diagnostik, Therapie und Lehre. Naturgemäß ist sie fachlich interdisziplinär angesiedelt.

Bezogen auf die Gesamtheit aller Erkrankungen nehmen die Malignome heute einen zunehmend breiteren Raum ein, je nach Fachgebiet bis zu 25 %.

Krebserkrankungen, die früher bei Betroffenen und vielen Ärzten in erster Linie mit Siechtum, Schmerzen und Tod assoziiert wurden, standen lange nur am Rande von diagnostischen und therapeutischen Bemühungen. Wegen ihrer zunehmenden Häufigkeit und den besseren Therapiemöglichkeiten sind heute nahezu alle Fachgebiete der Medizin gezwungen, sich auch in der Praxis mit Diagnostik und Therapie von malignen Erkrankungen zu befassen. Abgeschreckt werden die meisten Ärzte jedoch von den häufig theoretisch überladenen und wenig auf praktische Bedürfnisse ausgerichteten Lehrbüchern und von Berichten über durchgeführte Studien, die von Fachexperten auf hohem wissenschaftlichem Niveau und schwer verständlich veröffentlicht werden.

Das vorliegende Buch, von einem onkologisch erfahrenen Praktiker geschrieben, wendet sich an Studenten und Ärzte aller Fachrichtungen, die sich praxisbezogen informieren wollen, ohne daß sie sich hierzu vorher erst durch breite theoretische Grundlagen der Pathophysiologie arbeiten müssen, die jedoch für das umfassende Verständnis der onkologischen Problematik Voraussetzung sind. Diese Niederschrift gibt dem Leser eine verständliche und anschauliche Einführung in die onkologischen Grundlagen im Hinblick auf die Tumorentstehung aus molekularbiologischer wie auch aus genetischer Sicht, auf das Tumorwachstum und die Metastasierung. Des weiteren wird hier in einer praxisbezogenen und über-

sichtlichen Form die Bedeutung der Tumormarker in der Diagnostik, unter Therapie und während der Tumornachsorge dargestellt. Nach Erläuterung der Therapieprinzipien mit Stahl, Strahl und systemisch wirkenden Medikamenten wird der Leser dann tiefer in die Strahlenbiologie und die Bedeutung zellulärer Reparaturmechanismen eingeführt.
Auch wird auf die erneut aktuell gewordene Immuntherapie eingegangen. Seit Paul Ehrlich knüpfen sich an diese Therapieform hohe Erwartungen, die in der Vergangenheit unerfüllt blieben. Seitdem es möglich geworden ist, mit der Gentechnik ausreichende Mengen von Interferonen, Interleukinen und weiteren Wachstumsfaktoren herzustellen, scheint eine Immuntherapie realisierbar zu werden. In der Behandlung der Haarzell-Leukämie haben sich Interferone bereits durchgesetzt. Weitere Tumoren, wie die chronische myeloische Leukämie (CML), Lymphome, Nierenzell-Karzinome und zahlreiche andere solide Tumoren werden mit ersten hoffnungsvollen Ergebnissen derzeit in Studien therapiert.
Des weiteren wird in einer verständlichen Form die Entwicklung eines neuen Antitumormittels auf Phospholipidbasis beschrieben. Ausgehend von den Acyllysophospholipiden über die Alkyllysophospholipide entstand in jahrelanger Forschungsarbeit und durch Modifikationen am Phospholipidmolekül die neue Substanzgruppe der Alkylphosphocholine. Nach erfolgreicher klinischer Erprobung wurde im April 1993 das erste Antitumormittel aus dieser Substanzgruppe, das Hexadecylphosphocholin, zur Behandlung von Hautmetastasen bei Mammakarzinomen von der Bundesgesundheitsbehörde zugelassen und inzwischen mit guten Resultaten in der onkologischen Praxis angewandt.
Zusammenfassend läßt sich sagen, daß dieses Buch ein gelungenes Werk bezogen auf die Bedürfnisse und Wünsche onkologisch tätiger Allgemeinmediziner darstellt.
Mögen viele, die sich bei der täglichen Arbeit den Problemen der Krebserkrankungen nicht mit voller Kraft widmen können, durch dieses Buch angeregt für ihre Patienten zu einem besseren und kompetenteren Helfer und Ratgeber werden.

Prof. Dr. med. J. H. Hartlapp

Vorwort zur 2. Auflage

Durch ein überraschenderweise großes Interesse an dem Compact-Lehrbuch „Onkologie – Einführung in Pathophysiologie, Klinik und Therapie maligner Tumoren“ wurde nach kurzer Zeit eine Neuauflage dieses Buches notwendig.
Dazu wurde der Text nochmals überarbeitet und aktualisiert sowie durch die Kapitel „Schmerztherapie bei Tumorpatienten“ und „Tumornachsorge“ erweitert.
Aufgrund fortschrittlichster, auf dem neuesten Wissensstand basierender therapeutischer Maßnahmen konnten bei malignen Erkrankungen hinsichtlich ihrer Behandlungsmöglichkeiten in den letzten Jahren große Fortschritte erzielt werden. So können heute einige bösartige Tumoren infolge modernster Operationstechniken und ergänzender Behandlungsverfahren geheilt werden; andere Malignome, die nicht kurativ zu behandeln sind, und früher schnell und qualvoll zum Tode führten, inzwischen durch entsprechende palliative Maßnahmen lebensverlängernd und verbessernd beeinflußt werden. Dies kann bei den Betroffenen häufig zu langanhaltenden, starken und chronischen Schmerzzuständen führen. Bei diesen Schwerkranken bestimmt der Grad der Schmerzfreiheit in den meisten Fällen entscheidend die Lebensqualität. In diesem Zusammenhang sei hier auf die medikamentöse Behandlung der Tumorschmerzen nach dem Dreistufenschema der WHO hingewiesen.
Um zum einen die kurativ behandelten Krebspatienten in regelmässigen Abständen unter Kontrolle zu haben und zum anderen die palliativ behandelten Patienten laufend und besser hinsichtlich ihrer malignen Erkrankung betreuen zu können und gegebenenfalls weitere notwendig werdende therapeutische Maßnahmen einleiten zu können, ist die Tumornachsorge in den letzten Jahren hinsichtlich ihrer Bedeutung neu bewertet worden. In dem Kapitel „Tumornachsorge“ werden die auf den Empfehlungen und Richtlinien der ATO basierenden Nachsorgeschemata für die verschiedenen malignen Erkrankungen dargestellt. Bei den kurativ behandelten Krebspatienten werden die eigens hierfür erarbeiteten standardi-

sierten Nachsorgeprogramme angewandt, während bei den nicht-kurativ behandelten Patienten standardisierte Nachsorgeprogramme ungeeignet sind. Hier sollten die angewandten Nachsorgeprogramme vielmehr von Fall zu Fall der vorliegenden Erkrankung und somit der jeweiligen individuellen bzw. klinischen Situation angepaßt sein.
Ich möchte nochmals allen Fachkollegen danken, die mir durch wichtige Hinweise und Ratschläge geholfen haben, diese Einführung in die Grundlagen der Onkologie in Form eines Compact-Lehrbuches geben zu können.
Ein besonderer Dank geht aber auch an die Damen und Herren des Schattauer Verlages, mit deren Hilfe es möglich wurde, daß aus einem Manuskript ein solches Buch entstand.

Dr. med. P. Erbar

Vorwort

Immer häufiger werden neben den Onkologen auch die Allgemeinpraktiker und die niedergelassenen Ärzte der verschiedensten Fachrichtungen mit dem Krankheitsbild „Karzinom“ im Rahmen der Diagnostik, der Therapie und der Nachsorge konfrontiert.
Nicht immer steht den Kollegen eine entsprechende onkologische Fachliteratur zur Verfügung.
Dieses Buch mit seinen Abbildungen, Zeichnungen und Tabellen soll dem Leser einen Überblick über die Grundlagen der Onkologie vermitteln und gleichzeitig eine Einführung in die Chemo-, Hormon-, Phospholipid-, Immun- und Strahlentherapie maligner Erkrankungen geben.
Sowohl zum besseren Verständnis des strahlentherapeutischen Effektes als auch zur besseren Veranschaulichung des chemotherapeutischen Effektes auf die Zelle und das Gewebe war es unumgänglich, bestimmte physikalische und chemische bzw. biochemische Vorgänge etwas ausführlicher darzustellen. Denn ohne Kenntnis der primären Wirkungen (Ionisationsvorgänge im Zellmilieu bzw. Störungen im Ablauf des Zellzyklus) sind die Folgen strahlen- bzw. chemotherapeutischer Maßnahmen nicht zu verstehen.
Zum angesprochenen Personenkreis gehören Ärzte der verschiedensten Fachrichtungen, sofern sie onkologisch interessiert sind, Studenten der Medizin und Pharmareferenten.
Mein besonderer Dank für ihren Rat, für ihre Hilfe und Verbesserungsvorschläge sowie für zur Verfügung gestelltes Bildmaterial gebührt
Herrn Professor Dr. med. J. H. Hartlapp, Chefarzt der Klinik für Onkologie, Hämatologie und Immunologie an den Städt. Kliniken Osnabrück
Herrn Professor Dr. med. H. Rink, Direktor des Funktionsbereiches Strahlenbiologie der Radiologischen Klinik der Rheinischen Friedrich-Wilhelms-Universität Bonn
Herrn Priv.-Doz. Dr. med. H. Schüller, Oberarzt der Radiologischen Klinik der Rheinischen Friedrich-Wilhelms-Universität Bonn

Herrn Professor Dr. H. Eibl, Leiter des Max-Planck-Institutes für biophysikalische Chemie Göttingen
Herrn Dr. J. Kötting, Mitarbeiter am Max-Planck-Institut für biophysikalische Chemie Göttingen.
Schließlich ist es mir ein Bedürfnis, in meinen Dank all die Autoren und Fachkollegen einzubeziehen, die mir durch ihre Veröffentlichungen oder persönlichen Ratschläge geholfen haben, die diesem Buch zugrundeliegenden umfangreichen naturwissenschaftlichen und medizinischen Grundlagen in einer kompakten und übersichtlichen Form darzustellen, auch wenn sie wegen der Fülle der Fakten und der gewählten kurzen textlichen Gestaltung dieser Niederschrift nicht immer ausführlich an den entsprechenden Stellen zitiert werden konnten. Ihnen allen gilt mein Respekt, meine Anerkennung und meine Dankbarkeit.

Dr. med. P. Erbar

Inhaltsverzeichnis

Einleitung

Bei einem **malignen Tumor** handelt es sich um ein Gewebe mit einer ungehemmten und unkontrollierten Zellteilung und mit einem infiltrativen, destruierenden sowie metastasierenden Wachstumscharakter. Sandritter (1981) definiert ihn als eine abnorme Gewebsmasse, die durch eine autonome, progressive und überschießende Proliferation körpereigener Zellen entsteht. Bösartige Gewebe sind unter anderem dadurch charakterisiert, daß sie sich der Organisation des Gesamtorganismus entziehen und ihr Wachstum und ihr Stoffwechsel nur zur eigenen Erhaltung dient. Von ihnen werden dem Gesamten keine Funktionen zur Verfügung gestellt.
Eine Schädigung erfährt der Organismus durch Verdrängungserscheinungen infolge einer Gewebewucherung, durch eine Gewebezerstörung oder auch durch eine tumorbedingte pathologische Hormonproduktion.
Beseitigt werden können diese störenden Herde (*Tumoren*)
1. durch eine radikale operative Entfernung (**Tumorexstirpation**) und
2. durch eine Zerstörung, Vernichtung bzw. durch eine Wachstumseinschränkung des Tumors durch spezielle **medikamentöse Therapien** und **strahlentherapeutische Maßnahmen**.

Eine richtige Entscheidung treffen zu können, welche für den jeweiligen Patienten mit seiner speziellen Tumorerkrankung die optimale Therapie darstellt, setzt beim behandelnden Arzt gute allgemein-onkologische Grundkenntnisse und insbesondere Kenntnisse der medikamentösen und strahlentherapeutischen Behandlungsmöglichkeiten voraus. Der Weg vom Auftreten erster Symptome über die Diagnose zur Therapie ist in Abb. E-1 skizziert.

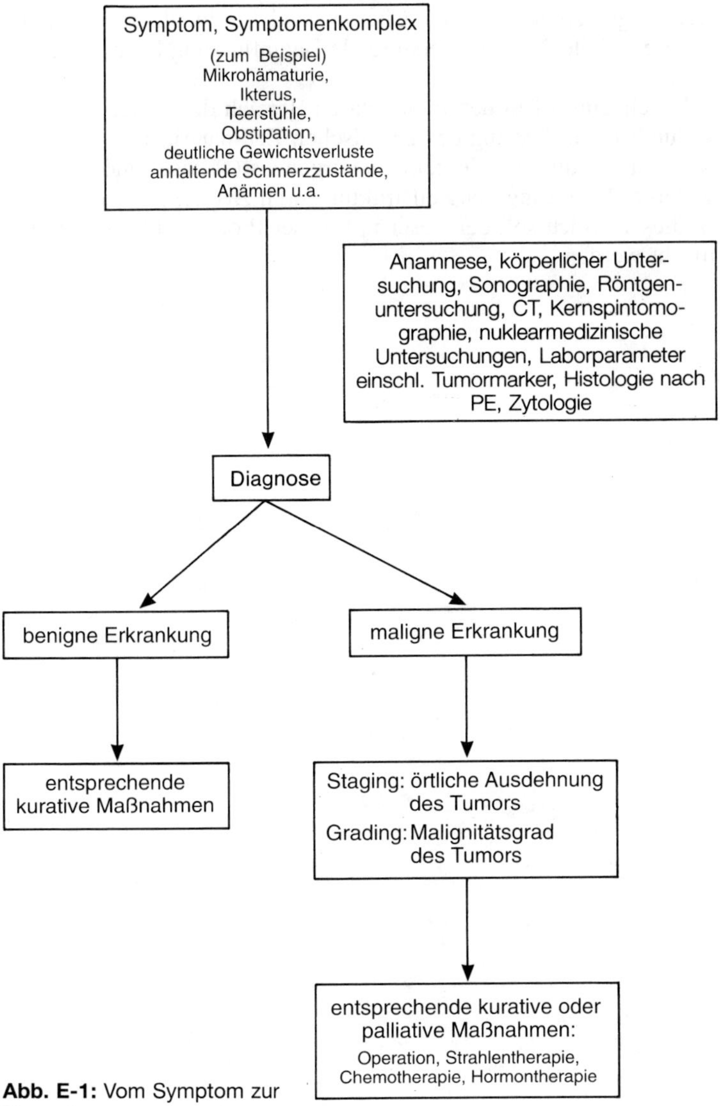

Abb. E-1: Vom Symptom zur Therapie

Der Angriffspunkt bei der Chemo- und Strahlentherapie ist die entartete Zelle. Eine zellzerstörende Beeinflussung kann nur erfolgen:

- Durch Eingriff in den molekularen Bereich der Zelle,
- durch Beeinflussung des genetischen Zellmaterials,
- durch Störung des Zellteilungsvorganges (Mitose) und
- durch Zerstörung der Zellstruktur durch Zytolyse.

In diesem Buch soll der Leser mit dieser Problematik vertraut gemacht werden.

1. Grundlagen der Zellbiologie und Genetik

Zum besseren Verständnis der onkologischen Problematik sollen zunächst die normale Zellmorphologie, genetische Grundlagen und die Zellteilung kurz skizziert werden.

Zellmorphologie

Die Zelle besteht aus einem Zellkern (Nukleus) und dem Zelleib (Zytoplasma). Umgeben wird die Zelle von einer Zellmembran.
Der *Zellkern* setzt sich aus der Kernhülle, dem Kerngerüst, dem Kernkörperchen (Nukleolus) und dem Kernsaft zusammen. Das Kerngerüst ist aus einem achromatischen und einem chromatischen Anteil, dem Chromatin, welches Nukleinsäure enthält, aufgebaut.
Der *Zelleib* (das *Zytoplasma*) enthält Fetttröpfchen, Glykogen und Pigmentgranula. Lichtmikroskopisch lassen sich mit besonderen Färbemethoden im sonst homogen erscheinenden Zytoplasma neben dem Zellkern noch verschiedene Strukturen nachweisen, die als Organellen bezeichnet werden, wenn sie von einer Membran umschlossen sind.
Zu ihnen gehören (Abb. 1-1):
- Das *Zytozentrum* (Zentralkörperchen).

Es wird aus dem Zentriol (kleines Körnchen), dem Zytoplasmabezirk und dem Strahlenkranz (Strahlenfigur) gebildet. Der Zytoplasmabezirk umgibt das Zentriol. Das Zytozentrum spielt bei der Zellteilung eine entscheidende Rolle.
- Die *Mitochondrien* (Reihen und Fäden).
- Der *Golgi-Apparat.*

Durch die Elektronenmikroskopie konnten im Zytoplasma noch weitere Strukturen, die man ebenfalls als Zellorganellen bezeichnen kann, kenntlich gemacht werden. Es sind dies:
- *Das endoplasmatische Retikulum* (ER),
- *die Ribosomen,*

1 Zellkern
2 Nukleolus
3 Kernmembran
4 Mitochondrion
5 Golgi-Apparat
6 Grundplasma
7 Endoplasmatisches Retikulum
8 Ribosomen
9 Diplosom
10 Plasmalemm
11 Plasmalemm-Einstülpung
12 Mikropinozytose

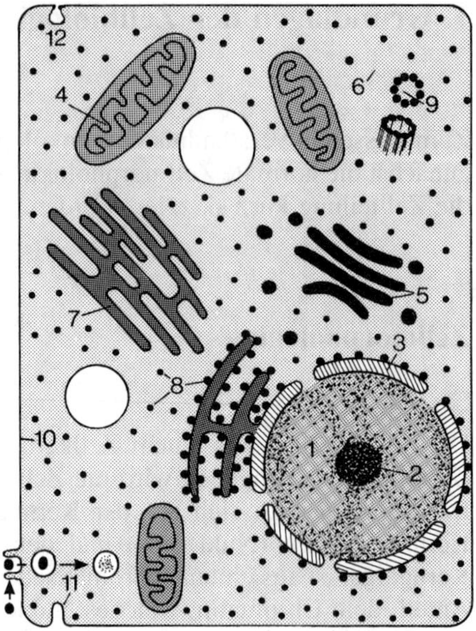

Abb. 1-1: Schemazeichnung einer menschlichen Zelle. (Nach G. Vogel, H. Angermann)

- *die Liposomen*,
- *die Peroxysomen* und
- *die multivesikulären Körper*.

Die Zellbestandteile sind an wichtigen Prozessen wie Stoffaufnahme, Stoffverarbeitung, Stoffsynthese und Stoffabgabe sowie auch am Abbau von phagozytiertem Material und autolytischen Zellbestandteilen beteiligt.

Die Zellmembran

Die **Zellmembran** spielt sowohl bei der Tumorentstehung wie auch bei der Tumorvernichtung, z.B. durch Chemotherapeutika, eine besondere Rolle.
Deshalb soll an dieser Stelle dieser Zellbestandteil einer besonderen Betrachtung unterzogen werden.

Im Mittelpunkt dieser Betrachtung steht ein 4 Millionstel Millimeter dickes Häutchen, die Zellmembran, eine 2schichtige, zähflüssige Membran, die die Zelle umgibt. Die Zellmembran dient der Abgrenzung der Zelle nach außen, so daß das innere Milieu reguliert werden kann. Darüber hinaus laufen in der Membran zahlreiche, teils durch Enzyme katalysierte, biochemische Umsetzungen und Prozesse ab.

Die Zellmembran ist vorwiegend aus einer zähflüssigen Doppelschicht fettähnlicher Substanzen, den *Phospholipiden*, aufgebaut. Diese Bausteine besitzen einen wasserfreundlichen Anteil, der sich dem wäßrigen Zellinneren bzw. der wäßrigen Zellumgebung zuwendet, und fettliebende Anteile, die zueinander gerichtet sind (Abb. 1-2). Die halbflüssige Doppelschicht bildet das Gerüst der Membran. Dieses Grundgerüst stellt ein nur schwer passierbares Hindernis für chemische Substanzen dar und schützt so die Zelle weitgehend gegen schädigende Stoffe. In dem Membrangerüst eingelagerte Rezeptoren, die aus Glykoproteinen, Glykolipiden und einem gekoppelten Effektormolekül (meistens einem Enzym) bestehen, sorgen dafür, daß lebenswichtige Stoffe, darunter auch Hormone, die Zellhülle passieren können oder an sie gebunden werden. Große Moleküle oder Partikel, die von außen auf die Zellmembran treffen, führen zunächst zu einer Einstülpung derselben und werden dann bläschenförmig eingeschlossen und so in das Zellinnere hineintransportiert und dort wieder freigesetzt.

Membranen mit der gleichen Grundstruktur befinden sich auch im Inneren der Zelle. Sie umschließen chemische Funktionsbereiche, in denen Verbindungen auf- und abgebaut werden oder auch Energie für die vielfältigen Funktionsabläufe in der Zelle bereitgestellt wird. Die Regulatoren dieser Abläufe, die Enzyme, sind zum Teil in festgelegter Anordnung an den Membranen gebunden. Diese Funktionsbereiche werden als *Organellen* bezeichnet. Die in der äußeren Zellmembran eingebauten Transportmechanismen leiten bestimmte Substanzen in das Zellinnere. Die Auswahl größerer Moleküle (wie z. B. von Hormonen) wird dabei häufig durch membrangebundene Proteine oder Glykoproteine mit verzweigten Molekülketten, den *Rezeptoren* (Empfängern) gesteuert. Diese Rezeptoren ragen in die die Zellen umgebenden Transportflüssigkeiten hinein (Abb. 1-2).

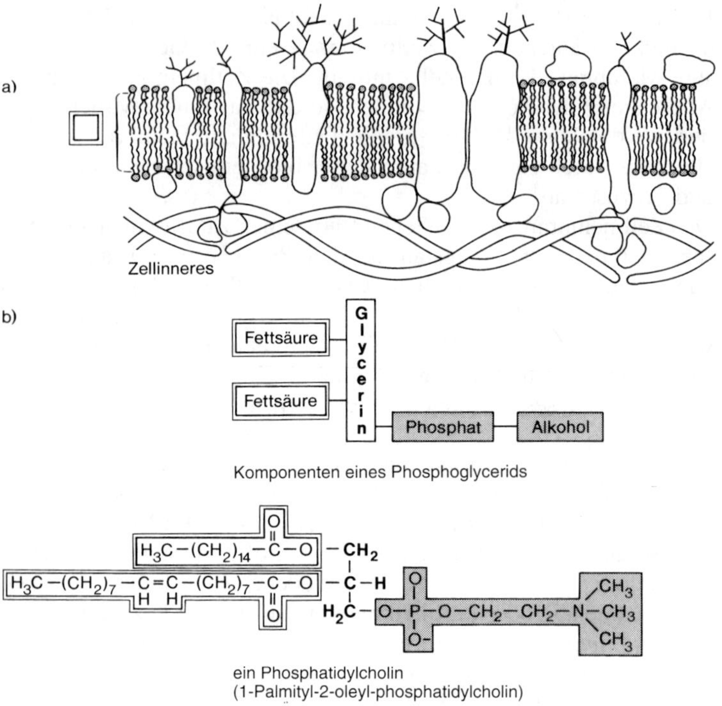

Abb. 1-2: a) Die biologische Membran. Sie besteht aus einer Phospholipid-Doppelschicht, deren fettliebende (lipophile) Fettsäurereste zueinander, die wasserliebenden (hydrophilen) Anteile zum wäßrigen Milieu gewandt sind. In der Lipid-Doppelschicht sind Proteine verankert, die diese entweder durchqueren oder ihr innen oder außen auf- und teilweise eingelagert sein können
b) Prinzipieller Bau eines Phospholipid-Moleküls. Die lipophilen Anteile sind hell, die hydrophilen dunkel dargestellt.
(Nach L. Stryer)

Bei den verzweigten Ketten (Rezeptoren) in der Abbildung handelt es sich um verzweigte Zuckerketten an den Glykoproteinen bzw. um die langen Aminosäureketten der Proteine, die für die Spezifi-

tät der Rezeptoren verantwortlich sind. Sie erkennen sozusagen die passenden anderen Moleküle.
Die Rezeptoren sind sehr vielfältig und für jede Zellart typisch. Sie dienen dadurch auch als Erkennungszeichen für die unterschiedlichen Zellen, so auch für die verschiedenartigen Krebszellen. Einige können auch chemische Botenstoffe aus der umgebenden Flüssigkeit erkennen und die Information weiterleiten, die dann die zentrale Zellsteuerung im Zellkern beeinflußt.
Die Rezeptoren, die in der Zellmembran der normalen Zellen reichlicher vorhanden sind als in der Zellmembran der Tumorzellen, sorgen auch für die Kontaktaufnahme zwischen den Zellen eines heranwachsenden Zellverbandes. Berühren sich die sich teilenden Zellen, werden diese von den Rezeptoren dahingehend beeinflußt, daß sie sich nicht weiter teilen. Es kommt zu einem geordneten Zellverband mit einer gemeinsamen Funktion. Eiweißmoleküle bilden zwischen den Zellen gemeinsame Kanäle. Sie sorgen für den Austausch von Signalsubstanzen, damit ein geordnetes Zusammenwirken der gleichartigen Zellen möglich ist (Abb. 1-2).
Da im Vergleich zur Membran der normalen Zelle in den Tumorzellmembranen eine wesentlich geringere Anzahl von Rezeptoren oder veränderte Rezeptoren vorhanden sind, verhalten sich die Zellen der bösartigen Geschwulst ganz anders. Die Krebszellen vermehren sich ungeordnet und ungehemmt. Sie verdrängen und zerstören das gesunde Gewebe und bilden eine Geschwulst.
Darüber hinaus zeichnet sich die Membran von Tumorzellen durch Strukturen aus, die antigenen Charakter haben und demzufolge als Tumorantigene bezeichnet werden. Diese an die Außenseite der Zellmembran gebundenen Moleküle werden von der Immunabwehr des Körpers als „körperfremd“ erkannt und aktivieren die körpereigene Krebsabwehr (s.d.). In der Krebstherapie werden diese antigenen Eigenschaften der Krebszellen bei der Verlaufskontrolle mit Hilfe von Tumormarkern (s.d.) genutzt.

Der Zellkern und die DNS

Der **Zellkern** ist durch eine Doppelmembran, in der sich Poren befinden, vom Zytoplasma abgetrennt. Er enthält (in menschlichen

Körperzellen) 46 *Chromosomen.* Je zwei dieser Chromosomen sind homolog, d. h., sie enthalten Informationen über das gleiche Merkmal (z. B. die Information, ob ein bestimmtes Enzym produziert werden kann oder nicht). Man kann daher von 23 Chromosomenpaaren sprechen, wobei das 23. Paar die Geschlechtschromosomen X und Y (beim Mann) oder X und X (bei der Frau) sind.
Die Informationen über die Ausprägung eines Merkmals sind die Erbanlagen, die *Gene.* Jedes Gen nimmt einen bestimmten Abschnitt auf der DNS seines Chromosoms ein.
Chromosomen bestehen aus der *Desoxyribonukleinsäure (DNS),* die als Doppelstrang vorliegt und die genetische Information enthält, und daran gebundenen Proteinen (insbesondere Histonen, den basischen Kernproteinen), die unter anderem für die räumliche Struktur der Chromosomen verantwortlich sind. Normalerweise sind die Chromosomen in ungefärbten Präparaten lichtmikroskopisch nicht sichtbar, während sie phasenkontrastmikroskopisch und durch Anfärbbarkeit erkennbar gemacht werden können. Die Desoxyribonukleinsäure, die ein sehr langes Makromolekül aus sich immer wiederholenden Einheiten, den Nukleotidpaaren (s. u.) ist, liegt dann als ungeordnetes Fadenknäuel im Zellkern vor. Zusammen mit den daran gebundenen Proteinen ist sie nach üblicher Hämatoxylin-Eosin-Färbung darstellbar und wird dann im Mikroskop als dunkle körnige Struktur sichtbar, die *Chromatin* genannt wird. Damit jedoch bei einer Zellteilung (Mitose) jede Tochterzelle die gesamte genetische Information der Mutterzelle bekommen kann, muß die DNS vor jeder Zellteilung verdoppelt und dann so geteilt werden, daß jede Tochterzelle je eine Kopie von jedem DNS-Strang erhält. Letzteres ist bei Vorliegen des ungeordneten Fadenknäuels nicht möglich. Daher werden vor jeder Zellteilung die 46 Fäden in höchst komplizierter Weise und unter Zuhilfenahme zahlreicher Proteine so gewunden und kondensiert, daß sie dann als Chromosomen mikroskopisch sichtbar werden.
Bevor die weiteren Schritte der Zellteilung genau erklärt werden, soll im folgenden zum Verständnis der Wirkungsweise einiger Therapieformen und der im Abschnitt „Strahlentherapie" besprochenen zellulären Reparaturmechanismen gegen Fehler in der DNS der molekulare Aufbau der Desoxyribonukleinsäure genauer erklärt werden.

Die **DNS** liegt als Doppelstrang aus zwei komplementären (d. h. gegenläufigen) Einzelsträngen vor, wobei jeder Einzelstrang aus vielen Nukleotiden besteht (Abb. 1-3). Jedes Nukleotid ist seinerseits aus einem Phosphorsäure-Molekül, einer Desoxyribose (das ist ein Zuckermolekül mit 5 Kohlenstoff-Atomen) und einer Base zusammengesetzt. Während die Phosphorsäure und die Ribose das

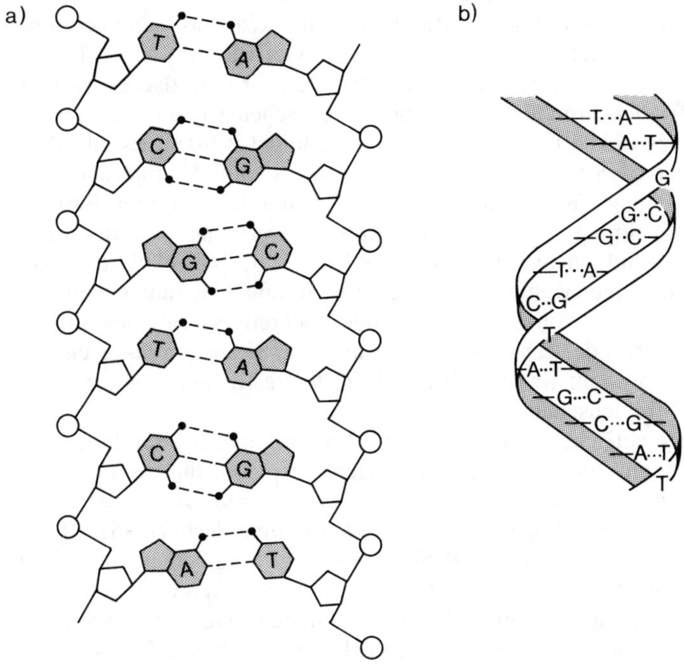

Abb. 1-3: DNS-Doppelstrang
a) Molekularer Bau. Die Phosphorsäurereste sind als Kreise, die Desoxyribosen als Fünfecke dargestellt, die Basen weisen nach innen. **A:** Adenin; **C:** Cytosin; **G:** Guanin; **T:** Thymin.
(Nach L. Stryer)
b) DNS-Doppelhelix. Die Stränge sind umeinander gewunden.
(Nach W. Hadorn, R. Wehner)

„Rückgrat" der DNS bilden, indem sie die Nukleotide durch kovalente Bindungen zu einem Strang binden, ergibt die Reihenfolge der Basen die genetische Information. Sie stehen seitlich von dem „Rückgrat" des Einzelstranges ab. Der Doppelstrang entsteht dadurch, daß die Basen eines Stranges in elektrostatische Wechselwirkung (Wasserstoffbrückenbindungen) mit den Basen des anderen, gegenläufigen Stranges treten. Die räumliche Struktur kann man sich wie eine verdrillte Leiter vorstellen, bei der die Phosphorsäure-Desoxyribose-Ketten die Holme bilden, die umeinander gewunden sind, und die Basenpaare als Leitersprossen nach innen stehen. In der DNS kommen nur die vier Basen *Adenin, Thymin, Cytosin* und *Guanin* vor. Das Besondere ist nun, daß die Wasserstoffbrückenbindungen immer nur zwischen Adenin und Thymin und zwischen Cytosin und Guanin gebildet werden. Es gibt daher in der DNS nur die beiden Basenpaare Adenin-Thymin und Cytosin-Guanin. Kennt man also die Reihenfolge der vier Basen in einem Strang eines DNS-Moleküls, so weiß man, wie der andere Strang aufgebaut sein muß. Dies ist wichtig für zelluläre Reparaturvorgänge, wenn infolge der Einwirkung von mutagenen Substanzen oder von Strahlen eine oder mehrere Basen eines Stranges verändert oder ganze Nukleotide aus dem Strang herausgeschnitten wurden (s. im Kapitel 10 unter „Zelluläre Reparaturmechanismen bei Strahlenschäden").

Die genetische Information der DNS wird ausgewertet, indem sich an einem Teilstück, das einem Gen entspricht, die beiden Einzelstränge nach und nach trennen und an einem von ihnen in Art einer „Negativkopie" ein *Ribonukleinsäuremolekül (RNS)* entsteht, das wie der zweite DNS-Einzelstrang komplementär zu dem Strang ist, an dem es entsteht. Es unterscheidet sich vom zweiten Einzelstrang nur durch drei Eigenschaften, nämlich dadurch, daß erstens die Desoxyribose im „Rückgrat" durch eine Ribose ersetzt ist, daß zweitens die Base Thymin durch die Base Uracil ersetzt ist und daß es drittens viel kürzer ist, nämlich nur die Information eines einzigen Gens enthält. Diese Unterschiede führen dazu, daß es sofort nach seiner Bildung von dem DNS-Strang getrennt wird und sich wieder der DNS-Doppelstrang bildet. Das RNS-Molekül wird aus dem Zellkern heraus ins Zytoplasma transportiert. Dort wird von den Ribosomen die Basensequenz der RNS in die Aminosäuresequenz der Proteine übersetzt. Die eigentlichen Genprodukte der allermeisten Gene sind also Proteine. Die Produkte einiger Gene (z. B. der Regulatorgene bzw. der Tumor-Suppressorgene) beeinflussen die Aktivität anderer Gene. Indem sie allein oder in Verbindung mit anderen Molekülen an bestimmte Stellen auf der DNS binden, ermöglichen oder verhindern bzw. behindern sie (je nach Art des Regulationsmechanismus) die Bildung der RNS an einem Gen. Solche Regulatorgene sind z. B. auch für die Auslösung eines Mutationsvorganges im Proto-Onkogen, wodurch aus diesem ein Onkogen entsteht, das dann eine maligne Zelltransformation auslöst, verantwortlich und damit für die Krebsentstehung von Bedeutung.

Gewebswachstum und Zellzyklus

Gewebswachstum

Wachstum ist ein komplizierter, aus Teilerscheinungen zusammengesetzter Prozeß, der mit einer Größen- und Massenzunahme verbunden ist. Zellwachstum und Zellteilung mit daraus resultierender Zellvermehrung lösen sich in Phasen ab. Durch Zellteilung und Zelldifferenzierung ist der vielzellige, hochdifferenzierte Organismus entstanden. Die Wachstumsfähigkeit und der Wachstumsstillstand sind einer sinnvollen, allerdings bis heute nur teilweise geklärten Steuerung unterworfen. Man unterscheidet ein *reguliertes* und ein *unreguliertes Wachstum.*

Die Lebensdauer einer Zelle von Teilung zu Teilung wird *Regenerationszeit* genannt. Das Ersetzen verlorener Körpersubstanz nennt man *regeneratorisches Wachstum.* Differenziert wird in ein *physiologisches regeneratives Wachstum*, bei dem es sich um eine Antwort des Organismus auf den täglichen Zellverlust handelt (z. B. im Stratum basale der Epidermis, die Kryptenepithelien der Darmschleimhaut, das Knochenmark), in ein *reparatives regeneratorisches Wachstum*, das ein Ersatz für verlorengegangene Zellen nach vorausgegangenen Gewebe- und Organstörungen mit Wiederherstellung der Organfunktion darstellt, und letztlich in ein *kompensa-*

torisches regeneratives Wachstum, wenn z. B. ein Teil der Leber entfernt wird, und das Organ ersetzt den Verlust des Gewebes, oder wenn nach Entfernung einer Niere die kontralaterale Niere wächst. Ein starkes reparatives Regenerationsvermögen besitzen die Epidermis und die Schleimhäute sowie das Bindegewebe.
Die reparative Regeneration ist ebenfalls einer sinnvollen Steuerung unterworfen. Gelegentlich wird aber auch eine überschießende Regeneration beobachtet.
Eine Fehlbildung oder Fehlentwicklung von Zellen und Geweben wird als *Dysplasie* bezeichnet.

Unter einer **Dysplasie** des Gewebes wird das Auftreten von Zellformen und Zellveränderungen verstanden, die den Rahmen des Normalen überschreiten und bereits einem Karzinomvorstadium zugeordnet werden können (z. B. die *Mastopathie*, wenn hier eine Epithelproliferation in den Milchgängen stattgefunden hat, die zervikale intraepitheliale Neoplasie).

Wachstum ist die Folge wiederholter Zellteilung. Die Zellteilung ist zugleich Anfang und Ende von Entwicklungsstufen, die als *Zellzyklus* bezeichnet werden.

Zellzyklus

Damit nach der Zellteilung (Mitose) die Tochterzellen mit den gleichen Anteilen von DNS versorgt werden können, muß der Mitose eine Verdoppelung des genetischen Materials (DNS) vorausgehen.
Dies geschieht in einer Folge biochemischer Prozesse, welche der Zellteilung vorgeschaltet sind.
Jede Tochterzelle bekommt so die gleiche Menge an DNS wie die Mutterzelle.

Unter **Zellzyklus** im engeren Sinne versteht man das Intervall von der Mitose der Mutterzelle bis zur Mitose einer daraus entstehenden Tochterzelle.

Normalzellen und Tumorzellen durchlaufen in ähnlicher Weise diesen Zellzyklus, der sich in eine *Interphase* und in eine mitotische Phase unterteilen läßt.

In der **Interphase** spielen sich verschiedene biochemische Vorgänge ab, die der Bereitstellung und Synthese des für den Zellaufbau erforderlichen Materials (wie z. B. Proteinen, RNS sowie DNS und letztlich auch Enzymen und speziellen Proteinen, die für den Mitosevorgang benötigt werden) dienen.
Sie besteht wiederum aus den Unterphasen: *G_1-Phase, S-Phase, G_2-Phase und G_0-Phase*.Die **Mitose** (Teilungsphase) ist zeitlich und morphologisch differenzierbar in eine *Pro-, Meta-, Ana-* und *Telophase* (Abb. 1-4).

▷ **G_1-Phase:** (Präsynthetische Phase = postmitotische Phase);
ist tumorspezifisch und gewebsspezifisch unterschiedlich lang. In ihr erfolgt eine gesteigerte RNS-Synthese und die Bereitstellung der Proteine für die nachfolgende DNS-Synthese.

▷ **S-Phase:** (Synthetische Phase);
hier erfolgt die Synthese der DNS als wichtigster Kernbestandteil.

▷ **G_2-Phase:** (Postsynthetische = prämitotische Phase);
hier werden Enzyme und Strukturproteine sowie Proteine synthetisiert, die für die Mitose erforderlich sind (RNS- und Eiweißaufbau. Umbau der Zellmembran als Vorbereitung für die Mitose).

▷ **G_0-Phase:** (Ruhephase);
hierin befinden sich Zellen, in denen sich vorerst keine Teilungsvorgänge abspielen. Sie nehmen also nicht mehr am Zellzyklus teil. Die Anzahl der sich in der G_0-Phase befindenden Zellen variiert von Tumor zu Tumor stark.
Nur ein Teil dieser Zellen kann letztlich wieder in den Zyklus eintreten (*Rekrutierung*), teils nach Monaten, teils nach Jahren (*Rezidiv*)!

Der gesamte *Zellzyklus* besteht also aus der:

- G_1-Phase (präsynthetische Phase),
- S-Phase (Synthesephase),
- G_2-Phase (postsynthetische Phase),
- M-Phase (Mitose) = eigentliche Teilungsphase; (das heißt: Trennung der nun sichtbar werdenden verdoppelten Chromosomen durch die Mitosespindel, Durchschnürung der Zelle und Teilung in zwei neue Zellen gleichen Inhalts).
- G_0-Phase (Ruhephase).

Die Zeit, die eine Zelle benötigt, um alle Phasen des Zellzyklus zu durchlaufen, wird Zellzykluszeit oder *Generationszeit* genannt. Diese ist von Spezies zu Spezies und von Gewebe zu Gewebe (normal oder maligne) sehr unterschiedlich. In der Regel ist die Generationszeit jedoch für malignes Gewebe wesentlich kürzer als für normale proliferierende Systeme. Der relative Anteil der einzelnen Phasen an der gesamten Generationszeit ist in Abb. 1-4 schematisch dargestellt.

Die **Zellteilung (Mitose)** läuft wie folgt in 4 Phasen ab:

1. Phase = Prophase: Das Zentriol schnürt sich in der Mitte durch. Die so entstandenen beiden Zentriolen rücken auseinander, so daß das Zentroplasma ein Ellipsoid bildet. Diese rücken nun so weit auseinander, so daß sie an den beiden Polen der sich teilenden Zelle zwei neue Kernbereiche bilden.

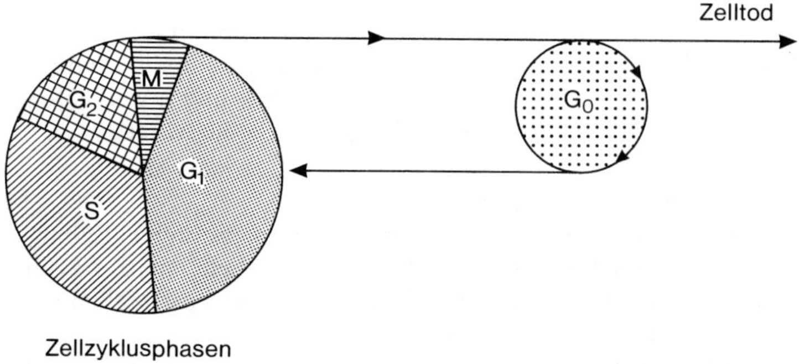

Abb. 1-4: Zellzyklusphasen. **M:** Mitose; **G_1:** postmitotische Phase; **S:** synthetische Phase; **G_2:** postsynthetische Phase; **G_0:** Ruhephase.

Jetzt hat sich auch das Chromatingerüst zu einem Fadenknäuel innerhalb der Kernmembran verdichtet. Dann kondensiert das Chromatinknäuel zu Chromosomen. Die Kernmembran löst sich auf, der Nukleus des Zellkerns und der Kernsaft ergießen sich ins Zytoplasma. Die Strahlen der beiden neuen Zytozentren (= Zentriol, Zentroplasma und Strahlenfigur) verstärken sich, so daß sich eine stark entwickelte Zentralspindel bildet. Ein Teil heftet an den noch ungeordnet vorliegenden Chromosomen.

2. Phase = Metaphase: Nun werden die Chromosomen in der Äquatorialebene der Zelle angeordnet. Durch Längsteilung entsteht ein doppelter Chromosomensatz.

3. Phase = Anaphase: Jetzt kontrahieren sich die Zentralspindeln und ziehen jeweils die Hälfte der Chromosomen zu den beiden Zentriolen (oberer und unterer Pol der sich teilenden Zelle).

4. Phase = Telophase: Während dieser Phase formen die Chromosomen jedes Tochterkerns in Umkehrung des Kondensationsvorgangs wieder Chromatinknäuel und dann körnige Chromatingerüste. Es bildet sich ein neuer Nukleus und eine neue Kernmembran. Die Zentralspindel reduziert sich wieder zu einem neuen Zytozentrum. Zuletzt schnürt sich noch das Zytoplasma (Zelleib) in der Äquatorialebene durch, wodurch zwei neue Zellen entstehen.

2. Tumorentstehung und körpereigene Krebsabwehr

Ursachen der Tumorentstehung

Hinsichtlich der **Entstehung bösartiger Geschwülste** im menschlichen Organismus gilt heute als sicher, daß bei der Karzinogenese mehrere Faktoren eine Rolle spielen und daß diese ursächlich bei der Bildung von Malignomen zusammenwirken.
Wie aus einer Studie des National Research Council der USA von 1982 hervorgeht, soll eine fettarme und ballastreiche Nahrung mit einem signifikant niedrigeren Krebsrisiko behaftet sein als *fettreiche und geräucherte Nahrung*.
Auch werden *familiäre Belastungen* bezüglich bestimmter Krebserkrankungen, so zum Beispiel beim Brustkrebs und auch beim Magen-Darm-Karzinom beobachtet.
In jüngerer Zeit wurden typische Chromosomenanomalien in Form des *Philadelphia-Chromosoms (PH^1)* bei der chronischen myeloischen Leukämie wie auch bei anderen Leukämieformen und Lymphomen nachgewiesen.
Bestimmte Malignome werden mit *spezifischen Viren* in Zusammenhang gebracht, z. B. das Hepatitis-B-Virus mit dem Hepatom, und auch in endemischen Gebieten wie Japan und der Karibik das humane T-Zell-Leukämie-Virus mit T-Zell-Leukämien und Lymphomen.
Ein wichtiger Faktor bei der körpereigenen Krebsabwehr ist ein intaktes Immunsystem. So trifft man bei Patienten mit primären (z. B. Bloom-Syndrom) oder auch sekundären *Immundefekten* (z. B. nach immunsuppressiver Therapie oder AIDS-Erkrankung) eine wesentlich höhere Krebsrate an als bei Patienten mit einer ungestörten körpereigenen Immunabwehr.
Bei den meisten Krebserkrankungen wird im Hinblick auf ihre Entstehung im menschlichen Organismus ein enger Zusammenhang mit der Einwirkung *chemischer Kanzerogene* wie z. B. Vi-

nylchloride, Benzol, Alkohol und Zigarettenrauch auf den Körper beobachtet und diese somit als eine der häufigsten Ursachen für die Entstehung bösartiger Erkrankungen angesehen.
Bis heute ist der Ablauf des **zellulären Mechanismus** bei der malignen Transformation größtenteils ungeklärt. Aufgrund neuerer Forschungsergebnisse wird angenommen, daß durch eine Aktivierung eines oder mehrerer *Proto-Onkogene* bzw. einer Inaktivierung sogenannter *Anti-Onkogene* die maligne Zelltransformation ausgelöst wird, wobei, wie schon erwähnt, bei der Karzinogenese sicherlich mehrere auslösende Faktoren auf den Körper einwirken.

Erste Schritte der Tumorentstehung

Wirken kanzerogene Substanzen oder auch energiereiche Strahlen auf die DNS ein, können sie diese schädigend verändern, indem sie die auf bestimmten Abschnitten des DNS-Moleküls lokalisierten und gespeicherten speziellen genetischen Informationen (hier sind besonders die der Proto-Onkogene zu nennen) störend beeinflussen (*Genmutation*). Dies führt letztlich zur malignen Transformation der Zelle (*maligne Zellentartung*, Abb. 2-1).

Zellen, die sich in der Ruhephase, d. h. in der G_0-Phase befinden, reagieren nur selten auf die Einwirkungen von Kanzerogenen. Proliferierende Zellen, die sich im Zellzyklus befinden, besonders aber Zellen in der S-Phase und in der Mitosephase des Zellzyklus, reagieren auf eine kanzerogene Einwirkung, die eine DNS-Schädigung zur Folge hat, viel empfindlicher.
Somit ist zwar der erste Schritt zur Tumorentstehung getan, jedoch ist bis zum erkennbaren Tumor noch ein weiter Weg, der sich über einen Zeitraum von Jahren hinziehen kann.
Nun verfügt jedoch der Organismus über sehr wirkungsvolle **Abwehrmechanismen**, die einmal die an der DNS entstandenen Schäden wieder reparieren und zum anderen die schon maligne entarteten Zellen unschädlich machen, sie töten bzw. zerstören können. So wird ein großer Teil der maligne transformierten Zellen schon frühzeitig vom Körper eliminiert, d. h., sie fallen der normalen Zellmauserung und Abstoßung anheim oder werden infolge der

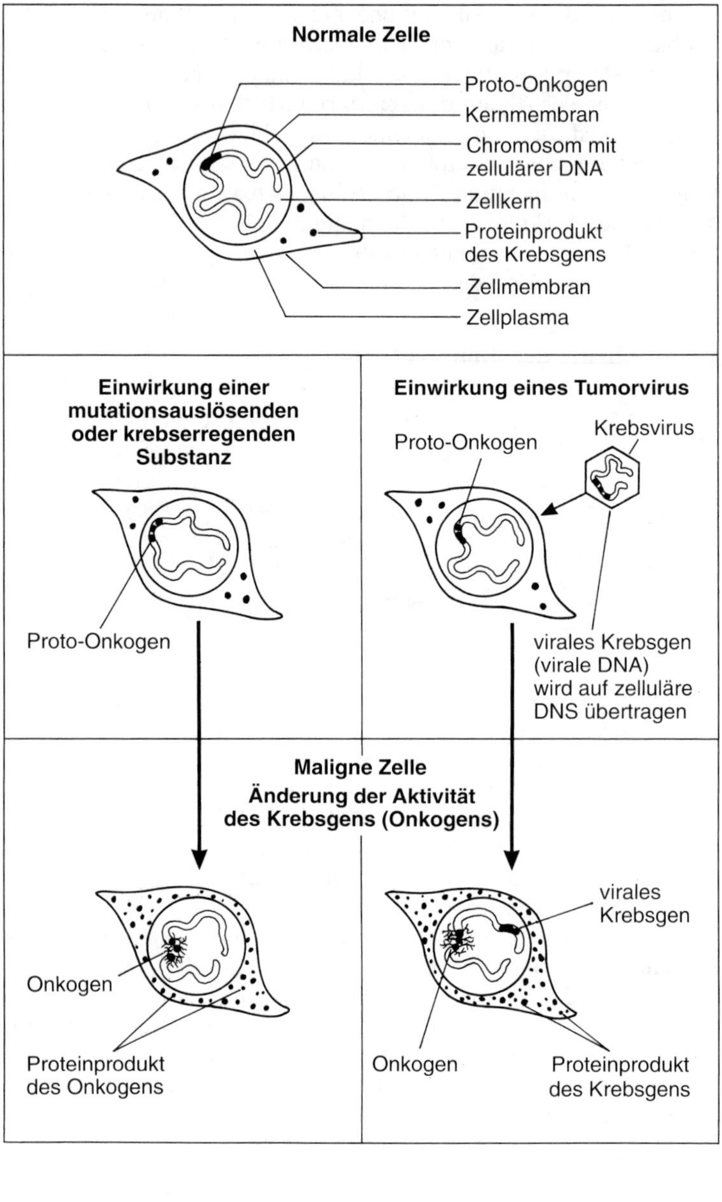
Normale Zelle
Proto-Onkogen
Kernmembran
Chromosom mit zellulärer DNA
Zellkern
Proteinprodukt des Krebsgens
Zellmembran
Zellplasma
Einwirkung einer mutationsauslösenden oder krebserregenden Substanz
Proto-Onkogen
Einwirkung eines Tumorvirus
Proto-Onkogen
Krebsvirus
virales Krebsgen (virale DNA) wird auf zelluläre DNS übertragen
Maligne Zelle
Änderung der Aktivität des Krebsgens (Onkogens)
Onkogen
Proteinprodukt des Onkogens
virales Krebsgen
Onkogen
Proteinprodukt des Krebsgens

Fremdkörpereigenschaften von Krebszellen von der Immunabwehr des Körpers zerstört.
Selbst große Zellverbände unterliegen oft über längere Zeit einem Wachstumsstop. Bis heute sind die hierfür verantwortlichen Faktoren noch nicht bekannt. Vermutlich sind es jedoch Gewebshormone mit hemmender Wirkung oder das Fehlen von Gewebshormonen mit anregender Wirkung, die zum Wachstumsstillstand solcher Zellverbände führen. Letztendlich muß ein Tumor eine sehr große Zellzahl gebildet haben, bis er so groß ist, daß er mit den zur Verfügung stehenden diagnostischen Möglichkeiten erkannt werden kann.
Bei der Tumorentstehung kann man davon ausgehen, daß in der Mehrzahl der Fälle ein Tumor aus einer einzelnen malignen Zelle bzw. aus einem *Zellklon* (Gruppe von genetisch identischen Zellen, die durch Teilung aus einer einzelnen Zelle hervorgegangen sind) entsteht, d. h., alle Zellen, die den Tumor bilden, sind monoklonal.
Allgemein kann gesagt werden, daß Zellen und Gewebe, die sich sehr schnell und häufig vermehren (teilen), für eine maligne Entartung besonders anfällig sind.

Die Tumorentstehung aus genetischer Sicht

Das **Proto-Onkogen** ist das auf der DNS vorhandene „eigentliche" *Krebsgen.* Wird es durch das zugehörige *Regulatorgen* beeinflußt, so entsteht infolge eines Mutationsvorganges aus dem *Proto-Onkogen* ein *Onkogen,* unter dessen Einfluß die maligne Zelltransformation stattfindet (Abb. 2-2b). Onkogene haben die Fähigkeit, über die von ihnen kodierten Proteine normale Zellen zur Annahme

Abb. 2-1: Maligne Zelltransformation. Eine normale Zelle kann entweder nach Einwirkung kanzerogener Substanzen, energiereicher Strahlen oder nach Beeinflussung durch ein virales Onkogen maligne entarten. (Nach V. Schirrmacher)

eines neoplastischen Charakters zu veranlassen, was zu einer unkontrollierten und ungeordneten Zellteilung führt. Bis heute sind 50 Onkogene bekannt.

> Die Proto-Onkogene stellen kritische Wirkorte in der zellulären DNS dar, die unter dem Einfluß von Noxen (Schadstoffen) wie z. B. kanzerogene Substanzen, energiereiche Strahlen und auch Viren zu Onkogenen aktiviert werden können.

Jedem Proto-Onkogen bzw. Onkogen ist ein Regulatorgen zugeordnet. Durch eine Mutation im Regulatorgen kann das Proto-Onkogen zum Onkogen werden. Hierdurch bedingt wird unter Einfluß besonderer Enzyme ein spezielles Protein synthetisiert, das eine ungeordnete und unkontrollierte Zellteilung auslöst.
Tumor-Suppressorgene, die sich ebenfalls auf der DNS befinden, kodieren Proteine, die die Regulatorgene der Proto-Onkogene blockieren, so daß die Proto-Onkogene infolge eines Ausbleibens einer hier möglichen speziellen Proteinsynthese, wodurch ein Proto-Onkogen in ein Onkogen umgewandelt werden kann – nicht zu Onkogenen (aktiven Krebsgenen) werden können (Abb. 2-2a).

> Bei einer ungestörten Funktion der Tumor-Suppressorgene ist also eine geordnete und geregelte Zellteilung garantiert.

Durch Einwirkung kanzerogen wirkender chemischer Substanzen, Strahlen (Photonen- und Protonenstrahlen) und auch durch UV-Strahlung auf die DNS können die Tumor-Suppressorgene ausgeschaltet werden. Es kommt somit nicht zu der Synthese der speziellen Proteine, die die Regulatorgene blockieren. Die von den Regulatorgenen jetzt ausgehende Beeinflussung der Proto-Onkogene läßt diese zu Onkogenen werden. Hierdurch wird die Synthese des Proteins veranlaßt, das eine unkontrollierte Zellteilung fördert (Abb. 2-2b).
Es gibt Krebsarten, die durch Viren induziert werden.

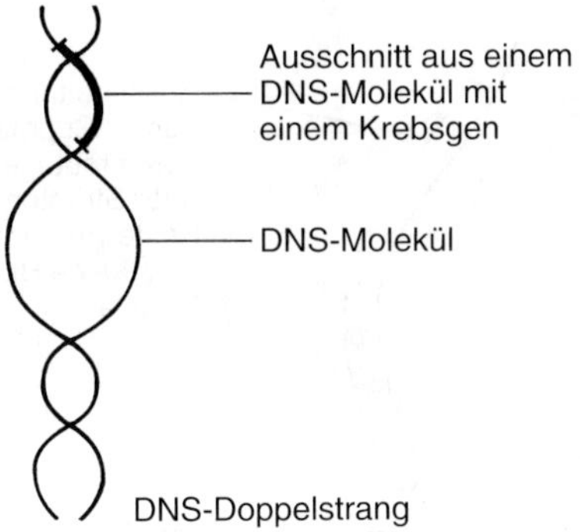

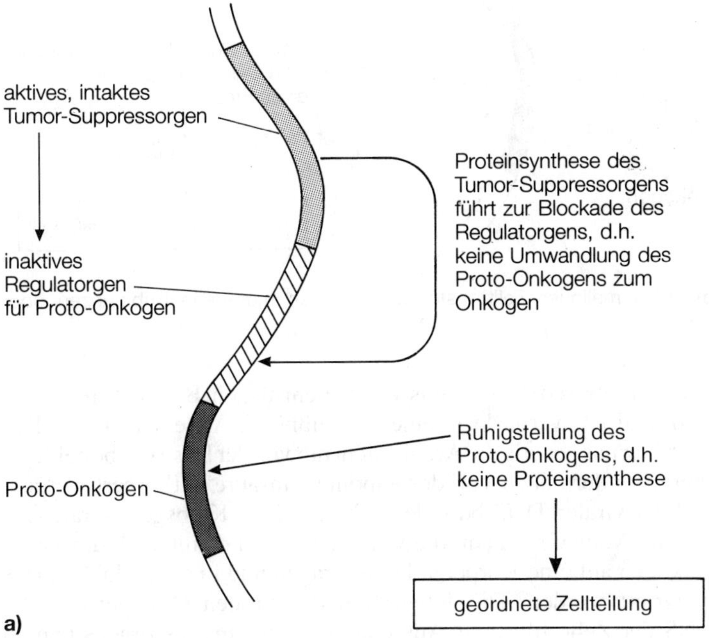

a)

Abb. 2-2: Regulation von Krebsgenen.
a) In einer normalen Zelle

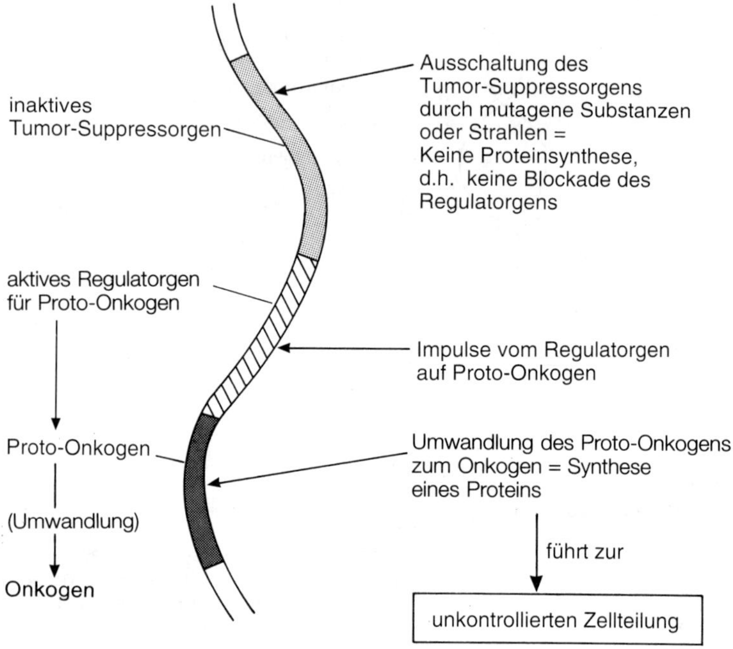

b) Nach maligner Zelltransformation durch mutagene Substanzen oder Strahlen

Die Tumorviren: Ein Virus ist kaum mehr als „ein Bündel genetischer Information“, verpackt in einer Eiweißhülle. Anders als bei Zellen kann hier das genetische Archiv nicht nur von der Desoxyribonukleinsäure, sondern auch von der Ribonukleinsäure verkörpert werden. Auf der viralen DNS befindet sich das virale Krebsgen (virale Onkogen). Vom Virus kann die virale DNS und damit auch das virale Onkogen auf eine Körperzelle übertragen und in die zelluläre DNS integriert werden. Die Integration des viralen Onkogens in die DNS der Zelle führt zur Ausschaltung des Suppressorgens und so letztlich zur Aktivierung des Onkogens, wodurch es hier wieder zur Synthese des speziellen Proteins kommt, das die kontrollierte Zellteilung aufhebt und zum Tumorwachstum führt (Abb. 2-2c).

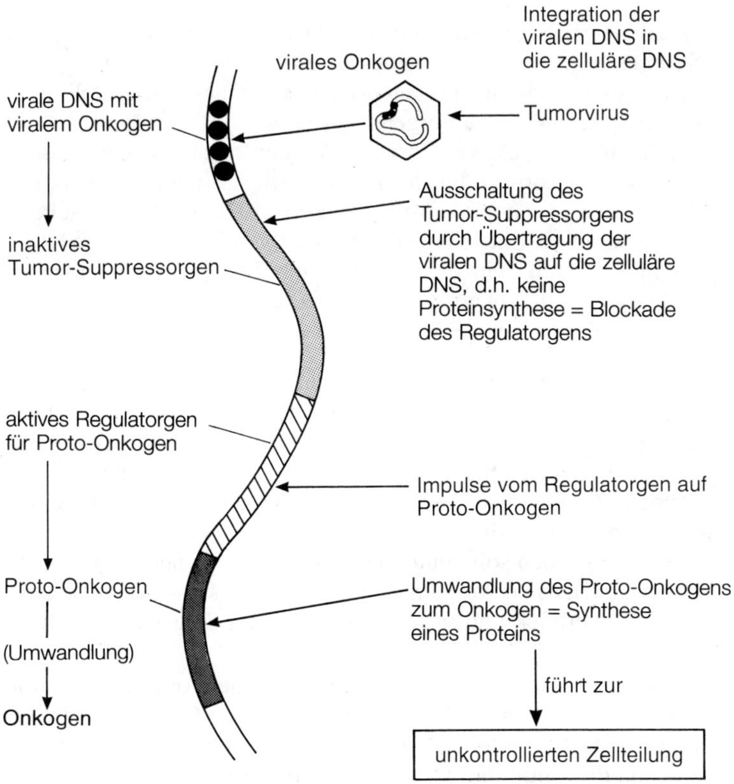

c) Nach maligner Zelltransformation durch Integration eines viralen Onkogens in die menschliche DNS

Es muß an dieser Stelle betont werden, daß man bis heute die einzelnen Vorgänge, die zum Mechanismus der Krebsentstehung gehören, noch nicht genau kennt. Eine wichtige Rolle scheint das Tumor-Suppressorprotein p53 zu spielen. Wieviele Schritte letztendlich nötig werden, damit aus einer normalen Zelle eine Tumorzelle entsteht, die sich internen und externen Wachstumskontrollen vollkommen entzieht und die für bösartige Tumoren kennzeichnenden Eigenschaften des invasiven Wachstums und der Metastasierung annimmt, bleibt zu klären.

Grundsätzlich gilt: Durch den Verlust der Aktivität der Tumor-Suppressorgene und der daraus resultierenden Aktivierung der den Tumorgenen zugeordneten Regulatorgene wird eine Funktionsänderung der Tumorgene ausgelöst. So erfolgt die Umwandlung der inaktiven Proto-Onkogene in aktive Onkogene, wodurch die Körperzelle eine maligne Transformation erfährt, so daß sie sich dann unter Umständen zu einer Krebszelle entwickelt und es somit zur Entstehung einer bösartigen Geschwulst im Körper führen kann, wenn die körpereigene Abwehr den Organismus nicht mehr ausreichend zu schützen vermag.

Die **Karzinogenese** wird genetisch durch höchst komplizierte Abläufe von Einzelreaktionen bestimmter Genabschnitte auf der DNS (Antitumorgene, Tumorgene) eingeleitet, wodurch letztlich die maligne Zelltransformation ausgelöst wird, die zu gestörten und ungehemmten Zellteilungsvorgängen mit einem ungeordneten Gewebewachstum führt (maligner Tumor).
Im Nachfolgenden sollen nun diese, zum Teil bis heute noch ungeklärten genetischen Vorgänge, noch einmal, so weit sie bekannt sind, im Überblick und in Zusammenfassung dargestellt werden:

▷ **Chromosomen** sind intensiv färbbare, faden- oder schleifenförmige Bestandteile des Zellkerns, auf denen die Gene, d. h. die gesamte genetische Information einer Zelle, wozu auch die Tumorgene und die Antitumorgene gehören, linear angeordnet und somit gespeichert sind. Die Chromosomen bestehen hauptsächlich aus Desoxyribonukleinsäure (DNS).

▷ **Als Gene** bezeichnet man bestimmte Abschnitte auf der DNS, aus deren Information unter Einfluß besonderer Enzyme spezielle Proteine (Genprodukte) synthetisiert werden.
Die einzelnen Vorgänge bei der Weiterleitung und Übertragung **genetischer Informationen** bis hin zur Synthese des Genproduktes (spezielles Protein = z. B. Enzym), laufen in zwei Phasen ab.

Diese lassen sich kurz in etwa so darstellen:

- In der ersten Phase, der *Transkriptionsphase* wird zunächst die genetische Information der DNS auf eine RNS übertragen, die wie ein Bote die Information weitertransportiert. Diese RNA wird deshalb als messenger-RNS (mRNS) bezeichnet. Codiert wird die genetische Information durch die Reihenfolge der im DNS- bzw. RNS-Molekül vorhandenen Basen.
- In der zweiten Phase, der *Translationsphase,* wird die genetische Information von der mRNS in die Aminosäurensequenz der Peptide umgesetzt, d. h., es wird ein spezielles Protein synthetisiert. Dieses Protein (Genprodukt, z. B. Enzym) greift nun in der Zelle in spezifische biochemische Reaktionsabläufe ein, indem es diese fördernd oder hemmend beeinflußt, so z. B. antioxidativ wirkende Enzyme.

Über genetische Informationen werden im Organismus alle Abläufe der normalen physiologischen Zell-, Organ- und Körperfunktionen aufrechterhalten sowie ein geordnetes Gewebewachstum im Sinne eines physiologischen Zellersatzes und einer regenerativen und kompensatorischen Gewebezunahme geregelt.

Andererseits kann es aber auch infolge einer Änderung des genetischen Verhaltens in einem bestimmten DNS-Abschnitt zu veränderten Funktionsabläufen in den Zellen und somit zu pathologischen Organveränderungen kommen. Letztlich kann eine Änderung des genetischen Verhaltens in einem bestimmten DNS-Abschnitt auch eine maligne Zelltransformation auslösen und somit zu einem ungeordneten und unkontrollierten Zell- und Gewebewachstum führen.

> Auf diese Weise werden also alle physiologischen und pathologischen Funktionsabläufe in einem Organismus genetisch gesteuert und reguliert.

▷ **Bei einem Proto-Onkogen** bzw. bei einem **Onkogen** handelt es sich um ein und denselben Abschnitt auf der DNS (Tumorgen), jedoch in verschiedenen Funktionszuständen:

- Ein Proto-Onkogen ist ein Tumorgen in einem inaktivierten Zustand.
- Ein Onkogen ist ein Tumorgen in einem aktivierten Zustand.

▷ **Die Proteinprodukte der Regulatorgene**, die jedem Proto-Onkogen zugeordnet sind, regulieren den Übergang eines Proto-Onkogens in ein Onkogen.

▷ **Das Onkogen** seinerseits kodiert ein spezielles Protein, das die maligne Zelltransformation auslösen kann, so daß aus einer normalen Körperzelle eine entartete Zelle (Krebszelle) mit allen Malignitätszeichen entstehen kann.
Hinsichtlich der Tumorentstehung aus genetischer Sicht unterscheidet man Tumorgene (Proto-Onkogene sowie die dazugehörenden Regulatorgene) und Antitumorgene (Tumor-Suppressorgene).

▷ **Die Tumor-Suppressorgene** haben als Antitumorgene die Aufgabe, die maligne Zelltransformation zu verhindern, d. h. zu verhindern, daß normale Körperzellen zu Tumorzellen transformiert werden.
Eine intakte Funktion der Tumor-Suppressorgene garantiert also eine ungestörte Zellteilung und somit ein geregeltes Gewebewachstum und eine geregelte Gewebeerneuerung, indem die Suppressorgene ein spezielles Protein kodieren, das auf die Regulatorgene blockierend wirkt.
Erst durch eine Kanzerogeneinwirkung auf die Tumor-Suppressorgene wird deren Informationsgehalt derart verändert, daß daraus kein oder nur ein derart fehlerhaftes Protein hergestellt werden kann, das nicht mehr in der Lage ist, die Regulatorgene und ihre Funktion auszuschalten. Infolge werden von den Regulatorgenen spezielle Proteine abgelesen, durch welche die Proto-Onkogene zu Onkogenen werden und damit letztlich eine maligne Zellentartung ausgelöst werden kann.
Zu den **Kanzerogenen** zählen bestimmte chemische Substanzen, energiereiche Strahlen und letztlich auch Tumorviren.

Wie schon an anderer Stelle erwähnt, soll hier nochmals daran erinnert werden, daß sowohl aus genetischer Sicht die einzelnen Abläufe, wie auch molekularbiologisch die einzelnen intrazellulären Vorgänge, die zur Krebsentstehung, d. h., zur malignen Zelltransformation führen, so daß aus einer normalen Körperzelle eine

Tumorzelle mit den für sie charakteristischen Malignitätszeichen entsteht, bis heute in allen Einzelheiten noch nicht genau bekannt sind.

Tumorwachstum

Ein maligner Tumor besteht aus Zellen, die die Fähigkeit besitzen, sich *unkontrolliert* zu teilen. Viele Körpergewebe enthalten eine bestimmte Anzahl von Zellen, die sich teilen und somit selbst erneuern können (*Stammzellen*). Die zelluläre Differenzierung führt letztlich zu einer funktionell ausgereiften Zelle mit bestimmten Aufgaben bis zum Zelltod. Sowohl der Prozeß der Zellteilung und der Zellvermehrung (Proliferation), wie der Prozeß der zellulären Differenzierung werden jeweils durch bestimmte Gene gesteuert. So kodieren bestimmte Gene proliferationsanregende Proteine, die den Prozeß der Zellteilung steuern. Wiederum andere Gene regulieren die Zelldifferenzierung, d. h. die Ausreifung der Zelle mit bestimmter Zellfunktion.
In einem gesunden Gewebe besteht also ein gut kontrolliertes Gleichgewicht zwischen Zellteilung, Zelldifferenzierung und Zelltod, so daß normalerweise jedes Gewebe eine harmonische Ausdehnung erreicht, die sich dem Gesamtorganismus einfügt.
In einem malignen Gewebe ist dieses Gleichgewicht gestört. Die zelluläre Differenzierung wird in einem frühen Stadium der Reifung blockiert. Die Tumorzelle besitzt nur noch einzelne funktionelle Eigenschaften einer ausgereiften Zelle, während die Fähigkeit zur Proliferation uneingeschränkt erhalten bleibt. Bei der Geschwulstbildung wachsen daher einzelne Gewebe zu stark. Denn bei der malignen Proliferation sind die Gene mit proliferierender Signalwirkung kontinuierlich aktiv, während die Gene, die einen Einfluß auf die zelluläre Differenzierung ausüben, nur ungenügend in Aktion sind. Kanzerogene Faktoren beeinflussen (hemmen) die Steuerungsmechanismen der Gene, so daß es zu Fehlregulationen in bezug auf die zelluläre Differenzierung kommt. Es entstehen unausgereifte Zellen mit Funktionsstörungen.
Diese Blockierung der Differenzierung der Tumorzelle kann reversibel sein. Verschiedene Wachstumsfaktoren, u. a. Hormone und Enzyme, können die Tumorzelle weiter ausdifferenzieren las-

sen. Zur breiten und praktischen Anwendung eines entsprechenden Therapieansatzes ist jedoch noch ein weiter Weg. So bleibt uns heute nur die bisherige Möglichkeit der Proliferationshemmung durch Zytostatika und Strahlentherapie, auf die später noch eingegangen wird.

Wie bereits erwähnt (s. Kapitel 1, „Gewebswachstum“ und „Die Zellmembran“) hängt das Wachstum eines Gewebes auch von Rezeptoren in den Zellmembranen ab, die den Zellen die Anwesenheit von Nachbarzellen signalisieren. Gesunde Zellen schränken daraufhin ihre Teilungsaktivität ein. Maligne Zellen besitzen zu wenige dieser Rezeptoren. Sie können daher die Signale zur Begrenzung ihrer Teilungsaktivität nicht empfangen.

Das Wachstum von Tumorzellen erfolgt im Gegensatz zum gesunden Gewebe unkontrolliert, aber abhängig von der Größe des Tumors und seiner Blutversorgung. Die Zeit, die zur Verdoppelung einer bestimmten Tumormasse nötig ist, wird mit zunehmender Tumorgröße länger, d. h. der Tumor wächst immer langsamer.

> Die **Verdoppelungszeit** maligner Tumoren ist sehr variabel. Sie reicht von wenigen Stunden bis zu Monaten und Jahren. Sie hängt in erster Linie von der Wachstumsfraktion, aber auch von der Generationszeit (s. u.) der Zellen und vom Zellverlust ab.

Die *Wachstumsfraktion* ist das Verhältnis sich teilender Zellen zu den temporär oder permanent ruhenden Zellen. Die größte Wachstumsfraktion besitzen Tumoren mittlerer Größe.

In jedem Tumor befinden sich drei Formen von Zellen nebeneinander:

- Proliferierende Zellen (sich teilende Zellen).

Sie sind entscheidend für das Wachstum des Tumors und sprechen am besten auf neoplastische Substanzen an.

- Temporär ruhende Zellen (Zellen, die sich nicht im Zyklus befinden) = G_0-Pool.

Es handelt sich hier um temporär auf eine antineoplastische Therapie nicht empfindlich reagierende Zellen, die jedoch jederzeit wieder in den Zyklus eingeschleust werden können!

- Permanent ruhende Zellen (differenzierte, sich nicht mehr teilende Zellen).

Sie besitzen keine Tumorstammkapazität mehr (Endzellen) und sind klinisch von geringer Bedeutung.

Metastasierung

Unter *Metastasierung* (griechisch: metastasis = Wegzug) versteht man die Verschleppung neoplastischer Zellen auf dem Blut- und Lymphweg von einer Körperstelle an eine andere und ihr An- und Weiterwachsen an entfernter Lokalisation.

Oft gibt von mehreren tausend verschleppten Zellen nur eine Anlaß zur Metastasierung! (Cottier, 1980)
Da für das Schicksal eines Tumorpatienten in der Regel nicht das Wachstum des Primärtumors, sondern vielmehr das Ausmaß der Metastasierung entscheidend ist, soll nachfolgend die Fernabsiedlung von Tumorzellen eines Karzinoms im einzelnen beschrieben werden.
Blut- und Lymphkapillaren sind durch zahlreiche Lücken im Endothel und durch das Fehlen einer Basalmembran prädestiniert für einen Einbruch von Tumor-Zellen (*Invasionsphase,* Grundmann, 1982).
Von einem in die Kapillarlichtung eingedrungenen Tumor können sich einzelne Zellen oder kleinere Zellverbände lösen und auf dem Blutweg verschleppt werden und dann an entfernter Stelle wieder anwachsen (*Implantationsphase,* s. Abb. 2-4).
Ähnliches gilt auch bei Tumor-Einbruch in Körperhöhlen bzw. präformierte Hohlräume (z. B. Harnleiter).
Zellen eines bösartigen Tumors können sich infolge ihrer Wachstumsautonomie unabhängig vom Primärtumor vermehren. Darüber hinaus besitzen sie die Fähigkeit zur amöboiden Eigenbewegung. Durch histolytische Enzyme, die sich auf ihrer Zelloberfläche befinden, zerstören sie das umgebende Gewebe. So können Tumorzellen z. B. eines Magen- oder Darmtumors die Serosa durchbrechen und gelangen auf diesem Wege in die freie Bauchhöhle. Durch die Darmperistaltik und ihre amöboide Eigenbeweglichkeit breiten sich Tumorzellen hier diffus aus und siedeln sich an ande-

ren Stellen des Peritoneums an, in der Regel zuerst im Douglas'-schen Raum (Implantationsmetastasen). Auf diese Weise entsteht hier ein Ascites, dessen Genese noch nicht restlos geklärt ist, und in der Pleurahöhle analog hierzu, bedingt durch eine Implantation von Tumorzellen, ein Pleuraerguß.

Metastasen können sich also auf drei Wegen ausbreiten:

- auf dem Lymphwege (*lymphogene Metastasierung*),
- auf dem Blutwege (*hämatogene Metastasierung*),
- innerhalb von Körperhöhlen und präformierten Gängen (*kavitäre* und *kanalikuläre Metastasierung*).

Bei letzterem handelt es sich um sogenannte Implantationsmetastasen infolge Verschleppung von Tumorzellen innerhalb eines Hohlraumes, besonders innerhalb seröser Höhlen, im Liquorraum, im Harnleiter usw. In den Hohlräumen siedeln sich Metastasen meistens dort an, wo sich Bewegungen am wenigsten auswirken.

Lymphogene und hämatogene Metastasierung

Infolge des destruktiven Tumorwachstums und unter Einwirkung histolytisch wirkender Enzyme, die sich auf der Oberfläche maligner Zellen befinden, kommt es häufig zu Einbrüchen von malignen Zellen oder Tumorgeweben in die Lymph- und Blutgefäße, wobei die lymphogene Aussaat von Tumorzellen die häufigste Form der Fernmetastasierung darstellt. Die vom Primärtumor abgelösten Tumorzellen gelangen so mit dem interstitiellen Lymphstrom oder auch aufgrund ihrer amöboiden Eigenbeweglichkeit in die regionären Lymphknoten. Im Randsinus der Lymphknoten sammeln sie sich zunächst an und vermehren sich hier. Sie können den ganzen Lymphknoten durchwandern und letztlich über die efferenten (herausführenden) Lymphbahnen in die nächsten Lymphknoten verschleppt werden. So entstehen ganze Lymphknotenmetastasenketten. Man spricht von einer *Lymphangiosis carcinomatosa*, wenn sich Tumorzellen innerhalb vorgegebener Lymphbahnen ausbreiten.

Jedoch besteht auch die Möglichkeit, daß Tumorzellen einen oder mehrere Lymphknoten passieren, ohne abgefangen zu werden.

Die Lymphknoten werden als erste Station des lokoregionalen Lymphsystems mit den ankommenden Tumorzellen konfrontiert. Als Grundregel gilt: Der Tumorzellbefall erfolgt stets von außen

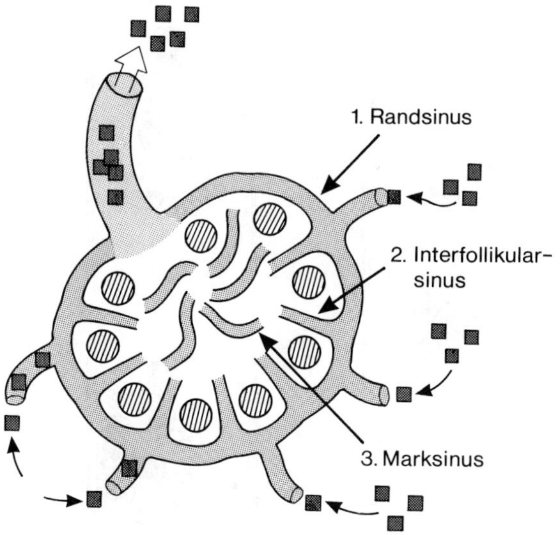

Abb. 2-3: Tumorzellen in Lymphknoten.
(Aus: Sandritter, W., Beneke, G. Allgemeine Pathologie – Lehrbuch für Studierende und Ärzte. 2. Aufl. Stuttgart, New York: Schattauer, 1981)

nach innen, d. h., Randsinus werden zuerst befallen, es folgen die Interfollikularsinus und zuletzt die Marksinus (Abb. 2-3), denn die zum Lymphknoten hinfließende Lymphe gelangt durch mehrere Vasa afferentia in den Randsinus, durchsickert die Rindensinus und schließlich die Marksinus. Mit dem Abfluß der Lymphe aus dem Lymphknoten über das Vas efferens am Hilus des Lymphknotens, wo sich auch die ernährenden Gefäße des Lymphknotens befinden, werden die Tumorzellen mit dem Lymphstrom aus dem Lymphknoten weitertransportiert.
Neben der Verschleppung in Richtung des normalen Lymphstroms wird auch eine sogenannte *retrograde* (d. h. entgegengesetzte) *lymphogene Metastasierung* beobachtet und zwar dann, wenn durch Lymphangiosis carcinomatosa oder ausgedehnte Lymphknotenmetastasen der Lymphabfluß behindert ist.

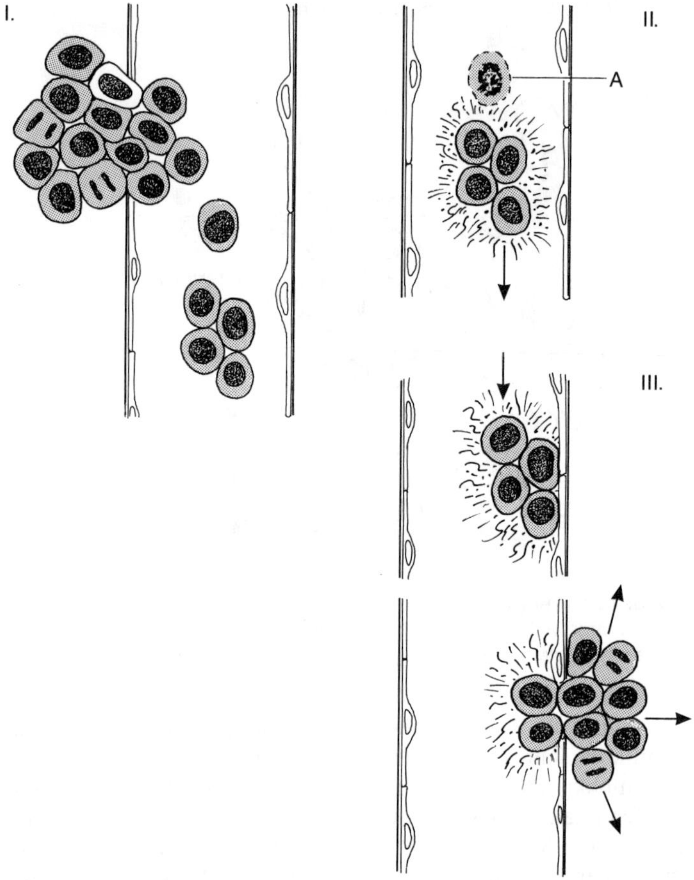

Abb. 2-4: Metastasierungsschritte eines bösartigen Tumors
I. Einwachsen des Tumors in ein Blut- oder Lymphgefäß und Ablösung einzelner Tumorzellen
II. Verschleppung der Tumorzellen. Einzelne werden zerstört (A).
III. Anheften der Tumorzellen an der Gefäßwand und destruierende Infiltration.
Aus: Grundmann, E. (Hrsg.): Einführung in die Allgemeine Pathologie. 8. Aufl. Stuttgart: Gustav Fischer Verlag, 1992.

Treten Tumorzellen in die Blutbahn über, so können sie im nächstfolgenden Kapillarfilter hängenbleiben und dort Metastasen bilden. So ergibt sich ein bestimmtes Metastasierungsmuster je nach Lokalisation des Primärtumors relativ zu bestimmten „Filterorganen":

- zur Leber für Tumoren im Einzugsbereich der Vena portae,
- zur Lunge für Tumoren im Einzugsbereich der Vena cavae (superior und inferior),
- zum vertebralen Venensystem bei Prostatakarzinomen und einem Teil der Mammakarzinome.

Die Metastasierung des malignen Tumors verläuft also in drei Schritten (Abb. 2-4):

▷ Aufgrund der histolytischen und lokomotorischen Eigenschaften der Tumorzellen kommt es zu einer destruierenden Infiltration von Tumorgeweben in das dem Tumor angrenzende Kapillarsystem (Blut- und Lymphgefäße) und zur Ablösung einzelner Tumorzellen aus dem Tumorzellkomplex.

▷ Dies führt zu einer Verschleppung der Tumorzellen und Tumorzellkomplexe mit dem Lymph- bzw. Blutstrom, wobei ein Teil der Tumorzellen aufgelöst wird. Der andere Teil von Tumorzellen und Tumorzellkomplexen wird von Fibrin und Thrombozyten umgeben, so daß Tumorzellemboli entstehen. Auf diese Weise werden die malignen Zellen gegen die lytischen Aktivitäten des Blutes geschützt.

▷ Das Anwachsen von Tumorzellen am Metastasierungsort wird durch Anlagerung von Fibrin und Thrombozyten an die Gefäßinnenwand begünstigt. Infolge der destruierend wirkenden Aktivitäten der Oberflächenenzyme können die Tumorzellen die Gefäßwand durchdringen und in das hier angrenzende Gewebe bzw. auch in andere kanalikuläre Systeme, wie z. B. in das Bronchialsystem, in die Gallengänge und auch in die Harnleiter eindringen. Einige Beispiele häufig auftretender Organmetastasen werden in Abb. 2-5 gezeigt.

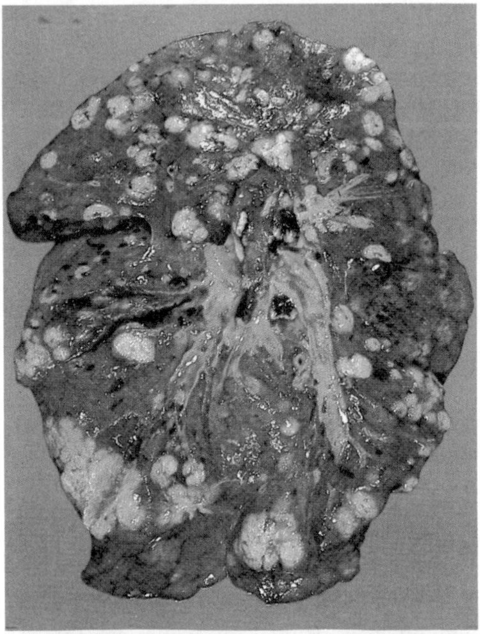

a)

Abb. 2-5: Häufige Organmetastasen
a) Lungenmetastasen (Aus: C. Thomas, Makropathologie, 8. Aufl. Stuttgart, New York: Schattauer, 1993)
b) Lebermetastasen (Aus: Grundlagen der klinischen Medizin. Hrsg. v. C. Thomas. Band 2: Verdauungsapparat. Stuttgart, New York: Schattauer, 1989)

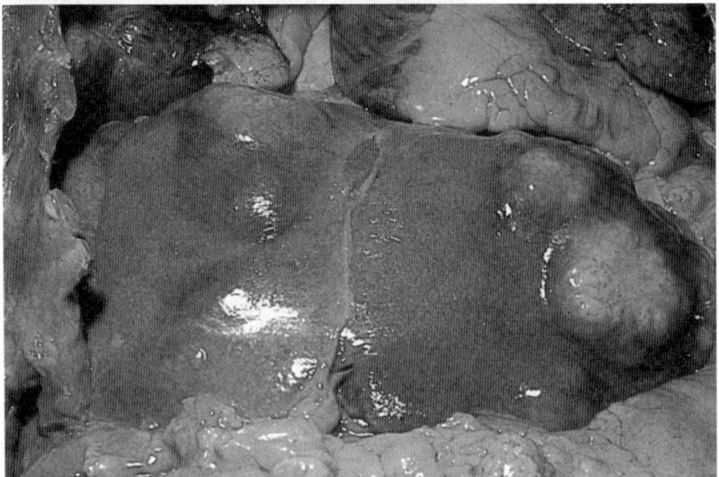

b)

Skelettmetastasen

Im Gegensatz zu den primären malignen Knochentumoren, die vom Knochen selbst ausgehen, wie z. B. das Chondrosarkom, das Ewing-Karzinom, das Osteosarkom u. a. handelt es sich bei Knochenmetastasen um sekundäre maligne Knochentumoren, d. h., um Fernmetastasen maligner Geschwülste.

> Alle Karzinome und Sarkome können in das Skelett metastasieren. Karzinome, die am häufigsten in Knochen metastasieren, sind: das Mamma-, das Prostata-, das Bronchial- und das Schilddrüsenkarzinom sowie das Nierenzellkarzinom.

Bei der ossären Metastasierung unterscheidet man:
- Osteoblastische Metastasen
- Osteoklastische Metastasen
- eine Mischform von osteoblastischen und osteoklastischen Metastasen

Osteoblastische Metastasen bilden sich durch lokale, meistens scharf – oder unregelmäßig begrenzte Knochenneubildungsprozesse, wodurch im Knochen sogenannte osteosklerotische Herde (Verdichtungen des spongiösen Knochens) entstehen (Abb. 2–6). Hierbei handelt es sich offenbar um ein lokales Phänomen, bei dem die Tumorzellen die Osteoblastensäume auf den Spongiosabälkchen zu aktivieren vermögen (Osteoblasten: Knochenbildner = plasmareiche basophile Zellen, die in epithelialer Anordnung dem Knochen an der Anbauseite anliegen). Röntgenaufnahmen zeigen zentral, aber auch peripher im Knochen angesiedelte kompakte, schattendichte, mehr oder weniger scharf begrenzte Herde in sonst homogenen und spongiösen Knochenstrukturen. Bei den üblichen Blutuntersuchungen fallen oft deutlich erhöhte Werte für die alkalische Phosphatase auf.
Zu den malignen Tumoren mit einer osteoblastischen (osteosklerotischen) Metastasierung gehören außer dem Prostatakarzinom auch das Mammakarzinom nach entsprechenden therapeutischen Maßnahmen und das Pankreaskarzinom.

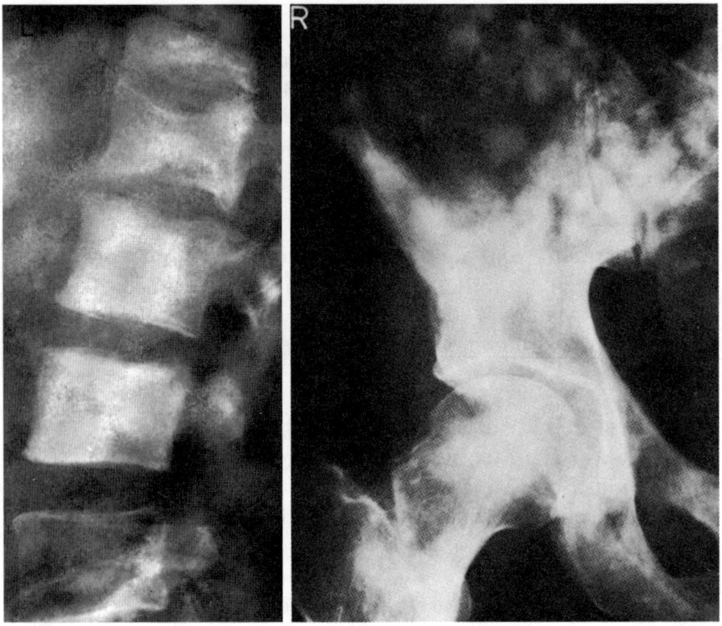

a) b)

Abb. 2-6: Beispiele für osteoblastische (osteosklerotische) Knochenmetastasen

a) Osteoblastische Wirbelsäulenmetastasen des Prostatakarzinoms.

b) Osteoblastische Metastasen des Prostatakarzinoms im knöchernen Becken.

(Aus: Thurn, P., Bücheler, E.: Einführung in die radiologische Diagnostik, 9. Aufl. 1992. Stuttgart: Georg Thieme Verlag)

Osteoklastische Metastasen: Durch Einwirken von Tumorzellen auf das Skelettsystem kann es im Knochen lokal infolge einer Aktivierung der Osteoklasten (knochenresorbierende, vielkernige, eosinophile Riesenzellen = gewebetypische Makrophagen, die Knochensubstanz abbauen) zu knochenzerstörenden Abbauprozessen (*osteolytischen Herden*) kommen.

Auf Röntgenbildern erkennt man zentral und peripher im Knochen angesiedelte, scharf begrenzte, auch unregelmäßig dargestellte Knochendefekte, in denen die übliche, sonst gut erkennbare Knochenstruktur ausgelöscht ist. Randsklerosen um die osteolytischen Herde herum fehlen (Abb. 2-7).

Zu den Karzinomen mit osteoklastischer Metastasierung gehören: Das Mamma-, das Bronchial-, das Nierenzell- und das Schilddrüsenkarzinom. Eine osteoklastische Metastasierung beobachtet man auch bei einem Plasmozytom. Bei den Tumoren mit osteoklastischer Metastasierung sind, wie bei der osteoblastischen Metastasierung, im Serum zum Teil ebenfalls deutlich erhöhte alkalische Phosphatasenwerte feststellbar.

Bei der **Mischform von osteoblastischen und osteoklastischen Metastasen** findet man beide Metastasentypen nebeneinander in einem Knochen bzw. einem Anteil eines Knochens. Die betroffene Knochenregion hat ein ungleichmäßig geflecktes, mottenfraßähnliches Aussehen (Abb. 2-8).

Gemischtförmige Knochenmetastasen findet man hauptsächlich bei Mammakarzinomen nach entsprechender Behandlung, z. B. nach Bestrahlung, nach Ovarausschaltung und nach Hormontherapie. Infolge der genannten therapeutischen Maßnahmen kann es zu einer verstärkten Sklerosierung der Osteolysen und manchmal zur völligen Rekalzifizierung kommen.

Gleiches, nur in einem umgekehrten Vorgang, beobachtet man nach Behandlung eines Prostatakarzinoms, z. B. nach Strahlen- und Hormontherapie, wie auch nach Ausschaltung der Testes. Durch diese Behandlungsmaßnahmen kommt es nicht selten zu verstärkten Osteolysen der osteosklerotischen Knochenveränderungen und somit zu einer gemischtförmigen Metastasierung in den betroffenen Knochenpartien.

Nach Hipp und Trompeter werden die am häufigsten von Metastasen befallenen Abschnitte des menschlichen Skelettsystems wie folgt angegeben:

Wirbelsäule	in etwa 80 % der Fälle
Oberschenkelknochen	in etwa 40 % der Fälle
Rippen und Sternum	in etwa 25 % der Fälle
Schädel und Becken	in etwa 20 % der Fälle

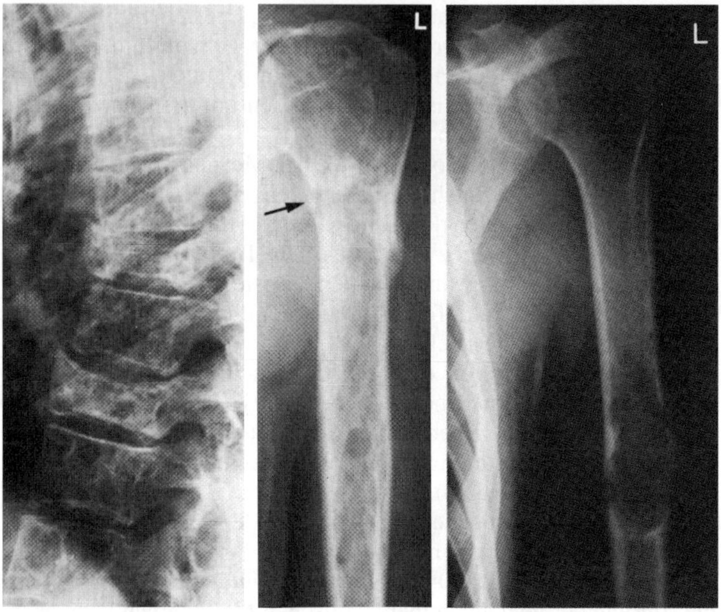

a) b) c)

Abb. 2-7: Beispiele für osteoklastische (osteolytische) Knochenmetastasen
a) Osteolytische Wirbelsäulenmetastasen des Mammakarzinoms.
b) Multiple osteolytische Metastasen des Mammakarzinoms im Humerus.
c) Solitäre osteolytische Metastase des Plasmozytoms im Humerusschaft.

Oberarm-Schultergürtel	in etwa 7 % der Fälle
Übrige Extremitäten	in etwa 1–2 % der Fälle

Die Metastasierung beeinflussende Faktoren

In Abb. 2-9 sind die Metastasierung und ihre Einflußfaktoren skizziert (Cottier, 1980): Die Ablösung maligner neoplastischer Zellen vom Primärtumor (1) und ihr Eintritt in die Lymph- und/oder Blutgefäße (2) werden von den Geschwulsteigenschaften wie z. B. der Art des Tumors, der Lokomotion, der Lösung der zwischenzelligen

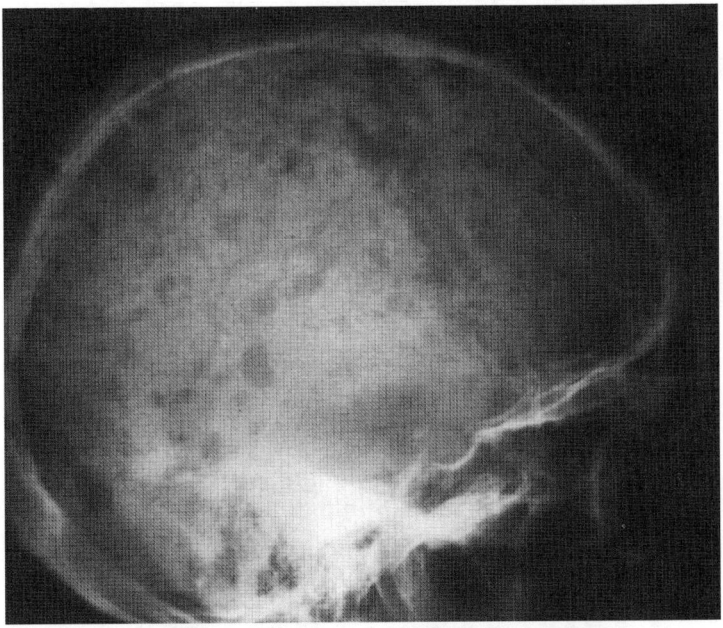

d) Multiple osteolytische Metastasen des Mammakarzinoms in der Schädelkalotte.

Verbindungen, den Adhäsionseigenschaften der Tumorzellen, der Neigung zur Infiltration und von tumorfremden Faktoren beeinflußt. So können vor allem mechanische Einflüsse wie die Palpation oder die Peristaltik z. B. bei Darmkarzinomen, ferner erhöhte Temperatur, lokale Entzündungsprozesse, örtliche Gefäß- und Zirkulationsverhältnisse (z. B. dünnwandige weite Venolen und Venen) ein Ablösen maligner Zellen vom Primärtumor und einen Eintritt in Lymph- und Blutgefäße begünstigen. Abgesehen von deren Filtereffekt bestehen in regionären Lymphknoten besonders günstige Voraussetzungen für spezifische und unspezifische Immunprozesse, die sich gegen Krebszellen richten (3). Vermutlich infolge zytotoxischer Wirkungen komplementaktivierender humora-

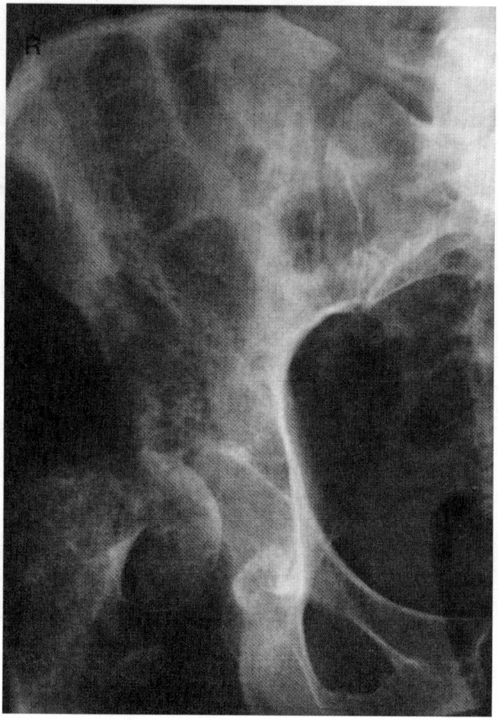

e) Osteolytische Metastasen des Mammakarzinoms im knöchernen Becken.
(Aus: Thurn, P., Bücheler, E.: Einführung in die radiologische Diagnostik, 9. Aufl. Stuttgart, New York: Georg Thieme Verlag, 1992)

ler Antikörper, die gegen neoplastische Zellen gerichtet sind, gehen viele Tumorzellen in der Blutbahn zugrunde (4). Vieles spricht dafür, daß Tumorzellen bzw. Tumorzellgruppen in Zirkulation von einer schützenden Thrombozyten-Fibrin-Schicht bedeckt sind (5). Das Steckenbleiben zirkulierender Krebszellen in der sich verjüngenden Blutbahn des nächstfolgenden Kapillarfilters hängt u. a. von der Größe der neoplastischen Zellen bzw. Zellgruppen (6),

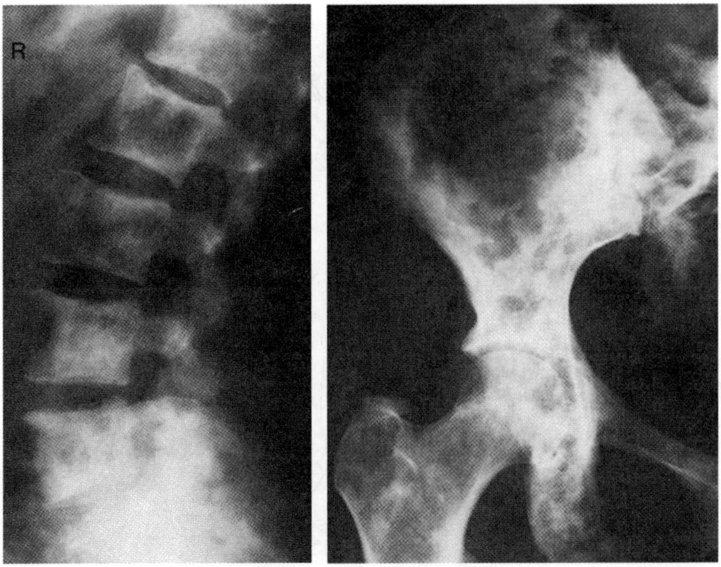

Abb. 2-8: Beispiele für gemischtförmige (osteoblastische und osteoklastische) Knochenmetastasen

a) Gemischtförmige Lendenwirbelkörpermetastasen des Mammakarzinoms.

b) Gemischtförmige Metastasen des Mammakarzinoms im knöchernen Becken.

(Aus: Thurn, P., Bücheler, E.: Einführung in die radiologische Diagnostik, 9. Aufl. 1992. Mit freundlicher Genehmigung des Georg Thieme Verlag, Stuttgart)

der Weite der Kapillaren und dem Vorhandensein intraluminaler Hindernisse wie den Kupffer'schen Sternzellen in der Leber ab (7). Wenn Tumorzellen nicht von einem schützenden Gerinnsel bedeckt sind (9) und im Laufe der Zeit nicht von Endothelien überzogen werden (10), gehen viele neoplastische Zellen nach erfolgter Zellembolie zugrunde (8). Der Weitertransport steckengebliebener Tumorzellen in den Extravaskulärraum (11) hängt von den Infiltrationseigenschaften der Tumorzellen und den örtlichen Verhältnis-

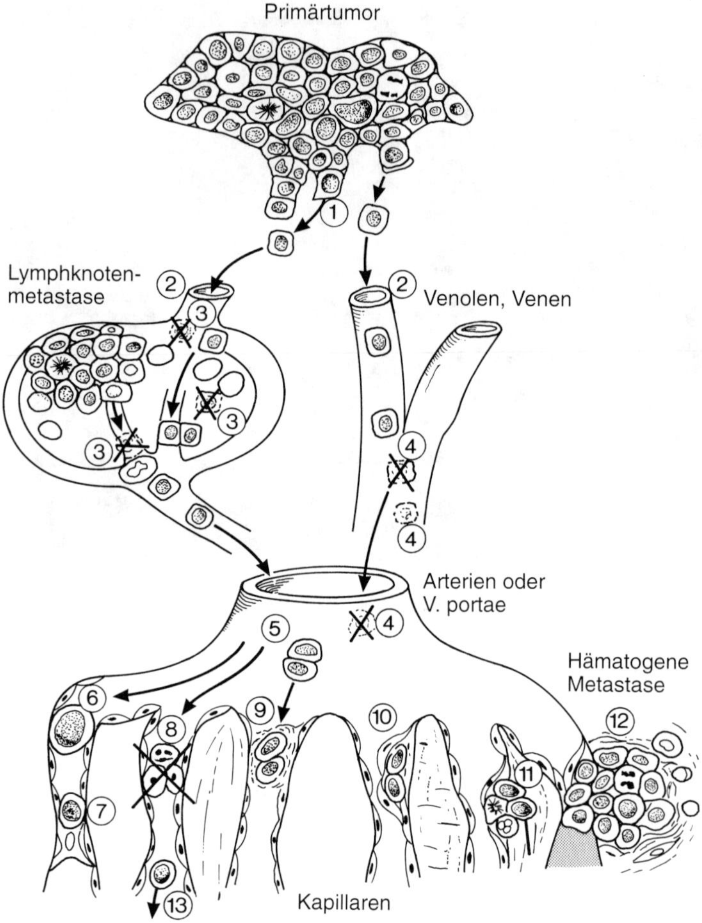

Abb. 2-9: Schematische Darstellung der Metastasierung und der sie beeinflussenden Faktoren. Näheres s. Text.
(Aus: Cottier, H.: Pathogenese – Ein Handbuch für die ärztliche Fortbildung. Bd. 1. Berlin: Springer-Verlag, 1980)

sen ab. Das Anwachsen von Tumorzellen bzw. Zellverbänden und das Wachstum von Metastasen (12) wird vermutlich durch örtliche Wachstumsbedingungen, Immunabwehr, Entzündungsprozesse und weitere Faktoren beeinflußt. Unter Umständen können kleinere Tumorzellen die Kapillarfilter passieren (13).

Die körpereigene Krebsabwehr besteht aus:

▷ einem intrazellulär vorhandenen Reparatursystem, dem *DNS-Repair,* das unter Mitbeteiligung spezieller Zellenzyme (Reparaturenzyme) einen entstandenen Schaden an der DNS sofort wieder beseitigt.

▷ einer zellulären und humoralen Immunabwehr in Form der *thymusabhängigen T-Lymphozyten* (den T-Helferzellen, den Suppressor-T-Zellen und den Killerzellen), die die zelluläre Immunabwehr bilden, und der *Bursa-Fabricii-Äquivalent-abhängigen B-Lymphozyten,* die spezifische Antikörper gegen das (Tumor)antigen bilden und die humorale Abwehr darstellen.

▷ Zellen mit phagozytären Eigenschaften, z. B. den *Makrophagen,* die im retikulären Bindegewebe und im Retikuloendothel gebildet werden und durch Phagozytose und Speicherung von Zellen, Antigenen und Gewebetrümmern am Krebsabwehrkampf beteiligt sind.

Die Krebsabwehr des Körpers

Der Organismus ist, besonders unter den heutigen Umweltbedingungen, mehr oder weniger ständig Substanzen mit kanzerogen wirkenden Eigenschaften ausgesetzt.

Um den Vorgang der malignen Zellentartung zu verhindern bzw. die bereits maligne gewordene Zelle zu vernichten, besitzt jeder Organismus körpereigene Reparatursysteme, Krebsabwehr- und Krebsvernichtungssysteme.

Im nachfolgenden sollen nun die Möglichkeiten der körpereigenen Krebsabwehr beschrieben werden.

Wir unterscheiden hier grundsätzlich drei verschiedene und voneinander unabhängig wirkende körpereigene Krebsabwehr- und Krebszellenvernichtungssysteme.

DNS-Repair

> Jede Zelle ist mit einem besonderen Reparatursystem, dem *DNS-Repair*, ausgestattet, das imstande ist, die meisten der an der DNS entstandenen Schäden unter Einwirkung entsprechender Reparaturenzyme, die in der Zelle vorhanden sind, sofort wieder zu beseitigen und somit die maligne Transformation der Zelle zu verhindern.

Unter dem Repair-System versteht man eine Reihe von intrazellulären Reparaturvorgängen an der geschädigten DNS, die bis heute erbbiologisch im einzelnen noch nicht ganz geklärt sind.
Man weiß, daß diese Reparaturvorgänge durch eine Reihe intrazellulärer Enzyme katalysiert werden. Grundsätzlich können nicht alle an der DNS entstandenen Schäden vom Repair-System beseitigt werden. Eine Reparaturmöglichkeit ist abhängig von:

- Art und Umfang der Schädigung an der DNS; so sind z. B. zu große Defekte nicht reparabel.
- der Summe der schädigend einwirkenden Einflüsse auf das genetische Material während eines bestimmten Zeitraums; werden zu viele DNS-Schäden pro Zeiteinheit verursacht, so ist das Repair-System überfordert.

Da das DNS-Repair auch bei der Beseitigung von Strahlenschäden in der Tumorzelle bei einer Strahlentherapie eine – dort allerdings unerwünschte – Rolle spielt, ist es im Kapitel 10, Strahlentherapie, unter dem Stichwort „Zelluläre Reparaturmechanismen" ausführlich erklärt.
Wenn durch das DNS-Repair eine maligne Zellentartung nicht verhindert werden kann, treten weitere Abwehrmechanismen des Körpers in Aktion.

Die Immunabwehr des Körpers

Good entdeckte 1963 die funktionelle Zweiteilung der Immunabwehr in zelluläre und humorale Immunität, verkörpert durch die thymusabhängigen **T-Zellen** und die Antikörper-produzierenden **B-Zellen**.

▷ Die zelluläre Immunität

Die zelluläre Immunität basiert auf den thymusabhängigen *T-Lymphozyten* (*Thymus-Lymphozyten, T-Zellen*).

Bei den **T-Lymphozyten** werden je nach ihren Funktionen drei Fraktionen unterschieden:

- *T-Helferzellen* sind mitbeteiligt an der Funktion der Antikörperbildung durch die thymusabhängigen B-Lymphozyten (Kooperative Zellen).
- *Suppressor-T-Zellen* können die Antikörperbildung unterdrücken (Unterdrückerzellen).
- *Killerzellen (K-Zellen)* zerstören mit Hilfe der auf ihrer Oberflächenmembran befindlichen Rezeptoren antikörperbeladene Zielzellen (z. B. Tumorzellen).

Killerzellen, auch Killerlymphozyten genannt, gehören als Untergruppe zu den sogenannten natürlichen Killerzellen. Hierbei handelt es sich um eine heterogene Population von Lymphozyten, die auf ihrer Oberflächenmembran Rezeptoren (spezielle Eiweißmoleküle) tragen, mit deren Hilfe sie Tumorzellen als atypisch erkennen können, die dann von ihnen als Fremdzellen angegriffen und vernichtet werden. Sie sind eine ständige Einrichtung des Körpers und müssen nicht erst aufgrund plötzlich auftretender zytotoxischer Effektorzellen, z. B. Tumorzellen, gebildet werden, wie das bei Antikörpern der Fall ist.

Tumorzellen sind morphologisch entartet und tragen auf ihrer Oberfläche Tumorantigene. Dennoch geschieht die Andockung der Killerzellen an die Tumorzellen nicht, wie man annehmen könnte, auf der Basis einer Antikörper-Antigen-Reaktion, sondern über einen speziellen Erkennungsmechanismus mit Hilfe der Rezeptoren auf der Oberflächenmembran der Killerzellen. Normale Körperzellen besitzen auf ihrer Oberfläche Antigenstrukturen, die von Killerzellen wahrgenommen werden. Fehlen diese auf der Zelloberflächenmembran, wie das bei Tumorzellen der Fall ist, so erkennen die Killerzellen mit Hilfe ihrer speziellen Oberflächenrezeptoren diese als fremd, docken an diese Zellen an und zerstören sie durch Phagozytose und Zytolyse. Die Killerzellen sind somit imstande, spontan, d. h., ohne vorherige antigene Stimulation und ohne Beteiligung von Antikörpern vor allem virusinfizierte und maligne

transformierte Körperzellen zu zerstören. Die Zytotoxizität wird also nicht durch Oberflächenantigene der Zielzellen beeinflußt. Natürliche Killerzellen findet man im peripheren Blut, in der Milz, in den Lymphknoten, im Knochenmark, in der Thymusdrüse und im Ductus thoracicus. Die Proliferation der Killerzellen unterliegt der Regulation durch T-Lymphozyten (Helfer- und Suppressorzellen). Ihre Aktivität wird vor allem durch Interferone, Interleukine und durch Immunmodulatoren stimuliert.
T-Lymphozyten produzieren keine Antikörper. Sie sind durch Synthese verschiedener Faktoren für die zelluläre Immunität von wesentlicher Bedeutung.

▷ Die humorale Immunität

Sie wird verkörpert durch die **B-Lymphozyten.** Die B-Lymphozyten sind diejenigen Lymphozyten, die aus dem Knochenmark (den hämopoetischen Stammzellen) direkt, d. h. ohne Thymuspassage ins Blut gelangen. Sie siedeln sich in sekundären Organen des lymphatischen Systems an. Auf ihrer Oberflächenmembran tragen sie als charakteristische Zellmarker spezifische Antigenrezeptoren. Nach Stimulation durch das entsprechende Antigen können sich die B-Lymphozyten zu antikörperbildenden Plasmazellen entwickeln. Die von den B-Lymphozyten abgeleiteten **Plasmazellen** spielen als Träger der humoralen Immunität eine besondere Rolle. Ihre Hauptaufgabe bei der Tumorabwehr ist die Synthese spezifischer Immunglobuline = humoraler Antikörper, die aufgrund der Fremdkörpereigenschaften der Tumorzellen gebildet werden.
Das dritte körpereigene Abwehrsystem, das in diesem Zusammenhang angeführt werden muß, sind die Phagozyten.

Phagozyten

Zellen mit phagozytären Eigenschaften werden auch *Freßzellen* genannt. Zu den *Phagozyten* gehören neben den *Mikrophagen* (*neutro-* und *eosinophile Leukozyten*) die *Makrophagen.*
Makrophagen werden im retikulären Bindegewebe und im Retikuloendothel gebildet. Es handelt sich hierbei um große, unregel-

mäßig geformte Zellen mit phagozytären Eigenschaften und einer amöboiden Beweglichkeit.
Makrophagen sind keine Immunzellen, jedoch sind sie an der Vernichtung und Verarbeitung körperfremder Substanzen durch Phagozytose beteiligt.
Ihre Bedeutung liegt in ihrer Beteiligung an Abwehrmaßnahmen des Organismus durch Phagozytose und Speicherung von Zellen und Gewebetrümmern. Sie nehmen Gewebetrümmer, Fremdkörper, Mikroben und Zellen auf und verdauen sie.
Makrophagen sind histogene Wanderzellen des Gewebes. Sie können bei entzündlichen und infektiösen Prozessen des Körpers und auch bei einer Fremdkörperansiedlung (z. B. von Tumorzellen) mit dem Blut an den Ort der Schädigung gelangen und sich am Abwehrkampf des Organismus beteiligen. Sie werden dann als Monozyten bezeichnet.

Das DNS-Repair wirkt also, um zu verhindern, daß eine Genmutation zu einer malignen Transformation der betroffenen Zelle führt, während T- und B-Lymphozyten und Phagozyten nach einer dennoch erfolgten malignen Zelltransformation das Überleben der bösartigen Zelle und damit die Tumorentstehung verhindern sollen (Abb. 2-10).

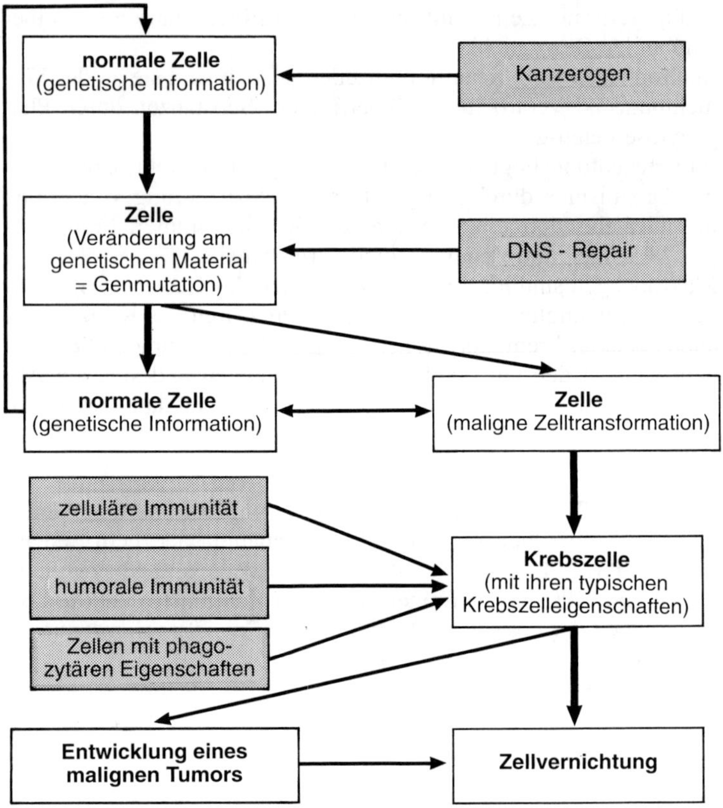

Abb. 2-10: Funktionsstufen der körpereigenen Krebsabwehr

3. Merkmale eines malignen Tumors

Pathologisch-anatomische Merkmale

Die Zellproliferation eines echten Tumors ist exzessiv, unkontrolliert und progressiv und dadurch von einer Entzündung (Gewebszunahme durch Ödem, Blutstauung und Infiltration der Entzündungsstelle), von einer Regeneration (keine überschießende Gewebsneubildung) und von einer Hyperplasie (vom Organismus kontrollierte, zumindest zeitlich und räumlich begrenzte Zellproliferation) abzugrenzen.

Die **maligne Geschwulst** unterscheidet sich durch einige charakteristische Eigenschaften von gutartigen Gewebswucherungen. Bei diesen handelt es sich um:

▷ **Anaplasie**

Übergang höher differenzierter Zellen in weniger differenzierte. Das heißt Rückkehr der Zelle auf eine so niedrige Entwicklungsstufe, daß eine Ähnlichkeit mit dem Muttergewebe nicht mehr gegeben ist.

▷ **Zellreichtum**

Maligne Geschwülste sind auffallend zellreich.
Die große Anzahl von Mitosen, vor allem aber von atypischen Mitosen gilt als Charakteristikum der Malignität. Hierzu zählen:

- Mitosen mit einer Triasterbildung, d. h., die Chromosomen rükken hier bei der Zellvermehrung nicht wie üblich nach zwei (Diasterbildung), sondern nach drei entgegengesetzten Polen auseinander;
- Mitosen mit einer Chromosomenversprengung, und
- Mitosen mit einer abnormen Anzahl von Chromosomen (Aneuploidie).

▷ **Regression**

Schnell wachsende Geschwülste neigen zur Selbstzerstörung, welche Ausdruck einer unzureichenden Blutversorgung ist, aber auch Ausdruck einer ortsständigen Abwehrreaktion des Wirtsorganismus sein kann.

▷ **Infiltration**

Das Geschwulstgewebe dringt in das ortsständige Gewebe ein und zerstört es. Dabei erfolgt auch ein Einbruch in die Blut- und Lymphwege.

▷ **Metastasen**

Das bösartige Geschwulstgewebe bildet sogenannte Tochtergeschwülste. Diese *Metastasen* können lokal, regional und fern der Muttergeschwulst auftreten. Dazu ist es notwendig, daß eine hohe Zahl von Geschwulstzellen über den Lymphweg oder den Blutweg, durch einfache Fortschwemmung in Flüssigkeit oder durch Abklatschung in benachbartes Gewebe gelangt. Häufiger Sitz von Metastasen: Lymphknoten, Leber und Knochenmark.

▷ **Rezidivneigung**

Darunter versteht man das erneute Auftreten einer Geschwulst nach operativer unvollständiger oder Teilentfernung des Tumors. Hierbei handelt es sich nicht um eine erneute maligne Transformation, sondern um das Nachwachsen des nicht vollständig entfernten Tumorgewebes. Eine Rezidivbildung ist auch durch sogenannte „Schlummermetastasen“ möglich, die viele Jahre latent bleiben können.

Zell- und Gewebeatypien

Das histologische Bild eines normalen Gewebes zeichnet sich im Gegensatz zu dem eines Malignoms in seinem Aussehen durch eine gewisse Homogenität der Gewebsstrukturen aus.

Die Homogenität bezieht sich auf die Größe und die Gestalt der Zellkerne und des Zytoplasmas sowie auf den Chromatingehalt der Zellkerne. Zwischen Zellkern und Zytoplasma besteht unter normalen Bedingungen ein annähernd konstantes Größenverhältnis, eine bestimmte Kern-Plasma-Relation.
Jedes Tumorgewebe läßt selbstverständlich histologisch und zytologisch bestimmte organspezifische Besonderheiten erkennen. Jedoch sind bei einem Tumorgewebe die allgemeinen Malignitätszeichen in Form von atypischen Zellveränderungen stets nachweisbar.

In diesem Zusammenhang soll nochmals betont werden, daß *atypische Zellen allein noch kein sicheres Malignitätskriterium* darstellen. Hierzu gehört noch das invasive Wachstum.

Beim *Carcinoma in situ* zum Beispiel sind zwar alle Tumorcharakteristika erfüllt, jedoch fehlt hier ein invasives Wachstum. Es handelt sich hierbei um eine sogenannte *Präkanzerose*, um ein Karzinom, das die Basalmembran noch nicht überschritten hat. Es wurde also sozusagen „in flagranti" erwischt! Auch bei entzündlichen Veränderungen sind häufig atypische Zellveränderungen vorhanden.

Unter **Atypien** versteht man ein Abweichen vom Normalen, ein nicht der typischen Form entsprechendes Bild (z. B. Zellkern, Zellanordnung, Krankheitsverlauf).
Man unterscheidet eine *zelluläre* und eine *epitheliale Atypie*.

Wegen ihrer Wichtigkeit als Hinweis auf Malignität sollen die Atypien etwas genauer betrachtet werden.

Epitheliale Atypie

Sie liegt dann vor, wenn außer den Zeichen einer Atypie der Einzelzellen eine Atypie im Aufbau des Zellverbandes nachweisbar ist, in dem die Schichten des Epithels verzerrt, verwischt oder nicht mehr erkennbar sind (nach Burghard, 1982).
Die vermehrte Proliferation mit infiltrativ-destruierendem Wachstum von Zellverbänden, die ein vom Ausgangsgewebe abweichendes Zellbild haben und der Nachweis von mehrschichtig-proliferierenden Zellverbänden (Epithelverbänden) gelten als Malignitätsmerkmale.

Zelluläre Atypie

Die zellulären Atypien sind nicht zwingend Ausdruck der Malignität, erwecken aber um so mehr den Eindruck der Bösartigkeit, je stärker ihre Merkmale ausgebildet sind (nach Burghard, 1982).
Zellen, die all ihre spezifischen Zellstrukturen verloren haben, werden als entdifferenzierte Zellen bezeichnet.

▷ Anisonukleose

Im Gegensatz zu normalen Zellen verschiedener Reifungsstufen sind die Kerne atypischer Zellen oft unterschiedlich groß. Dies ist besonders deutlich zu erkennen, wenn die atypischen Zellen in Gruppen oder Verbänden zusammenliegen. Dabei können die Zellkerne in der Größe um ein Vielfaches voneinander abweichen.

▷ Polymorphie der Zellkerne

Die äußere Form der Kerne atypischer Zellen kann ebenfalls sehr unterschiedlich sein (rund, oval, langgestreckt, spindelförmig, dreieckig, bizarr ausgezogen, maulbeerartig gelappt).

▷ Hyper- und Hypochromasie der Zellkerne

Infolge des erhöhten Chromatingehaltes der Kerne atypischer Zellen sind diese meist hyperchromatisch, d.h. im HE-Präparat tief dunkelblau gefärbt, teilweise völlig schwarz und strukturlos. Selten sind Kerne atypischer Zellen hypochromatisch, wobei sie dann erheblich vergrößert sind und in dem weitgehend leer erscheinenden Kerninneren nur einzelne Chromatinverdichtungen zeigen.

▷ Unregelmäßigkeiten der Chromatinstruktur

Innerhalb der Kerne atypischer Zellen ist die Chromatinsubstanz unregelmäßig verteilt, so daß sich hyperchromatische (dunkle) und hypochromatische (helle) Stellen deutlich voneinander unterscheiden. So entstehen in den Kernen regelrechte Chromatinverklumpungen unterschiedlicher Größe. Häufig findet man hier auch eine große Granulierung über den ganzen Kern verteilt.

▷ Veränderungen an den Nukleoli

Diese sind deutlich vergrößert (Makronukleoli), zum Teil unregelmäßig verformt, nicht selten auch in Vielzahl innerhalb eines Kernes vorhanden.

▷ Verschiebung der Kern-Plasma-Relation

In atypischen Zellen ist als Zeichen einer vermehrten Proliferation und, möglicherweise auch infolge einer erhöhten Stoffwechselaktivität der Zellkerne, fast regelmäßig eine Verschiebung des Kern-Plasma-Verhältnisses zugunsten des Zellkerns erkennbar, d. h. die Kerne sind deutlich größer als Kerne normaler Zellen vom gleichen Ausreifungsgrad, und das Zytoplasma verschwindet mehr und mehr. Als extremste Form der Verschiebung findet man bei atypischen Zellen als Zeichen unreifer Tumoren sogenannte nackte Kerne mit völligem Fehlen von Plasma.
Die Kern-Plasma-Relation ist für den Pathologen bzw. den Zytologen bei der Untersuchung von Gewebe- und Zellmaterial von großer Bedeutung.

▷ Mehrkernigkeit

Kommt in Tumorzellen vor, ist jedoch für Tumorzellen kein Charakteristikum.

▷ Zytoplasmaveränderungen

Sind stets neben Veränderungen am Zellkern als Malignitätszeichen zu beobachten. Für sich alleine sind Zytoplasmaveränderungen nicht als Malignitätszeichen anzusehen.

▷ Anisozytose

Hierunter versteht man eine unterschiedliche Größe von Zellen (Riesenzellen bis ganz kleine Zellen).

▷ Zellpolymorphie

Unterschiedliche Zellformen mit rundem oder ovalem Plasma, mit lang gestreckten Spindel- oder Faserzellen, mit Stachel- und Kaulquappenzellen; sie zählt ebenfalls zu den Zellatypien.

4. Tumorklassifikation

Allgemeines

Bei den **Geschwülsten** (Synonyme: **Neoplasien, Tumoren**) werden zwei Hauptgruppen unterschieden:

- *benigne* (gutartige) *Neoplasien*
- *maligne* (bösartige) *Neoplasien*

Bis auf eine Ausnahme, die Ganglienzellen des Gehirns, die sich nicht mehr teilen und demzufolge auch nicht tumorös wachsen und entarten, können Geschwülste grundsätzlich aus jeder Körperzelle hervorgehen.

▷ Gutartige Geschwülste

Sie entstehen zum Teil durch Regulationsstörungen übergeordneter Impulse, z. B. durch hormonale Fehlsteuerungen endokriner Organe. Sie erreichen u. U. ansehnliche Größen und können das benachbarte Gewebe erheblich komprimieren. Sie wachsen aber, mit einigen Ausnahmen, nicht in das umgebende Gewebe ein. In der Regel sind sie kapselartig begrenzt. Gutartige Geschwülste haben die Struktur des Muttergewebes, sie sind organoid gebaut.

▷ Bösartige Geschwülste

Sie zeichnen sich durch anarchistisches, autonomes, organunabhängiges und progressives Wachstum aus. Ausgangspunkt sind körpereigene Zellen, die zu Geschwulstzellen transformiert wurden. Die Geschwulstzellen haben neue biologische Eigenschaften. Sie sind für die Impulse des Organismus regulationstaub geworden.

Im Gegensatz zu gutartigen Geschwülsten bestehen maligne Neubildungen aus einem atypischen und polymorphen Gewebe, sie wachsen wesentlich schneller, infiltrierend und destruierend, auch mit einem Einbruch in die Gefäße. Ihre Begrenzung ist meistens unscharf. Sie metastasieren und neigen – bei unvollständiger Entfernung – zu Rezidiven.

▷ **Semimaligne Geschwülste**

Sie nehmen eine Mittelstellung ein. Sie wachsen infiltrativ und destruktiv und haben bei unvollständiger operativer Entfernung eines Tumors eine hohe Rezidivquote, metastasieren jedoch nicht (z. B. Basaliome).

▷ **Präkanzerosen**

Geschwülste mit potentieller Malignität. Sie erfüllen zunächst die Kriterien der Benignität, können aber später maligne entarten. Man unterscheidet hier zwischen *fakultativer Präkanzerose* (Veränderungen mit niedriger Entartungsfrequenz) und *obligatorischer Präkanzerose* (Veränderungen mit hohem Entartungsrisiko in relativ kurzem Zeitintervall).

Die Klassifikation der malignen Geschwülste basiert auf:
- ihrer Abstammung vom jeweiligen Muttergewebe
- dem Grad ihrer örtlichen Ausdehnung bzw. ihrer Ausdehnung im Organismus (Staging)
- dem histologisch ermittelten Malignitätsgrad (Grading)

Abstammung vom Muttergewebe

Sowohl gutartige als auch bösartige Tumoren werden aufgrund des Ausgangsgewebes, aus dem sie entstanden sind, in epitheliale, nichtepitheliale Geschwülste, Mischgeschwülste, die sowohl Epi-

thel als auch Bindegewebe enthalten, in Keimzellgeschwülste, embryonale Geschwülste und endokrine Tumoren eingeteilt.
Die Geschwülste bestehen aus dem das Geschwulstgewebe bildenden *Parenchym* und dem gefäßführenden *Stroma*, wobei die Tumorzellen, z. B. beim szirrhösen Karzinom, unter Umständen nur schwer von Stromazellen zu unterscheiden sind. Bei der Namensgebung der bösartigen Geschwülste wird außer der Herkunft auch der Differenzierungsgrad der Geschwulst berücksichtigt. Er gibt an, inwieweit das Geschwulstgewebe dem ausgereiften Muttergewebe entspricht. Demnach wird das Adjektiv „differenziert", „wenig differenziert" oder „un- bzw. entdifferenziert" hinzugefügt (G_1 – G_3).
Allgemein gilt die Regel, daß das biologische Wachstum eines Tumors abhängig ist von seinem Differenzierungsgrad, der Größe der Wachstumsfraktion, der Länge der Zellzyklusdauer, der Neigung zur Metastasenbildung usw. Auch das Lebensalter des Erkrankten scheint die Wachstumsgeschwindigkeit bösartiger Geschwülste zu beeinflussen.

Je geringer ein Tumor differenziert und je niedriger das Lebensalter des Erkrankten ist, desto größer scheint die Tumorwachstumsgeschwindigkeit und somit die Tumorausbreitung zu sein.

Bösartige Tumoren, die vom Epithel ausgehen, heißen *Karzinome*.
Tumoren, die sich aus mesenchymalem Gewebe entwickeln, heißen *Sarkome*.
Blastome sind im weitesten Sinne embryonale Tumoren.
Präkanzerosen sind Neubildungen, die erfahrungsgemäß häufiger als normales Gewebe nach einiger Zeit zu malignen Tumoren entarten. Unterschieden werden fakultative und obligatorische Präkanzerosen.

Ein *Carcinoma in situ* ist eine neoplastische Zellpopulation (Zellproliferation), die die Basalmembran noch nicht durchsetzt hat. Lokalisation: z. B. Harnblasenschleimhaut, Schleimhaut der Cervix uteri. Die Übergänge zwischen Präkanzerosen und Carcinoma in situ sind oft unscharf.

Gelegentlich zeigen Gewebe bestimmter Organe alle zytologischen Kriterien der Malignität, jedoch kein die Basalmembran überschreitendes, d. h., invasives krebsiges Wachstum. Derartige Veränderungen werden häufig u. a. an der Portio vaginalis und in der Mamma beobachtet. Man spricht hier von einem Carcinoma in situ.

Epitheliale Geschwülste (Allgemeines)

Sie werden in *Plattenepithel-* und *Drüsenepithelgeschwülste* unterteilt, wobei das Epithelgewebe in zwei Richtungen wachsen kann, nämlich einmal nach außen = *exophytisch* und zum anderen nach innen = *endophytisch*. **Gutartige exophytisch** wachsende epitheliale Geschwülste sind zum einen die *Papillome*, Tumoren, die von einem Epithelgewebe ausgehen, das keine Muscularis mucosae hat (z. B. Haut und harnableitende Wege); zum anderen gehören zu den gutartigen exophytisch wachsenden epithelialen Geschwülsten die *Adenome*, die von Schleimhäuten ausgehen, die eine Muscularis mucosae besitzen (Schleimhäute des Magen-Darm-Traktes).
Gutartige endophytisch wachsende epitheliale Tumoren sind Adenome, die nicht an der Oberfläche wachsen, sondern als kugelige, knotige, meist abgekapselte Gewächse im Organparenchym gelegen sind. Hierzu gehören z. B. die *Adenome* der Nebenniere, der Leber, der Mamma, der Niere, der Schilddrüse, der Lungen, der Hoden, der Prostata und der Ovarien.

Bei **Adenomen** handelt es sich um gutartige Geschwülste, die vom Epithelgewebe endokriner und exokriner Drüsen oder von der Schleimhaut des Magen-Darm-Traktes ausgehen. Sie können maligne entarten.

Tab. 4-1: **Epithelgeschwülste**

Ausgangsgewebe, Muttergewebe	Geschwulstgewebe benigne	maligne
Plattenepithel	Papillom	Plattenepithelkarzinom
Drüsenepithel	Adenom	Adenokarzinom
Urothel	Papillom	Urothelkarzinom

Die entsprechende maligne Geschwulst zum Adenom, das sowohl exophytisch wie auch endophytisch wachsen kann, ist das *Adenokarzinom.* Die für die Adenokarzinome (maligne epitheliale Geschwülste) typischen histologischen und morphologischen Abweichungen sind in Abb. 4-1 bis 4-3 angezeigt.
Die entsprechende maligne Geschwulst zum Papillom, das exophytisch wächst, ist das *papilläre Karzinom.* Die Nomenklatur ist in Tab. 4-1 systematisiert.

Maligne epitheliale Geschwülste = Karzinome

Karzinome sind die am häufigsten vorkommenden bösartigen Geschwülste.

Bei den **Karzinomen** unterscheidet man:

- maligne Tumoren, die vom Plattenepithel ausgehen (*Plattenepithelkarzinome:* verhornende und nichtverhornende, kleinzellige, fusiforme, akantholytisch-pseudoglanduläre usw.) und
- maligne Tumoren, die vom Drüsenepithel an der Oberfläche bzw. vom Drüsenepithel in soliden Organen ausgehen.

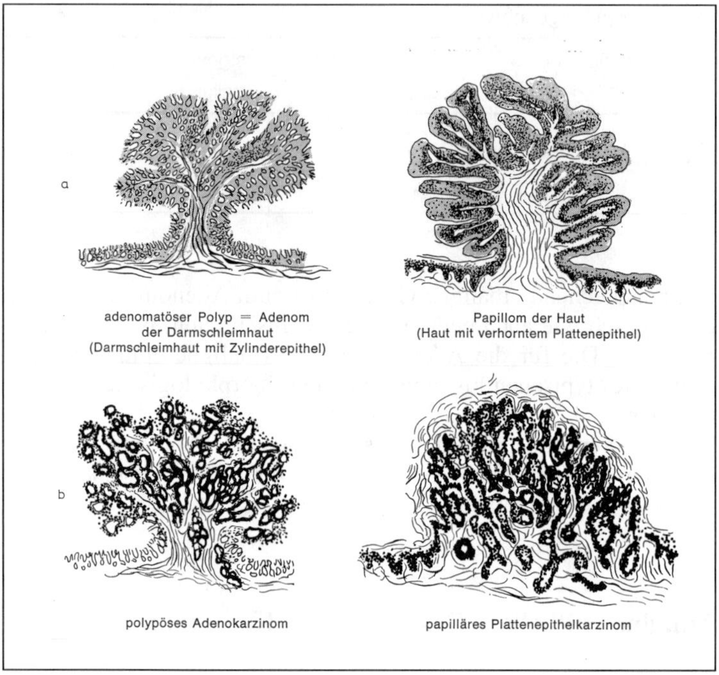

Abb. 4-1: a) Gutartige, **b)** bösartige epitheliale Neubildungen.
(Aus: Lehrbuch der klinischen Zytodiagnostik für medizinisch-technische Assistentinnen, Zytologieassistentinnen und Ärzte. Hrsg. von H.-J. Soost. 3. Aufl. Stuttgart: Thieme, 1978)

Hierzu gehören z. B. die *Adenokarzinome* des Gastrointestinaltraktes wie Magen-, Pankreas- und Gallenwegskarzinome sowie kolorektale Adenokarzinome. Auch die *Endometriumkarzinome* sind hier einzugruppieren.

- maligne Tumoren, die vom Übergangsepithel ausgehen.

Hierzu gehören im wesentlichen die vom Urothel (auskleidendes Epithel der gesamten harnableitenden Wege vom Nierenbecken bis

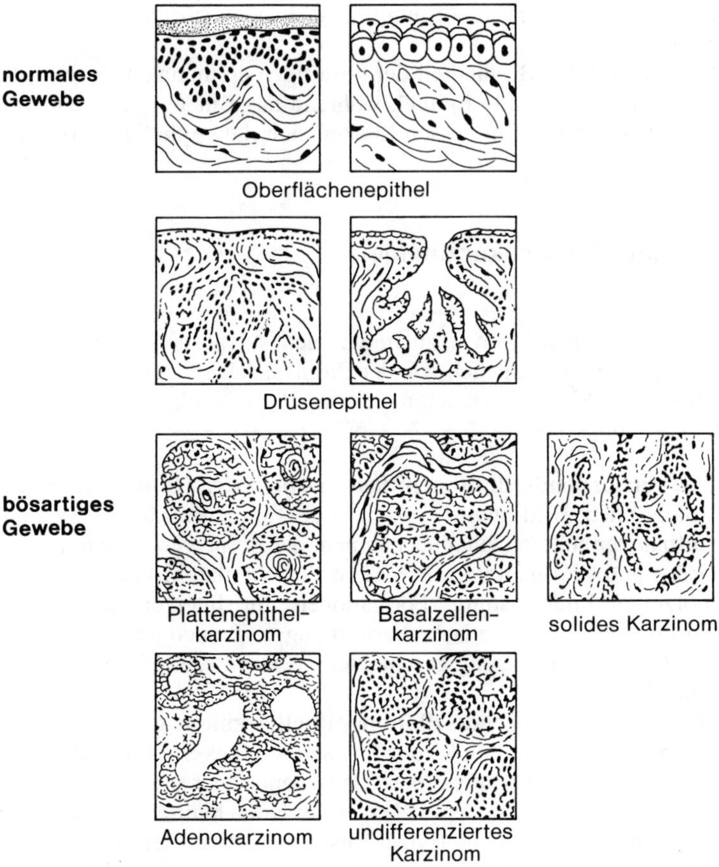

Abb. 4-2: Histologisches Bild verschiedener Karzinomtypen (epitheliale Tumoren).
(Aus: Lehrbuch der klinischen Zytodiagnostik für medizinisch-technische Assistentinnen, Zytologieassistentinnen und Ärzte. Hrsg. von H.-J. Soost. 3. Aufl. Stuttgart: Thieme, 1978)

zur äußeren Harnröhrenöffnung) ausgehenden (*urothelialen*) *Karzinome*.
Der wesentliche Bestandteil der bösartigen epithelialen Geschwülste ist das wuchernde Epithel, während das Bindegewebe nur das Gerüstwerk liefert, in dessen Lücken sich die epithelialen Tumorzellen ausbreiten.

▷ Plattenepithelkarzinome

Die verhornenden wie auch die nicht verhornenden Plattenepithelkarzinome gehen von der Basalzellschicht des Plattenepithels aus. Sie differenzieren sich zu atypischen Spinalozyten.

Das verhornende Plattenepithelkarzinom der Haut zeigt im histologischen Bild invasiv wachsende Epithelverbände, die den Aufbau der äußeren Haut nachahmen; die Kerne variieren in Form, Größe und Chromatingehalt, vereinzelt sieht man Mitosen. Die Tumorzellen bilden solide Formationen mit Interzellularbrücken, häufig eine parakeratotische Verhornung, z. T. auch unter dem Bild von Hornperlen (kugelig geschichtete, verhornte, atypische Plattenepithelien).
Das **nicht verhornende Plattenepithelkarzinom** geht vom Plattenepithel der Mundhöhle, der Speiseröhre, des Stimmbandes, der Scheide, der Portio uteri, der Glans penis oder auch von einem metaplastischen Plattenepithel, z. B. im Bronchialtrakt, an der Epithelgrenze der Cervix uteri u. a., aus. Erwähnt sei hier, daß es nicht selten vorkommt, daß Schleimhäute, die aus einem nicht verhornenden Plattenepithel bestehen, verhornende Plattenepithelkarzinome ausbilden.
Das geschieht über die Umbildung eines differenzierten (reifen) Epithels in ein anderes, differenziertes (reifes Epithel), vor allem nach chronischer Irritation (Entzündungen, Einwirkung von chemischen oder mechanischen Faktoren), so daß hier in diesem Fall ein metaplastisches Plattenepithel entsteht, das dann sekundär maligne wird.

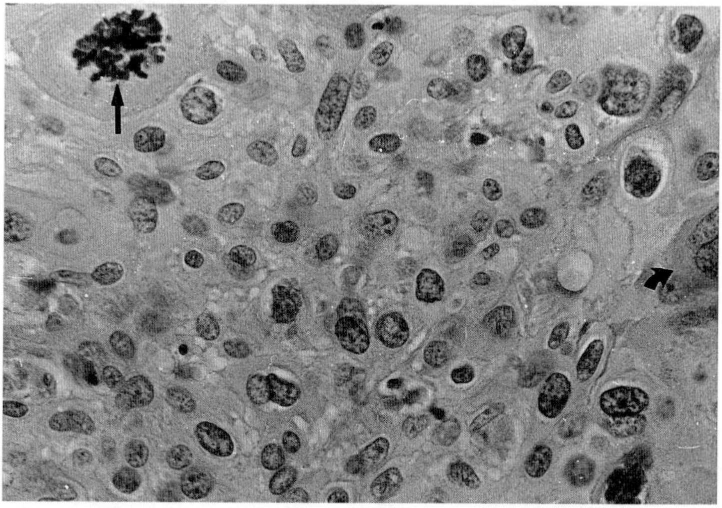

Abb. 4-3: Ausgewählte histologische Präparate von bösartigen Tumoren.

a) Gut differenziertes, nicht verhornendes Plattenepithelkarzinom (G1/G2), das sich aus neoplastisch proliferierten, zytoplasmareichen Spinalozyten mit großen rundlichen Kernen aufbaut. Das Kernchromatin ist aufgelockert, das Zytoplasma ist blaß-eosinrot angefärbt. Der gerade Pfeil weist auf eine atypische Mitose hin, der gebogene Pfeil auf eine mehrkernige Tumorriesenzelle.

Spinozelluläre Karzinome sind Plattenepithelkarzinome, die von der Basalzellschicht der Epidermis ausgehen, in dem sich, infolge einer hier ausgelösten bzw. hier stattgefundenen malignen Zelltransformation, die Zellen zu atypischen Spinalozyten differenzieren. Spinozelluläre Karzinome können sowohl vom verhornenden als auch vom nicht verhornenden Plattenepithel ihren Ausgang nehmen. Sie treten an der äußeren Haut der Unterlippe, an der Ohrmuschel, der Zunge, an Penis und Vulva usw. auf.

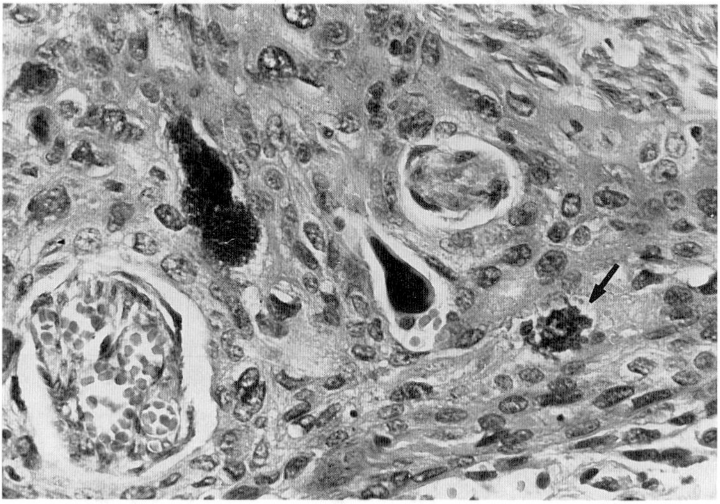

Abb. 4-3: b) Mäßig differenziertes, nicht verhornendes Plattenepithelkarzinom (G2). Die neoplastisch proliferierten Spinalozyten sind kleiner als in Abb. 4-3a, dichter gelagert. Das Zytoplasma ist dunkler gefärbt, die Kerne sind oval, das Kernchromatin ist vergröbert. Der Pfeil weist auf eine atypische Mitose hin.

Spinozelluläre Karzinome sind maligne, infiltrierend und destruierend wachsende epitheliale Tumoren mit Neigung zu lymphogener und hämatogener Metastasierung.

In der Haut kommt es zu Proliferationen spinozellulärer Zellverbände mit normalen und atypischen Spinalozyten (= Stachelzellen) in einem wechselnden Verhältnis. Die atypischen Zellen und ihre Kerne zeigen eine wechselnde Form und Größe. Auffallend sind daneben atypische Mitosen. Neben Einzelverhornungen kommt es

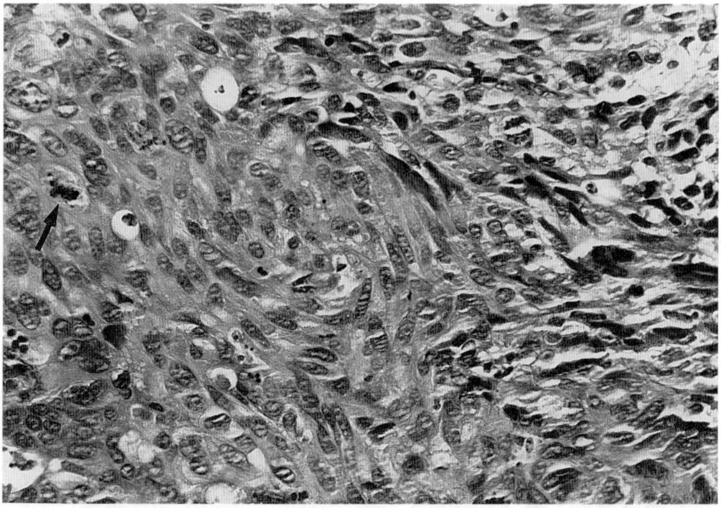

Abb. 4-3: c) Mäßig bis schlecht differenziertes, nicht verhornendes Plattenepithelkarzinom (G2/G3).
Die neoplastisch proliferierten Spinalozyten sind klein, fusiform, teils regellos angeordnet, teils angedeutet konzentrisch geschichtet. Das Zytoplasma ist schmal, dunkel, das Kernchromatin weiter vergröbert. Der Pfeil weist auf eine Mitose (Metaphasenplatte) hin.

zur Ausbildung charakteristischer, konzentrisch geschichteter Hornperlen mit zunehmender Verhornung zum Zentrum.
Eine Einteilung in gut, mäßig und wenig bzw. undifferenzierte spinozelluläre Karzinome ist im allgemeinen ausreichend. Bei gut differenzierten Tumoren finden sich zahlreiche Hornperlen sowie Interzellularbrücken zwischen den Tumorzellen. Mit abnehmender Differenzierung, d. h. mit zunehmender Malignität, zeigt der Tumor eine stärkere Invasionstendenz; die Zahl der atypischen Zellen

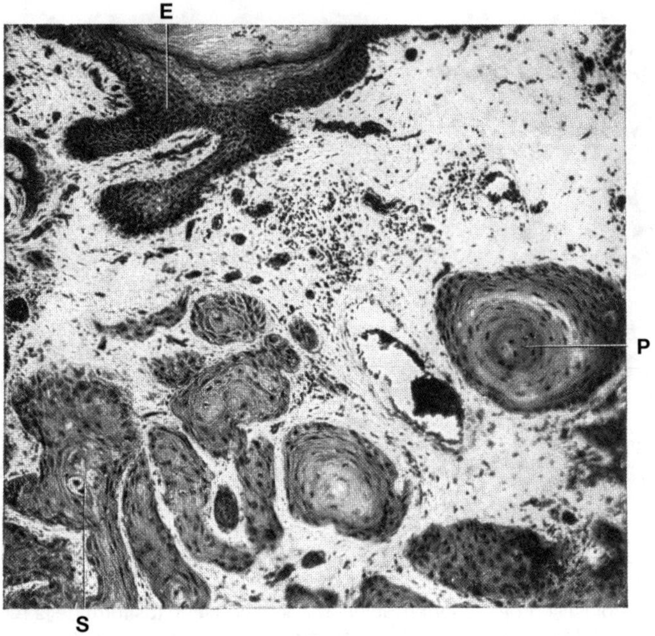

Abb. 4-3: d) Verhornendes Plattenepithelkarzinom.
Krebsstränge (**S**) mit Bildung von Hornperlen (**P**). Darüber normale Epidermis (**E**).
(Aus: Hamperl H. Lehrbuch der Allgemeinen Pathologie und der Pathologischen Anatomie auf Grundlage des Ribbertschen Lehrbuches. 22./23. Aufl. Berlin, Göttingen, Heidelberg: Springer, 1957)

nimmt zu, die Ausbildung von Interzellularbrücken und Hornperlen wird seltener. Hochmaligne spinozelluläre Karzinome bestehen fast ausschließlich aus atypischen, nicht verhornenden Zellen ohne Ausbildung von Interzellularbrücken mit zahlreichen Mitosen, Kern- und Zellpolymorphie.

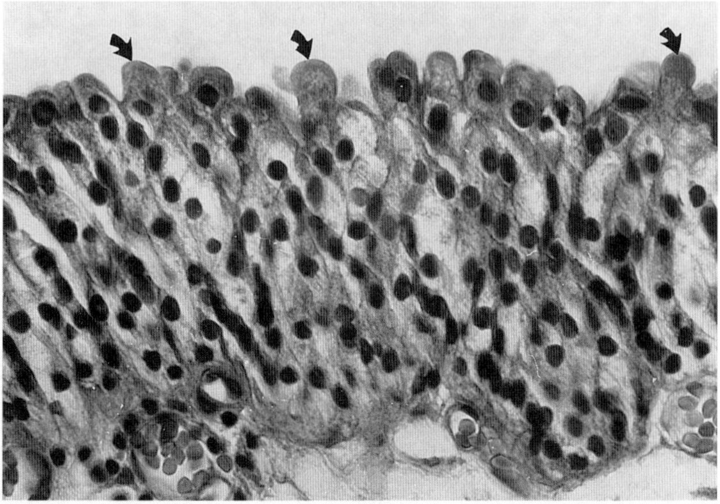

Abb. 4-3: e) Hochdifferenziertes papilläres urotheliales Karzinom (G1). Die Zellschichtdicke beträgt mehr als 7–8 Zellagen. Die neoplastisch proliferierten Urothelien reifen nicht zur Oberfläche hin aus. Die Kerne sind rund, dunkel, ohne Nukleolus. Das Zytoplasma ist aufgehellt. Die oberflächlichsten Zellen sind zytoplasmareich, nach Art sog. Schirmzellen (siehe gebogene Pfeile).

▷ Drüsenepithelkarzinome

Die **Adenokarzinome** haben ihren Ursprung in den Proliferationszonen des Drüsenepithels der Schleimhäute, z. B. beim Magen (Abb. 4-4) in der Drüsenhalsregion, beim Dünn- und Dickdarm (Abb. 4-5) im Kryptengrund. Die maligne entarteten Epithelzellen sind zu primitiven Drüsenschläuchen angeordnet und unregelmäßig gestaltet, die Kerne variieren in Form, Größe und Chromatingehalt. Die epitheliale Auskleidung der Drüsenschläuche kann ein- oder mehrschichtig sein, gelegentlich können die proliferierten atypischen Epithelien auch die Lichtung der Drüsenschläuche ganz

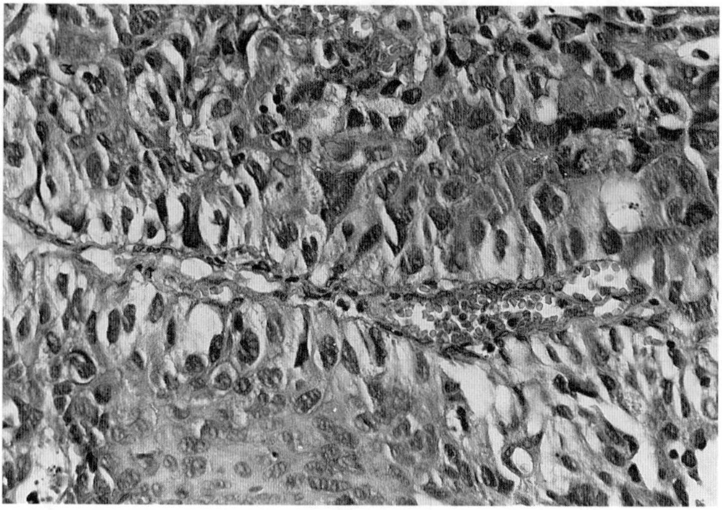

Abb. 4-3: f) Mäßig differenziertes papilläres urotheliales Karzinom (G2). Die Zellschichtdicke beträgt mehr als 7–8 Zellagen. Die neoplastisch proliferierten Urothelien sind regellos gelagert und zeigen keine Ausreifung zur Oberfläche hin. Die Kerne sind vergrößert, entrundet, das Kernchromatin ist vergröbert. Das Zytoplasma ist wechselnd breit, teils chromophil, teils aufgehellt.

ausfüllen. Infolge der sekretorischen Tätigkeit der atypischen Epithelien sieht man u. a. Schleimvakuolen im Zytoplasma der Tumorzellen bzw. ein schleimiges Sekret in den Drüsenlichtungen.
Beim *Gallertkarzinom* liegt eine massive extrazelluläre Verschleimung mit Schleimübertritten in das Tumorstroma vor. In diesen Schleimseen muß man – oft mühsam – nach einzelnen Karzinomzellen suchen.
Bei **Urothelkarzinomen** handelt es sich um maligne Geschwülste der harnableitenden Wege, die vom Urothel (Übergangsepithel) ausgehen.

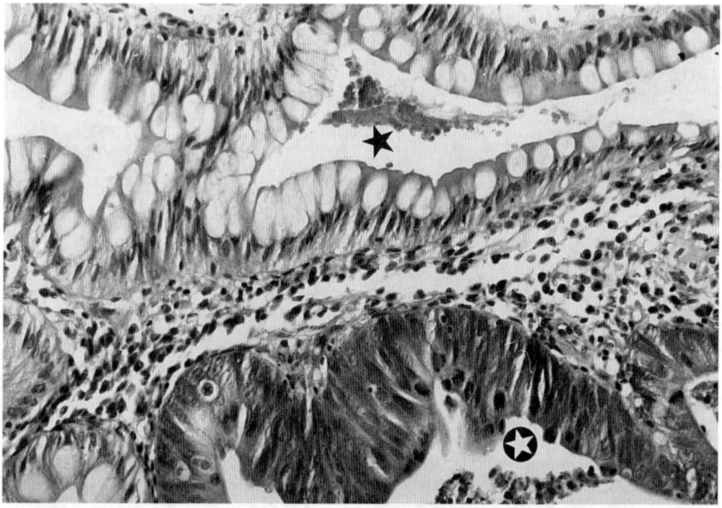

Abb. 4-3: g) Mäßig differenziertes tubuläres Adenokarzinom des Dickdarmes (G2). In der oberen Bildhälfte zeigt sich – querverlaufend – eine nahezu gehörig beschaffene Dickdarmkrypte mit schleimreichen Zylinderepithelien und Becherzellen, deren Kerne stiftförmig umgeformt sind (solider Stern). In der unteren Bildhälfte erkennt man Windungsanschnitte einer Krypte, die von mehrschichtig proliferierten, dunklen atypischen Zylinderepithelien mit stiftförmig verlängerten, chromatindichten Kernen ausgekleidet werden (offener Stern). Im Stroma sieht man rundzellige Infiltrate.

Übergangsepithelien findet man als epitheliale Auskleidung von Hohlorganen mit veränderter Ausdehnung, z. B. in Nierenbecken, Harnleiter, Harnblase, Harnröhre. Das Übergangsepithel ist mehrreihig; die Zellen sind hier oft mehrkernig.
Maligne urotheliale Tumoren können im harnableitenden System überall entstehen. Die Mehrzahl dieser Tumoren wird jedoch in der Harnblase festgestellt. Die Urothelkarzinome sind sehr rezidivfreudig. Sie können auch an mehreren Stellen des Urothels gleichzeitig und sukzessiv auftreten.
Das Ausmaß der Malignität urothelialer Karzinome läßt sich nach den bekannten Malignitätsgraden (gut differenziert = G_1, mittelgra-

dig differenziert = G_2, weitgehend entdifferenziert = G_3 und undifferenziert = G_4, s. Abschnitt „Klassifikation nach dem Differenzierungsgrad – Grading") festlegen.

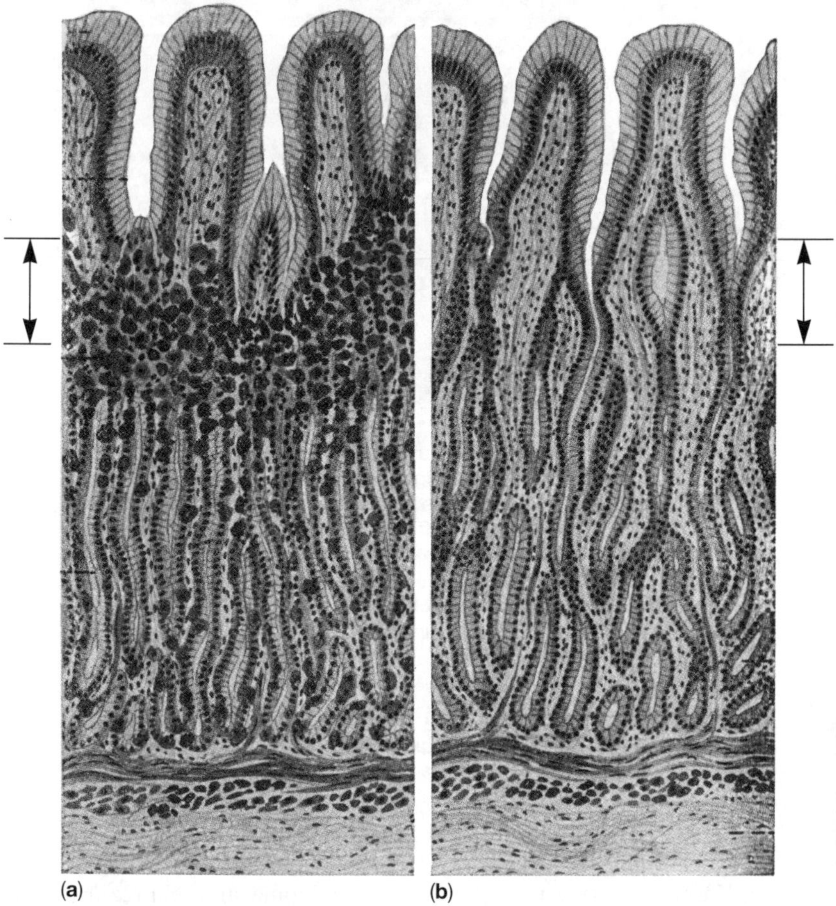

Abb. 4-4: a) Magenschleimhaut. Fundus (a), Pylorus (b).
(Aus: Voss H. Grundriß der normalen Histologie und mikroskopischen Anatomie. 7. Aufl. Leipzig: Thieme, 1952)
⟷ = Drüsenhalsregion

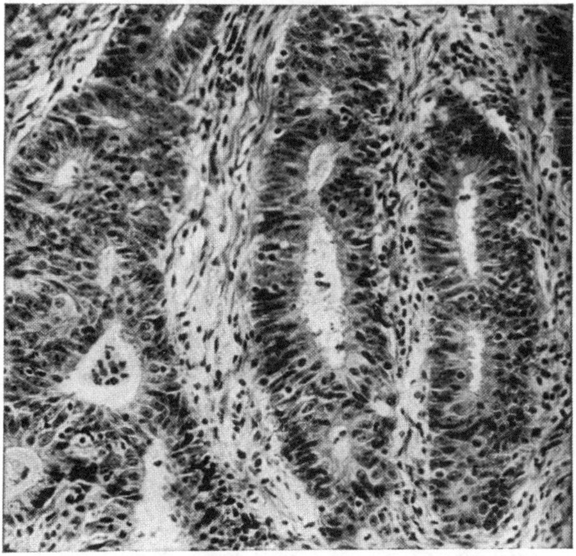

Abb. 4-4: b) Adenokarzinom.
(Aus: Hamperl H. Lehrbuch der Allgemeinen Pathologie und der Pathologischen Anatomie auf Grundlage des Ribbertschen Lehrbuches. 22. und 23. berichtigte Auflage. Berlin, Göttingen, Heidelberg: Springer, 1957)

Die **Anaplasie** der Tumorzelle gibt das Ausmaß der Malignität an. Charakterisiert wird die Anaplasie durch die Kerngröße, die Kernplasmarelation, die Kerngrößenvariante, die Kern- und Zellpolymorphie, den Verlust der Zellpolarität, der Mitoserate und der Bildung von Tumorriesenzellen.
Abb. 4-6 zeigt histologisch die Malignitätsgrade G_1–G_3 bei einem Übergangszellkarzinom der Harnblase.
Beim undifferenzierten (entdifferenzierten) Karzinom der Harnblase = G_3 sind die Zellen so entdifferenziert, daß sie weder als Übergangsepithelien noch als Platten- oder Zylinderepithelien zu erkennen sind. Manchmal sind hier jedoch Differenzierungen in Plattenepithelinseln oder drüsige Strukturen möglich.
Tab. 4-1 stellt die Nomenklatur epithelialer Tumoren nochmals im Überblick dar.

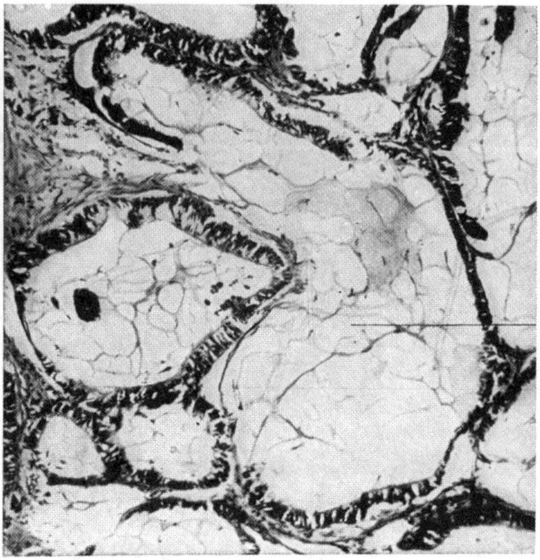

Abb. 4-4: c) Gallertkrebs. Schleimmassen (S).
(Aus: Hamperl H. Lehrbuch der Allgemeinen Pathologie und der Pathologischen Anatomie auf Grundlage des Ribbertschen Lehrbuches. 22. und 23. berichtigte Auflage. Berlin, Göttingen, Heidelberg: Springer, 1957)

Maligne nichtepitheliale Geschwülste

Zu den malignen Geschwülsten nichtepithelialer Herkunft gehören:

- die malignen Tumoren mesenchymalen Ursprungs. Sie gehen vom Bindegewebe, vom Stützgewebe, von der Muskulatur, von den Gefäßwänden u. a. aus.
- die malignen Tumoren des Nervengewebes und dessen Stützsubstanz.

Als Folge der malignen Zelltransformation entwickeln sich die malignen Tumoren des Nervensystems aus den Gliazellen und den Schwann-Zellen (bindegewebiges Hüll- und Stützgewebe der Nervenzellen des zentralen und peripheren Nervensystems).
Zu den wichtigsten *malignen intrakraniellen Tumoren* mit einem rasch progredienten Verlauf und einer schlechten Prognose zählen

das Medulloblastom, das Neuroblastom, das meningeale Sarkom, das Glioblastom, das Astrozytom (Grad IV).

• Neubildungen des hämopoetischen und lymphohistiozytären Gewebes sind die verschiedenen Leukämien, die Polycythaemia rubra vera, die Osteomyelofibrose bzw. Osteomyelosklerose, die malignen Non-Hodgkin-Lymphome sowie der Morbus Hodgkin.

• Bei den malignen Tumoren des pigmentbildenden Gewebes ist das maligne Melanom zu nennen. Sein Ursprung liegt in den pigmentbildenden Zellen der Haut, seltener der Schleimhäute, der

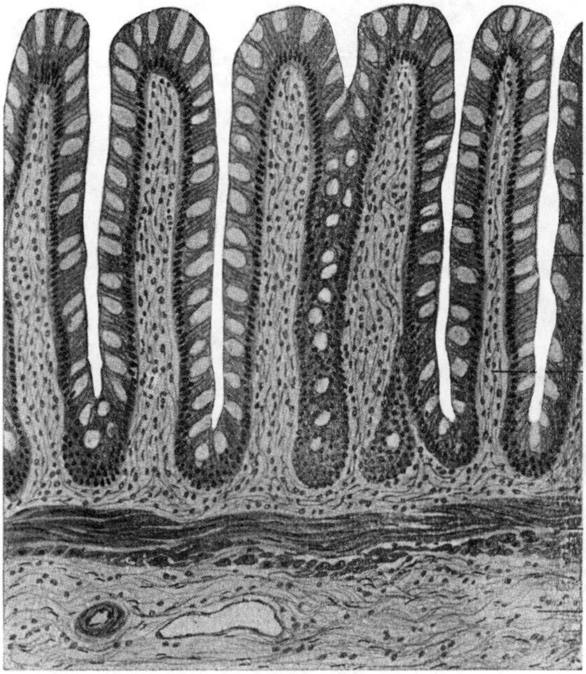

Abb. 4-5: Maligne Entartung der Dickdarmschleimhaut.
a) Gesunde Dickdarmschleimhaut. **K:** Kryptengrund.
(Aus: Voss H. Grundriß der normalen Histologie und Mikroskopischen Anatomie. 7. Aufl. Leipzig: Thieme, 1952)

Aderhaut und der Hirnhäute. Maligne Melanome sind sehr bösartig. Sie metastasieren frühzeitig lymphogen und hämatogen. Maligne nichtepitheliale Geschwülste, die vom Bindegewebe ausgehen, nennt man **Sarkome.** Je nach dem zugrundeliegenden Mut-

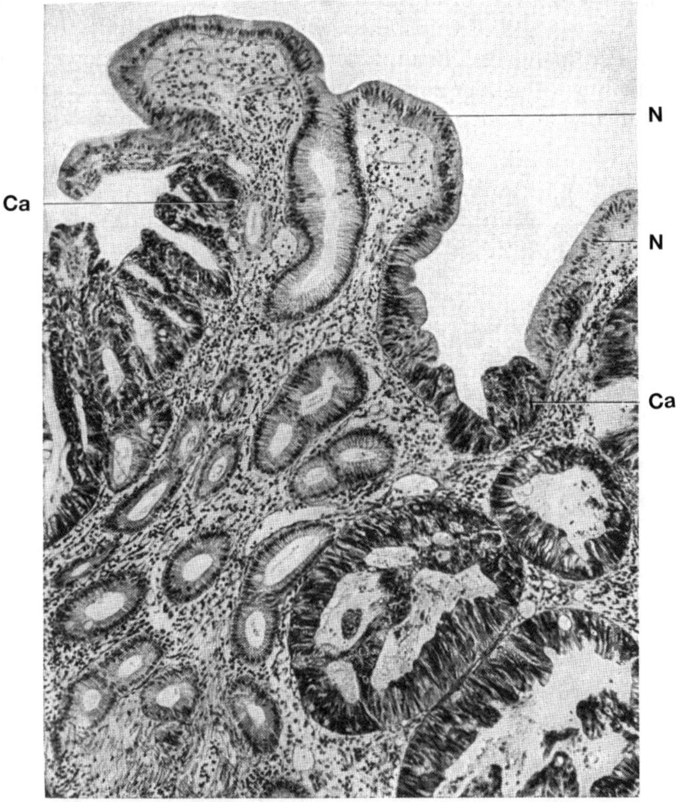

Abb. 4-5: b) Adenokarzinom des Dickdarms. Krebszellen (**Ca**) wachsen unter Bildung atypischer Drüsenschläuche in die Schleimhaut ein und durchsetzen in der Tiefe die Muscularis mucosae (im Bild nicht dargestellt). Normales Oberflächenepithel (**N**).
(Aus: Hamperl H. Lehrbuch der Allgemeinen Pathologie und der Pathologischen Anatomie auf der Grundlage des Ribbertschen Lehrbuches. 22./23. Aufl. Berlin, Göttingen, Heidelberg: Springer, 1957)

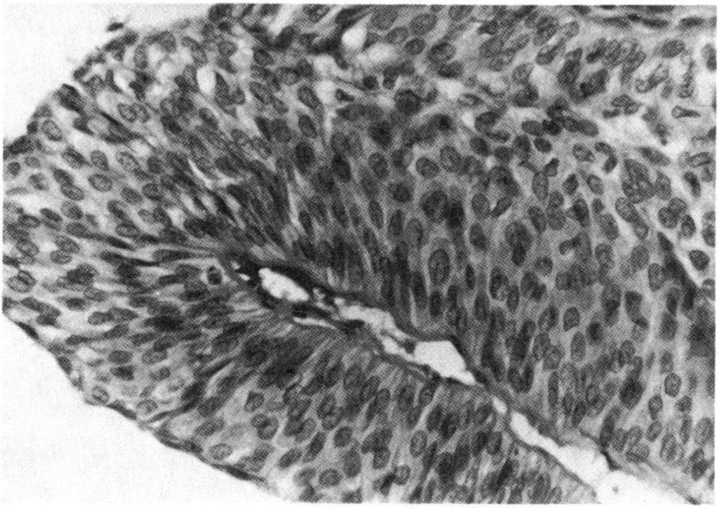

Abb. 4-6: a) Übergangszellkarzinom der Harnblase Grad I:
Gut differenziertes Übergangszellkarzinom = G_1 (Vergr. 128×)
Hier sind Anisokaryozytose und Hyperchromasie nachweisbar. Mitosen sind hier nicht anzutreffen.
(Aus: Ammon J, Karstens J-H, Rathert P. Urologische Onkologie. Berlin, Heidelberg, New York: Springer, 1979)

tergewebe unterscheidet man z. B. *Angio-, Myo-, Lipo-, Myxo-, Osteo-, Chondrosarkome* usw., und je nach vorherrschendem Zelltyp *Spindelzell-* (groß- und kleinzellige) (Abb. 4-7) und Rundzellsarkome, sowie polymorphzellige Sarkome. Sarkome kommen im Gegensatz zu Karzinomen auch schon im jüngeren Lebensalter häufiger vor und führen in der Regel zu einem frühen Tod.

Myosarkome sind Tumoren, deren Geschwulstzellen Myofibrillen bilden. Maligne Tumoren, die von der glatten Muskulatur ausgehen, bezeichnet man als *Leiomyosarkome.* Sie zeichnen sich mikroskopisch durch Abweichung von der Gestalt gewöhnlicher glat-

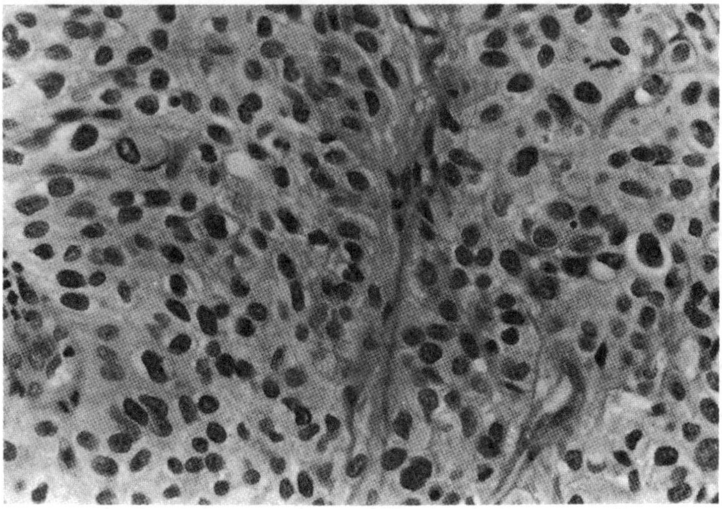

Abb. 4-6: b) Übergangszellkarzinom der Harnblase Grad II: Mittelgradig entdifferenziertes Übergangszellkarzinom = G_2 (Vergr. 300×) Deutlich erkennbar sind: Anisokaryozytose und Hyperchromasie mit Polymorphie von Kernen und Zellen. Mitosen treten gehäuft auf, auch pathologische Mitosen. Die Zellpolarität geht stellenweise verloren.
(Aus: Ammon J, Karstens J-H, Rathert P. Urologische Onkologie. Berlin, Heidelberg, New York: Springer, 1979)

ter Muskelfasern aus. Maligne Tumoren, die von der quergestreiften Muskulatur ausgehen, werden *Rhabdomyosarkome* genannt. Rhabdomyosarkome kommen selten vor.

Nachfolgend (Abb. 4-8) werden in histologischen Bildern vergleichend normales nichtepitheliales Gewebe, gutartige und bösartige nichtepitheliale Tumoren (Sarkome) im Überblick dargestellt.

Die Nomenklatur **nichtepithelialer Geschwülste** erfolgt in Analogie zu der epithelialer Geschwülste. Die Bezeichnungen sind in Tab. 4-2 zusammengefaßt.

Tab. 4-2: **Nichtepitheliale Geschwülste**

Ausgangsgewebe (Muttergewebe)	Geschwulstgewebe benigne	maligne
Bindegewebe	Fibrom	Fibrosarkom
Fettgewebe	Lipom	Liposarkom
Knorpelgewebe	Chondrom	Chondrosarkom
Knochengewebe	Osteom	Osteosarkom
Glatte Muskulatur	Leiomyom	Leiomyosarkom
Quergestreifte Muskulatur	Rhabdomyom	Rhabdomyosarkom
Gefäßgewebe	Angiom	Angiosarkom
Blutbildendes Gewebe		Leukose, M. Hodgkin, Non-Hodgkin-Lymphom
Nervengewebe	z. B. Gliom	z. B. malignes Glioblastom

Andere maligne Geschwülste

Es gibt Tumoren, die sich aufgrund ihrer Abstammung vom ausgehenden Muttergewebe nicht in die Gruppierungen der epithelialen- und der nichtepithelialen Geschwülste einordnen lassen. Es sind dies Tumoren, die in ihrer Entstehung auf undifferenzierte Zellen und auch auf pluripotente Zellen zurückzuführen sind, sowie Tumoren, die Gewebeanteile aus zwei oder drei Keimblättern enthalten. Hierzu werden gerechnet:

▷ Embryonale Tumoren

Dies sind Geschwülste, die in ihrer Entstehung auf noch nicht differenzierte Zellen einer Organanlage oder eines Organfeldes zurückzuführen, aber nicht mehr pluripotent sind. Zu den embryonalen Tumoren gehören das Nephroblastom, das Neuroblastom, das Medulloblastom, das Retinoblastom, das Hepatoblastom, das Pulmoblastom usw.
Embryonale Tumoren sind zum Teil bereits bei der Geburt vorhanden. Meistens manifestieren sie sich innerhalb der ersten fünf Lebensjahre.

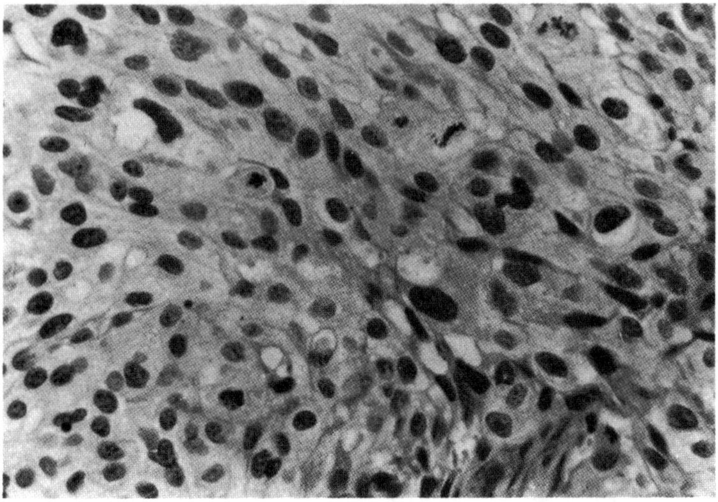

Abb. 4-6: c) Übergangszellkarzinom der Harnblase Grad III:
Weitgehend entdifferenziertes Übergangszellkarzinom = G_3 (Vergr. 480×)
Auffallend sind: Mitosenreichtum, Tumorriesenzellenbildung, ausgesprochene Zell- und Kernpolymorphie.
(Aus: Ammon J, Karstens J-H, Rathert P. Urologische Onkologie. Berlin, Heidelberg, New York: Springer, 1979)

▷ Keimzelltumoren

Hierzu gehören die Tumoren, die von den Keimzellen der Gonaden ausgehen: die Hodentumoren und die Ovarialtumoren.

▷ Teratome

Hierbei handelt es sich um Geschwülste, die in ihrer Entstehung auf pluripotente Zellen zurückgeführt werden und Gewebe aller drei Keimblätter enthalten.

Abb. 4-7: Spindelzellsarkom. **a)** Großzellig; **b)** kleinzellig. ►
(Aus: Hamperl H. Lehrbuch der Allgemeinen Pathologie und der Pathologischen Anatomie auf Grundlage des Ribbertschen Lehrbuches. 22. und 23. berichtigte Auflage. Berlin, Göttingen, Heidelberg: Springer, 1957)

Hauptsitz der Teratome sind die Keimdrüsen. Jedoch kommen sie – allerdings seltener – auch an anderen Körperstellen (z. B. im Mediastinum, Retroperitoneum und intrakraniell) vor. Prädilektionsalter ist das Jugendalter. Die Malignität reicht von gutartig bis extrem bösartig. Teratome sind komplexe Formen der Keimzelltumoren.

▷ APUD-Tumoren

Dies sind Tumoren, die sich vom APUD-System ableiten und Polypeptidhormone oder biogene Amine sezernieren, wie das Phäochromozytom des Nebennierenmarkes, das Karzinoid der Appendix oder das medulläre Schilddrüsenkarzinom. Das **APUD-System** (= peripheres endokrines Zellsystem) bildet den peripheren endokrinen Anteil des Nervensystems. Es sind etwa 40 APUD-Zellen

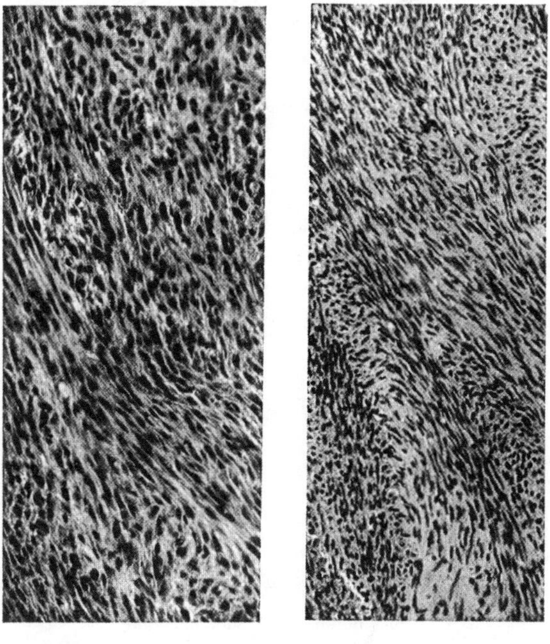

a) b)

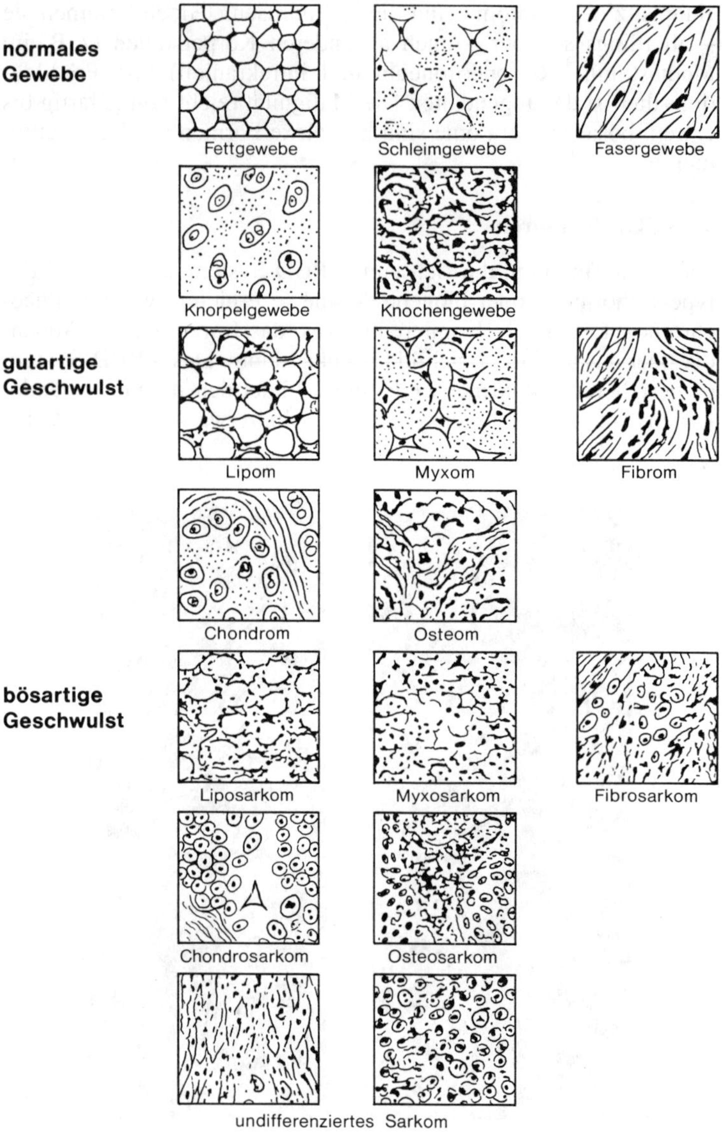
normales Gewebe
Fettgewebe
Schleimgewebe
Fasergewebe
Knorpelgewebe
Knochengewebe
gutartige Geschwulst
Lipom
Myxom
Fibrom
Chondrom
Osteom
bösartige Geschwulst
Liposarkom
Myxosarkom
Fibrosarkom
Chondrosarkom
Osteosarkom
undifferenziertes Sarkom

bekannt. Sie sind alle vom neural programmierten Ektoderm abgeleitet. Wegen ihres neuralen Ursprungs können sie in verschiedenen Richtungen sezernieren:

- direkt in eine Ganglienzelle (*neurokrin*),
- über Axone in den Blutstrom (*neuroendokrin*),
- direkt in die Blutbahn (*endokrin*),
- in die unmittelbare Nachbarschaft (*parakrin*).

Zum APUD-System gehören Zellen in Hypothalamus, Hypophyse, Pinealdrüse, Nebenschilddrüse und endokrinaktive Zellen der Plazenta, die Zellen des Pankreasinselsystems, die endokrinaktiven Zellen der Magen-Darm-Schleimhaut und der Lunge, die C-Zellen der Schilddrüse, die Zellen des Nebennierenrindenmarks, des Sympathikus und die Melanoblasten.

▷ Tumoren, die weder bei den üblichen epithelialen noch bei den mesenchymalen Geschwülsten eingeordnet werden können

Dazu gehört z. B. der maligne mesodermale Mischtumor (Müller-Mischtumor, Karzinosarkom). Dieser Tumor leitet sich vom pluripotenten Müller-Epithel ab und kommt entsprechend im gesamten weiblichen Genitaltrakt, am häufigsten jedoch im Endometrium bzw. in Ovarien vor.

▷ Der sogenannte Speicheldrüsenmischtumor

Er gehört zu den Adenomen der Speicheldrüse. Die charakteristische Mischung von epithelialen Anteilen und Mesenchym – oder knorpelähnlichen Abschnitten – hat zu der früheren Bezeichnung *Mischtumor* geführt. Es handelt sich aber nicht um Gewebsanteile, die aus zwei Keimblättern entstanden sind, sondern um einen epi-

◀

Abb. 4-8: Histologisches Bild verschiedener nichtepithelialer Tumoren. (Aus: Lehrbuch der klinischen Zytodiagnostik für medizinisch-technische Assistentinnen, Zytologieassistentinnen und Ärzte. Hrsg. von H.-J. Soost. 3. Aufl. Stuttgart: Thieme, 1978) thelialen Tumor, bei dem die zum Epithelverband gehörenden Myoepithelien an der Proliferation teilnehmen und hierbei die Zwischensubstanzen bilden. Hierdurch ist das vielgestaltige (pleomorphe) Aussehen bedingt.

Tumorstadieneinteilung (Staging)

Im Hinblick auf eine entsprechende Therapieplanung und bezüglich einer Stellungnahme zur Prognose einer malignen Erkrankung ist neben der Angabe der histologischen Diagnose auch eine genaue Definition der Tumorausbreitung (des Tumorstadiums) von entscheidender Bedeutung.
Inzwischen wurde weltweit eine Vielzahl von Stadieneinteilungs-Systemen (*Staging*-Systemen) entwickelt. Die meisten von ihnen entsprechen jedoch nicht den an sie gestellten Anforderungen bezüglich einer optimalen Therapiemöglichkeit.
Angewandt werden hauptsächlich das **TNM-System** der *Unio internationalis contra cancrum* (*UICC,* Internationale Gesellschaft gegen Krebs), das in seiner ersten Version im Jahre 1968 erschien und das eine exakte Stadieneinteilung ermöglicht, und die Stadiengruppierung des *American Joint Committee* (*AJC*) sowie spezielle Stadieneinteilungen bei bestimmten Tumorformen. Hier einige Beispiele:

- Bei Hodentumoren neben dem TNM-System der UICC-Klassifikation die Stadieneinteilung des Workshop for Staging and Treatment of Testicular Cancer (Lugano 1979) oder die Royal Marsden-Stadieneinteilung (Peckham 1979).
- Beim Prostatakarzinom neben dem TNM-System (UICC 1987) die amerikanische Einteilung nach Whitmore, modifiziert nach Klein, Jewett, Flocks.
- Beim Harnblasenkarzinom das TNM-System der UICC von 1987 und auch die klinische Einteilung nach Jewett-Strong-Marshall.

- Bei Karzinomen des Kolons und Rektums wird hauptsächlich die Stadieneinteilung nach Dukes (A-C) angewandt, aber auch die TNM-Klassifikation der UICC/AJC von 1987 (T_1–T_4).
- Beim Ovarialkarzinom derzeit die FIGO-Klassifikation (International Federation of Gynecology and Obstretrics).
- Beim Zervixkarzinom neben der UICC-Klassifikation (TNM-System) die FIGO-Klassifikation.

Je nach Art des Tumors wird in den Kliniken heute dem einen oder dem anderen Staging-System der Vorzug gegeben.
Um bei Anwendung des TNM-Systems noch genauere Angaben über die Tumorausdehnung machen zu können, d. h., um eine bessere Anpassung der Tumorstadieneinteilung an die klinischen Gegebenheiten erreichen zu können, wurde die TNM-Klassifikation von Ende 1978 im Jahre 1987 für verschiedene Tumoren, so z. B. für Hodentumoren, modifiziert (weitere Untergruppierung der einzelnen Stadien).
Bei der Bestimmung der Tumorausbreitung nach der **Stadieneinteilung des AJC** von 1987 sind die einzelnen Stadien durch römische Ziffern gekennzeichnet (von Stadium I bis Stadium IV). Die so angegebenen Stadien schließen das jeweilige histologische Grading (s. u.) mit ein.
Wie erwähnt, ist eine hauptsächlich bei Prostatakarzinomen klinisch gebräuchliche **Stadieneinteilung** die **nach Whitmore, modifiziert nach Klein, Jewett und Flocks.** Bei dieser amerikanischen Tumorstadieneinteilung werden die einzelnen Stadien mit den großen Buchstaben A, B, C und D gekennzeichnet und weiter unterteilt in A_1 und A_2 bis D_1 und D_2. Diese Einteilung gibt so einmal eine exakte Angabe über die Tumorausdehnung und zum anderen gleichzeitig auch das jeweilige histologische Grading an.
Im europäischen Raum erfolgt die Stadieneinteilung der verschiedenen Tumoren bis auf wenige Ausnahmen ausschließlich nach dem TNM-System der UICC von 1987, das eine sehr exakte Stadieneinteilung ermöglicht.

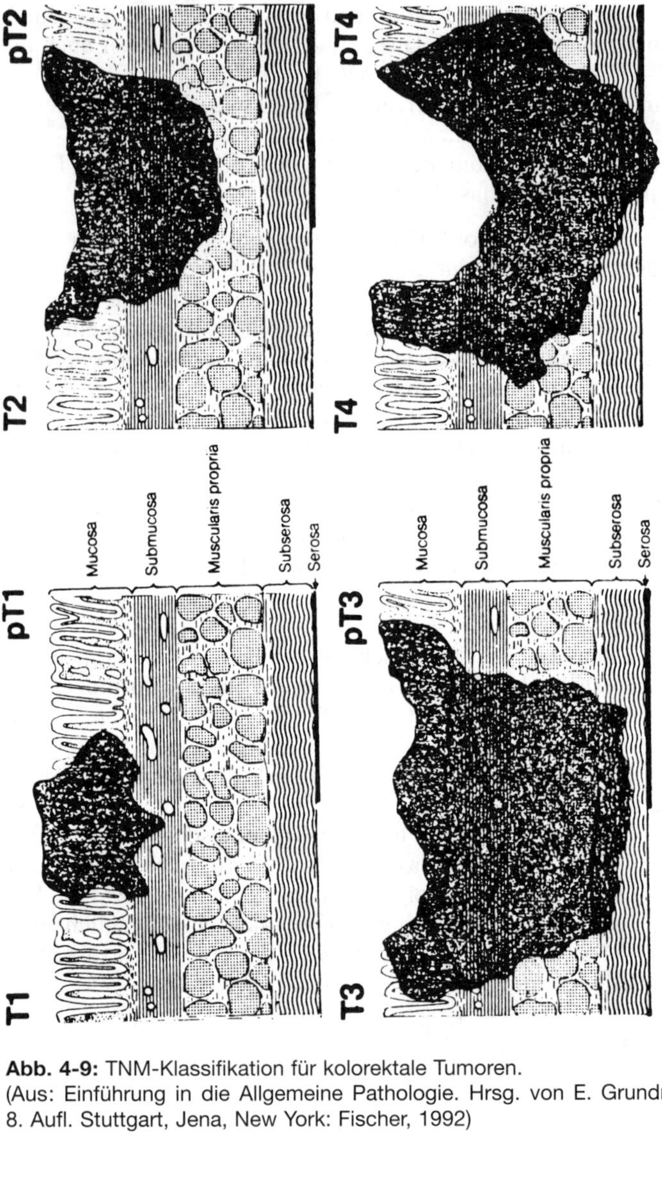

Abb. 4-9: TNM-Klassifikation für kolorektale Tumoren.
(Aus: Einführung in die Allgemeine Pathologie. Hrsg. von E. Grundmann. 8. Aufl. Stuttgart, Jena, New York: Fischer, 1992)

Das TNM-System

> Das *TNM-System* ist eine symbolische Darstellung (Kurzschrift) der anatomischen Ausdehnung der Tumorerkrankung. Die Ausdehnung des Primärtumors wird durch sechs verschiedene Indices des Buchstaben T (für Tumor) charakterisiert, der Befall der Lymphknoten durch N- (für Noduli) und die Metastasierung durch M-Indices.

T bezeichnet die Größe des Primärtumors. Je nach Tumorart erfüllt die meßbare Größe des Primärtumors die Voraussetzung zur Einordnung von T_1 bis T_4.

T_0 Keine Evidenz für einen Primärtumor.
T_a Tumor wächst exophytisch, aber nicht infiltrativ.
T_{iS} Präinvasives Karzinom (*Carcinoma in situ*). Intraepitheliale Neubildung von atypischen Epithelzellen, die man histologisch weder in ihrem Aufbau noch in ihrer Struktur von einem karzinomatös entarteten Epithel unterscheiden kann. Es fehlt lediglich der Durchbruch in die Basalmembran, also das invasive Wachstum. Obligates Anfangsstadium eines Karzinoms (Präkanzerose).

Die Stadien T_1–T_4 (Abb. 4-9) kennzeichnen den Grad der zunehmenden Größe und Ausbreitung eines Primärtumors.

T_1 Kleiner Tumor im Zentrum des Organs, der die Organgrenze nicht erreicht (je nach Organ 1,5 bis 2 cm groß).
T_2 Tumor hat die Organgrenze erreicht, aber noch nicht überschritten. Sein Wachstum ist noch auf das Organ begrenzt.
T_3 Tumor hat die Organgrenze (Kapsel) durchbrochen und wächst infiltrierend in die dem Organ angrenzenden Binde- und Fettgewebe bzw. kleinere und größere Gefäße ein.
T_4 Tumor wächst infiltrierend in die Nachbarorgane ein.
T_x Die Minimalerfordernisse zur Bestimmung des Sitzes oder Ausbreitungsgrades des Primärtumors liegen nicht vor.

> Erwähnt werden sollte hier, daß die TNM-Klassifikation maligner Tumoren, auf den jeweiligen Tumor bezogen, in Abhängigkeit vom Vorhandensein oder Fehlen einer Muscularis mucosae modifiziert werden muß.

N beschreibt den Befall der regionären Lymphknoten. Dies wird durch die Symbole N_0 bis N_2 erfaßt.
N_0 Keine Evidenz für einen Befall regionärer Lymphknoten.
N_1 Befall regionärer Lymphknoten.
N_2 Befall weiterer Lymphknotenstationen.

M kennzeichnet den Metastasenstatus (Fernmetastasen).
M_0 Kein Nachweis von Fernmetastasen.
M_1 Nachweis von Fernmetastasen.

Für jeden Erkrankungsfall sind zwei Klassifizierungen möglich:

- Eine prätherapeutische klinische Klassifikation: *TNM* aufgrund der Befunde (klinisch, radiologisch, endoskopisch, prätherapeutisch-chirurgische Exploration).
- Eine postoperative histopathologische Klassifikation: *(p)TNM* aufgrund der Erkenntnisse, die bei einem chirurgischen Eingriff gewonnen wurden. Der Buchstabe p signalisiert eine Tumorklassifikation, bei der aufgrund eines operativen Eingriffs genaue Angaben über die anatomisch exakte lokale Tumorausbreitung und über einen regionalen Lymphknotenbefall sowie ein entsprechend gesichertes histologisches Grading möglich sind.

Klassifikation der malignen systemischen Erkrankungen

Zu den malignen systemischen Erkrankungen gehören die Neoplasmen des hämatopoetischen und des lymphatischen Systems. Hinsichtlich ihrer Klassifikation sei gesagt, daß maligne Erkrankungen dieser Gewebe, besonders aber die der Hämatopoese, selten lokalisiert sind. Bei Krankheitsausbruch haben sie infolge einer Durchsetzung des gesamten hämatopoetischen und lymphatischen Systems mit gleichzeitiger Infiltration von Organen *systemischen Charakter.*

Bei den **malignen Erkrankungen** des **hämatopoetischen Systems** handelt es sich um Neoplasmen des gesamten myelopoetischen Systems mit einem disseminierten Befall. Daher ist eine Klassifikation mit Angaben von Ausbreitungsstadien hier nicht möglich. Die Klassifikation richtet sich vielmehr nach den morphologischen und zytochemischen Untersuchungskriterien, d. h. nach dem Reifezustand und der Differenzierungsrichtung der malignen Zellen. Hierbei spielt die Zellgröße, die Zellform, die Kernchromatinstruktur, die Größe der Nukleoli, der Zytoplasmaanteil, die Ausgeprägtheit der Zytoplasmabasophilie und das Vorhandensein von Zytoplasmavakuolen eine besondere Rolle. Die Einteilung der malignen Erkrankungen des hämatopoetischen Systems wird nach der **FAB-Klassifikation** nach Bennet et al. (1976) vorgenommen.
Die **Neoplasmen** des **lymphatischen Systems** (hierzu gehören vor allem das Hodgkin-Lymphom und die Non-Hodgkin-Lymphome mit ihrem primär nodalen wie auch seltener primär extranodalen Befall) werden nach ihrer lokalen Ausbreitung, ihrer Ausbreitung oberhalb, unterhalb wie auch beiderseits des Zwerchfells nach der **Ann-Arbor-Klassifikation** (1971) in vier Stadien eingeteilt (s. Tab. 4-3). Die Einteilung erfolgt nach sekundär lokalisiertem Befall eines extralymphatischen Organs oder Gewebes (Milz) sowie nach Befall der regionären Lymphknoten. Diese Klassifikation wurde im Jahre 1955 nach **Musshoff/Schmidt-Vollmer** hinsichtlich ihrer Anwendung bei Non-Hodgkin-Lymphomen modifiziert (s. Tab. 4-4).

Tab. 4-3: Stadieneinteilung des Hodgkin-Lymphoms nach der Ann-Arbor-Klassifikation (1971)

Stadium I	Befall einer einzelnen Lymphknotenregion (I) oder lokalisierter Befall eines einzelnen extralymphatischen Organs oder Bezirks (I E)
Stadium II	Befall von 2 oder mehr Lymphknotenregionen auf der gleichen Zwerchfellseite (II) oder lokalisierter Befall eines einzelnen extralymphatischen Organs oder Bezirks und seines (seiner) regionären Lymphknoten mit oder ohne Befall anderer Lymphknotenregionen auf der gleichen Zwerchfellseite (II E)
Anmerkung:	Die Anzahl der befallenen Lymphknotenregionen sollte angegeben werden (z. B. II 3)
Stadium III	Befall von Lymphknotenregionen auf beiden Seiten des Zwerchfells (III), ggf. zusätzlich lokalisierter Befall eines extralymphatischen Organs oder Bezirks (III E) oder gleichzeitiger Befall der Milz (III S) oder gleichzeitiger Befall von beiden (III E + S)
Stadium IV	Disseminierter (multifokaler) Befall eines oder mehrerer extralymphatischer Organe mit oder ohne gleichzeitigen Lymphknotenbefall; oder isolierter Befall eines extralymphatischen Organs mit Befall entfernter (nichtregionärer) Lymphknoten

Anmerkung: Jedes Stadium der Ann-Arbor-Klassifikation des Hodgkin-Lymphoms wird entsprechend dem Fehlen oder Vorhandensein definierter Allgemeinsymptome in A- und B-Kategorien unterteilt.

A: ohne Gewichtsverlust, Fieber und Nachtschweiß

B: 1.) mit Gewichtsverlust von mehr als 10 % des üblichen Körpergewichts in den vergangenen 6 Monaten

2.) mit Fieber über 38 °C

3.) mit Nachtschweiß

Tab. 4-4: Stadieneinteilung der Non-Hodgkin-Lymphome nach der Ann-Arbor-Klassifikation (1971), modifiziert nach Musshoff/Schmidt-Vollmer (1975)

Primär nodaler Befall		Primär extranodaler Befall
Befall einer Lymphknotenregion	I	Lokalisierter Befall eines extralymphatischen Organs oder Gewebes (IE)
Befall von zwei benachbarten Lymphknotenregionen ober- oder unterhalb des Zwerchfells (II,1), oder eine Lymphknotenregion mit lokalisiertem Übergang auf ein benachbartes Gewebe (II, 1E)	II_1	Lokalisierter Befall eines extralymphatischen Organs einschl. der regionalen Lymphknoten, oder eines weiteren benachbarten extralymphatischen Organs ober- oder unterhalb des Zwerchfells (II, 1E)
Befall von zwei nicht benachbarten oder mehr als zwei benachbarten Lymphknotenregionen ober- oder unterhalb des Zwerchfells (II, 2) einschließlich eines lokalisierten Befalls eines extralymphatischen Organs oder Gewebes (II, 2E)	II_2	Lokalisierter Befall eines extralymphatischen Organs und Lymphknotenbefall, der über die regionalen Lymphknoten hinausgeht und auch einen weiteren lokalisierten Organbefall einschließen kann (II, 2E)
Befall von Lymphknotenregionen ober- und unterhalb des Zwerchfells (III) einschließlich eines lokalisierten Befalls eines extralymphatischen Organs oder Gewebes (III_E) oder eines Befalls der Milz (IIIS) oder von beidem (IIISE)	III	Lokalisierter Befall eines extralymphatischen Organs und Lymphknotenbefall ober- und unterhalb des Zwerchfells einschl. eines weiteren lokalisierten Befalls eines extralymphatischen Organs oder Gewebes (IIIE) oder eines Befalls der Milz oder von beidem (IIISE)
Lymphknotenbefall mit diffusem oder disseminiertem Befall extralymphatischer Organe und Gewebe	IV	Diffuser oder disseminierter Organbefall mit oder ohne Lymphknotenbefall

Anmerkung: Wie bei der Ann-Arbor-Klassifikation des Hodgkin-Lymphoms werden auch die einzelnen Stadien der Klassifikation der Non-Hodgkin-Lymphome entsprechend dem Fehlen oder Vorhandensein definierter Allgemeinsymptome in A- und B-Kategorien unterteilt.

Klassifikation nach dem Differenzierungsgrad (Grading)

Wie die Klassifizierung der Tumorausbreitung (Staging), so ist auch der Grad der Differenzierung eines malignen Gewebes von therapeutischer und prognostischer Bedeutung. Es ist daher nützlich, neben der Stadieneinteilung auch den *Differenzierungsgrad eines Tumors* anzugeben (dieser Vorgang wird **Grading** genannt), der im TNM-System mit „G“ bezeichnet wird.
Erwähnt werden sollte in diesem Zusammenhang, daß entsprechend der verschiedenen Tumorarten mehrere Grading-Systeme entwickelt wurden, die jedoch alle im wesentlichen 3 bis 4 pathohistologische Differenzierungsgrade beinhalten. Das AJC (1987) schlägt histologisch folgende Tumordifferenzierung (s. Abb. 4-6) vor:

G_0 Papillom, kein Nachweis einer Anaplasie.
G_1 Der Tumor ist gut differenziert.
G_2 Der Tumor ist mäßig differenziert.
G_3 Der Tumor ist schlecht differenziert.
G_4 Der Tumor ist entdifferenziert (anaplastisch).
G_x Differenzierungsgrad kann nicht bestimmt werden.

Für die Dokumentation ist es ferner hilfreich, genauer festzulegen, mit welchem Grad an Sicherheit eine Stadieneinteilung erfolgte. Der *Sicherheitsgrad* wird mit **C** (**certainty factor**) bezeichnet.

C_1 Evidenz aufgrund klinischer Untersuchungen allein.
C_2 Evidenz aufgrund von speziellen Untersuchungsmethoden (Röntgen, Sonographie, Kernspintomographie usw.).
C_3 Evidenz aufgrund chirurgischer Exploration.
C_4 Evidenz nach erfolgter chirurgischer Behandlung einschließlich der vollständigen pathologischen Untersuchung des Resektionspräparates.
C_5 Evidenz aufgrund der Autopsie.

5. Diagnostik und Verlaufskontrolle

Allgemeines diagnostisches Vorgehen

In den letzten Jahren werden von den staatlichen Gesundheitsbehörden die Krebsvorsorge-Untersuchungen in verstärktem Maße propagiert. Hierbei können ohne umfangreiche Untersuchungsvorgänge bestimmte Tumorlokalisationen leicht erfaßt werden, wie z. B. an der Portio vaginalis, der Mamma, den Hoden, dem Rektum und der Prostata. Die übrige Tumordiagnostik ist wesentlich aufwendiger und damit kostspieliger.
Aus allgemeinärztlicher Sicht und aus der Sicht des onkologisch tätigen Arztes muß das Ziel einer jeden Untersuchung vor allem der Ausschluß einer malignen Erkrankung sein. Diese Aufgabe wird dadurch erschwert, daß zwei Drittel einer Tumorentwicklung in einer Phase verlaufen, in der ein Tumornachweis nicht möglich ist. Bevor ein Tumor klinisch nachgewiesen werden kann, durchlaufen seine Zellen ca. 30 Teilungen, bis der Tumor eine Größe von etwa einem Zentimeter erreicht und ein Gewicht von etwa 1,0 g hat.

> Grundsätzlich kann jedes Symptom ein wertvoller Hinweis auf ein malignes Geschehen im Körper sein, besonders aber Symptome wie Hämaturien, Blutbeimengungen im Stuhl, Teerstühle, Atembeschwerden, anhaltender Hustenreiz, Heiserkeit, auffallende Gewichtsverluste, bestimmte Schmerzzustände usw.

Deshalb ist eine sorgfältige **Anamneseerhebung** sehr wichtig. Hiernach sollte dann eine **eingehende körperliche Untersuchung** mit Inspektion, Palpation und Auskultation erfolgen, denn nicht jede maligne Erkrankung ist für den Untersucher augenscheinlich wie z. B. maligne Hautveränderungen.
Für den erfahrenen Diagnostiker ergeben Untersuchungen mittels **bildgebender Verfahren** wie Sonographie und Röntgendiagnostik

oftmals schon wichtige Hinweise auf ein Malignom. Darüber hinaus lassen sich durch computertomographische und kernspintomographische Untersuchungen noch wesentlich aussagekräftigere Resultate in bezug auf eine Tumordiagnostik erzielen. Bei den beiden letztgenannten diagnostischen Maßnahmen sind ziemlich genaue Aussagen über die Ausdehnung eines Tumors und auch über eine eventuelle Metastasierung möglich.

Aufgrund der unterschiedlichen Aktivitätsanreicherungen bei *nuklearmedizinischen Untersuchungen* der verschiedensten Organe, wie der Schilddrüse, des Hirns, der Lunge, der Leber, der Milz, der Nieren und des Skelettsystems lassen sich oft schon szintigraphisch maligne von benignen Prozessen unterscheiden.

Zu einer gründlichen Untersuchung gehört auch die *Bestimmung der Laborparameter*, besonders aber die *Bestimmung der Tumormarker* (s. d.).

Als eine der wichtigsten Untersuchungen bei der Tumordiagnostik ist die *Endoskopie mit Entnahme von Gewebsproben* zu nennen (Bestimmung des Gradings und des Stagings eines malignen Prozesses, s. Kap. 4).

Aufgrund der angeführten diagnostischen Maßnahmen ist eine genaue Aussage darüber möglich, inwieweit es sich bei einer bestimmten Erkrankung grundsätzlich um ein benignes oder um ein malignes Geschehen handelt. Darüber hinaus lassen sich beim Vorhandensein einer malignen Erkrankung zuverlässige Angaben über die örtliche Tumorausdehnung und über den Malignitätsgrad des Tumors machen.

> Solange die Diagnose histologisch nicht gesichert ist, darf auf keinen Fall eine Tumortherapie begonnen werden. Das Vorliegen eines zytologischen Untersuchungsbefundes erlaubt noch nicht die Einleitung einer entsprechenden Tumortherapie, besonders aber nicht die Einleitung einer zytostatischen Behandlung.

Grundsätzlich unterscheidet man bezüglich des Untersuchungsvorganges bei Personen mit Verdacht auf ein vorhandenes malignes Geschehen zwischen einer Basis- und einer Zusatzdiagnostik.

Mit Hilfe der *Basisdiagnostik* wird neben dem lokalen Tumorausbreitungsstadium auch der pathologisch-histologische Befund einer Organveränderung ermittelt. Die *Zusatzdiagnostik* dient dem Ausschluß bzw. dem Nachweis einer metastatischen Tumoraussaat über den Lymph- oder den Blutweg in andere Organe bzw. Organsysteme (Bestimmung des Tumormetastasierungsgrades).

Zur **Basisdiagnostik** gehören: Die körperliche Untersuchung, die Laboruntersuchungen mit entsprechender Tumormarkerbestimmung, die sonographische Untersuchung, die Röntgenuntersuchungen entsprechender Organe bzw. Organsysteme (z. B. des Magen-Darm-Traktes, der harnableitenden Wege, der Thoraxorgane, des Skelettsystems u. a.), die nuklearmedizinischen Untersuchungen (Szintigramme) und die endoskopischen Untersuchungen (z. B. Bronchoskopie, Gastroskopie, Koloskopie, Rektoskopie, Zystoskopie u. a., gegebenenfalls jeweils mit Probeexzisionen und histologischer Untersuchung). Auch die Zytologie gehört zur Basisdiagnostik, vor allem zur Beurteilung der Portio uteri im Rahmen einer Vorsorgeuntersuchung.

Hinsichtlich der **Zusatzdiagnostik** zur Bestimmung der N- und M-Kategorien nach bereits erfolgter histologischer Tumorsicherung und nach Festlegung des T-Stadiums im TNM-System (s. Kapitel 4, „Das TNM-System"), sind vier Untersuchungstechniken anzuführen:

- Röntgenuntersuchung der Thorax- und Skelettorgane
- Sonographie des Abdomens
- Lymphographie
- Ganzkörper-Computertomographie

Von der **Lymphographie** zur Feststellung von Lymphknotenmetastasen wurde inzwischen aus Gründen einer unzureichenden Darstellung bestimmter Lymphknotenregionen und wegen häufiger technischer Schwierigkeiten bei der Kontrastmitteleinbringung jedoch weitgehend Abstand genommen. Bei der Suche nach einer Lymphknotenbeteiligung bei einem bereits diagnostisch gesicherten Malignom wird heute vorrangig die Computertomographie (Ganzkörpertomographie) angewandt.

Bei der *Lymphographie* handelt es sich um ein röntgendiagnostisches Verfahren zur Darstellung der Lymphgefäße und der Lymphknoten (unter Anwendung von Patentblau V in wässriger Lösung) zum Zwecke der Differenzierung zwischen Blut- und Lymphgefäßen, sowie (unter Anwendung eines ölhaltigen Kontrastmittels, dem Lipiodol-Ultrafluid) zur Lymphknotendarstellung.

Die Einbringung des Kontrastmittels ist für den Arzt oft mit technischen Schwierigkeiten verbunden und stellt für den Patienten eine entsprechende Belastung dar. Im allgemeinen lassen sich bei der Lymphographie die Lymphknoten vom Becken bis zum Zwerchfell gut darstellen. Jedoch muß hier erwähnt werden, daß sich z. B. bei einem Hodentumor links die regionalen Lymphknoten, die sich linksseitig im Bereich der Einmündungsstelle der Vena testicularis in die Vena cava inferior befinden und auch die Lymphknoten im Bereich der V. iliaca interna lymphographisch nicht darstellen lassen. So kommt es etwa in 25 % der Fälle zu falsch negativen Lymphographiebefunden.
Ein peripherer Ölspeicherdefekt im Lymphknoten spricht für das Vorhandensein einer Metastase. So können schon Mikrometastasen, die kleiner als 1/2 cm sind, nachgewiesen werden. Ein zentraler Lymphknotenspeicherdefekt kennzeichnet degenerative Veränderungen im Lymphknoten.

Bei der *Computertomographie (CT)* handelt es sich um ein röntgendiagnostisches Verfahren auf der Basis der Transversal-Tomographie. Zum Unterschied zu anderen röntgendiagnostischen Untersuchungstechniken schwärzt der aus dem Körper austretende Strahlenanteil nicht den Röntgenfilm, sondern hierbei werden die lokalen Absorptionswerte der Röntgenstrahlung in einer Körperquerschnittsebene durch einen Computer errechnet. Im Vergleich zu anderen Röntgenbildern weisen CT-Bilder eine höhere Kontrastauflösung und eine geringere Struktur- und Formauflösung auf.

Das **Ganzkörper-CT** ist schon heute zu einem festen Bestandteil der Röntgendiagnostik, vor allem im Abdominalbereich, geworden. In der Diagnostik des Retroperitonealraumes kann auf diese Untersuchungsmethode nicht mehr verzichtet werden.
Die CT stellt für den Patienten keine besondere Belastung dar. Zur Beurteilung der Lymphknoten ist die Gabe eines Kontrastmittels nicht erforderlich. Alle Lymphknoten sind anhand ihrer Größe ausnahmslos gut beurteilbar. Lymphknoten mit einem Durchmesser bis 0,8 cm sind als normale, nicht veränderte Lymphnoduli anzusehen, dagegen sind solche, deren Durchmesser größer als 1 cm ist, metastasenverdächtig. Obwohl heute die CT bei der Lymphdrüsendiagnostik im Hinblick auf maligne Veränderungen (metastatische Prozesse) gegenüber der Lymphographie bevorzugt wird, muß hierbei doch berücksichtigt werden, daß es computertomographisch Problemfälle bezüglich der Beurteilung der Lymphknoten gibt, und zwar insofern, als Lymphknoten, die von Tumorzellen durchsetzt, aber noch normal groß sind, von der CT nicht als pathologisch erkannt werden. Die dazu erforderliche Beurteilung der Lymphknotenstruktur ist nur mit der Lymphographie möglich (s. o.). So ergeben computertomographische Untersuchungen im Frühstadium abdomineller Lymphknotenmetastasen oft falsch negative Befunde. Außerdem erlaubt die Darstellung vergrößerter Lymphknoten in der CT allein keine sichere Aussage darüber, ob als Ursache für diese Lymphdrüsenvergrößerung eine benigne oder eine maligne Erkrankung vorliegt.
Die Problemfälle bei der CT sind also Metastasen in noch nicht vergrößerten Lymphknoten (Frühstadium) sowie entzündlich vergrößerte Lymphknoten. Große Lymphknotenkonglomerate werden bei Tumorpatienten am ehesten durch die maligne Erkrankung verursacht.
Einige Autoren empfehlen deshalb bei nicht eindeutigen Befunden die Kombination von Lymphographie und CT. Durch sie lassen sich auch bei der Verlaufskontrolle nachgewiesener Lymphknotenmetastasen nach chemotherapeutischer Behandlung und im Anschluß an eine zuvor durchgeführte Lymphographie durch spätere computertomographische Untersuchungen Lymphknotenveränderungen gut darstellen, beurteilen und somit vergleichend kontrollieren.

Tumormarker

Ohne **Tumormarker** ist eine Verlaufskontrolle bei entsprechender Tumortherapie nicht mehr denkbar. Auch im Rahmen des Tumornachsorgeprogramms nehmen sie einen besonderen Stellenwert ein.

Unter *Tumormarkern* im weitesten Sinne versteht man definierte nachweisbare oder meßbare Substanzen, die auf einen Tumor hinweisen oder zu seiner Entdeckung, Spezifizierung oder Ausdehnungsbestimmung beitragen oder auch Auskunft über seine Empfindlichkeit gegenüber bestimmten therapeutischen Maßnahmen geben.
Tumormarker sind tumorassoziierte Antigene, die im Serum oder in anderen Körperflüssigkeiten eines Tumorkranken vermehrt vorhanden sind und durch einen im Tierkörper gebildeten monoklonalen oder polyklonalen Antikörper nachgewiesen werden können.

Man kennt heute etwa 64 morphologisch gut definierte Marker. Sie zirkulieren im Blut oder in anderen Körperflüssigkeiten und können radioimmunologisch und auch enzymimmunologisch nachgewiesen und größenordnungsmäßig bestimmt werden. Es handelt sich um Makromoleküle, zumeist um Proteine mit einem Kohlenhydrat- und Lipoidanteil, die in oder auf Tumorzellen vorkommen oder in ihrer Umgebung induziert werden. Ihr Auftreten und ihre Konzentrationsänderungen stehen in hohem Maß mit dem Entstehen und dem Wachstum von malignen Tumoren eines Individuums in Beziehung.

Tumormarker im eigentlichen Sinne, das heißt Marker mit nahezu 100prozentiger Spezifität (bei benignen Erkrankungen und gesunden Personen nicht nachweisbar) und 100prozentiger Sensitivität (bei Tumoren auch im Frühstadium immer nachweisbar) gibt es bisher nicht! Alle heute etablierten Tumormarker sind nicht als tumorspezifische, sondern als tumorassoziierte Substanzen anzusehen. Sie werden nicht zur Diagnose, sondern zur Therapieverlaufskontrolle eingesetzt.

Hinsichtlich der Diagnose eignen sich alle heute etablierten Tumormarker wegen mangelnder Sensitivität und Spezifität nicht zum Screening (Suchtest) asymptomatischer Patienten.
Wegen fehlender Tumororganspezifität sind bis auf die prostataspezifische saure Phosphatase (PAP), das prostataspezifische Antigen (PSA) und das Thyreoglobulin (TG) die zirkulierenden Tumormarker zur Tumorlokalisation nicht brauchbar.
Ihre Hauptindikation ist die Therapieverlaufskontrolle nach Operationen oder unter Radio-, Chemo- und Hormontherapien. Bei kritischer Anwendung der Tumormarker können diese bei bis zu 50% der Patienten ein bis sechs Monate früher als andere diagnostische Verfahren (wie Sonographie, Computertomographie, Kernspintomographie und oft auch Endoskopie) auf eine Änderung des Tumorverhaltens hinweisen.
Im klinischen Verlauf spricht ein Tumormarker-Spiegelabfall zur Norm vor allem nach Operationen für eine vollständige Tumorentfernung, während eine Tumormarker-Spiegelpersistenz oder gar ein weiterer Anstieg auf einen Resttumor oder eine Metastasierung hinweisen. Von besonderer Bedeutung ist ein Tumormarker-Wiederanstieg nach erfolgter Normalisierung bei vermeintlich kurativer Operation als starkes Indiz für ein Rezidiv oder eine Metastasierung.
Auch bei Nichtkrebskranken sind diese Eiweiße (Tumorantigene) vorhanden, jedoch in geringen Mengen (*Normalwerte*). Man unterscheidet zwischen Normalwerten, den leicht bis mäßig erhöhten Werten (der sogenannten Grauzone) und den eindeutig über diesem Grauzonenbereich liegenden pathologischen Werten.
In der Grauzone liegende Werte findet man bei entzündlichen oder auch degenerativen Veränderungen bestimmter Organe oder Organsysteme sowie auch bei gutartigen Geschwülsten.
Erst ein deutlicher Anstieg über den Grauzonenbereich hinaus läßt ein malignes Geschehen in einem bestimmten Organ bzw. Organsystem vermuten, zumal dann, wenn bei Kontrolluntersuchungen ein Anstieg der Tumormarker gegenüber älteren Daten zu erkennen ist.

Tumormarkerbestimmung

Gewinnung der Antikörper

Der Tumormarkerbestimmung liegt eine Antigen-Antikörper-Reaktion zugrunde. Es handelt sich bei der Tumormarkerbestimmung also um eine immunologische Untersuchung (Immuno-Assay) von Körperflüssigkeiten zwecks Bestimmung eines spezifischen Tumoreiweißes (Antigen).

Ein Tier wird mit dem Serum eines Krebskranken geimpft. Im Tierkörper bildet sich dann ein Antikörper gegen dieses körperfremde Eiweiß (Tumor-Antigen).
Wird nun dieses Tierserum mit dem Serum eines Krebskranken gemischt, welches das pathologische Tumoreiweiß enthält, kommt es zu einer Verklumpung, d. h. zu einer positiven Antigen-Antikörper-Reaktion. Aus der Bestimmung der Heftigkeit der Reaktion wird die Konzentration des Tumormarkers bestimmt. Man unterscheidet zwischen monoklonalen und polyklonalen Antikörpern. Die monoklonalen Antikörper reagieren nur auf ein bestimmtes Tumor-Antigen und haben dadurch eine höhere Sensitivität (Empfindlichkeit) als polyklonale Antikörper, die auf verschiedene Tumor-Antigene reagieren.

Prinzip der Tumormarkerbestimmung

An diesem Untersuchungsvorgang sind beteiligt:
- das Tumor-Antigen,
- zwei monoklonale, spezifische Antikörper,
- eine signalgebende Substanz (entweder ein Enzym oder ein radioaktives Element), die an einen der monoklonalen Antikörper gekoppelt ist,
- entsprechende Geräte (Photometer oder Gamma-Counter), mit denen die Enzymaktivität oder die Radioaktivität – besser gesagt die Restaktivitäten – registriert und genau quantifiziert werden können. Das Prinzip ist in Abbildung 5-1 veranschaulicht.

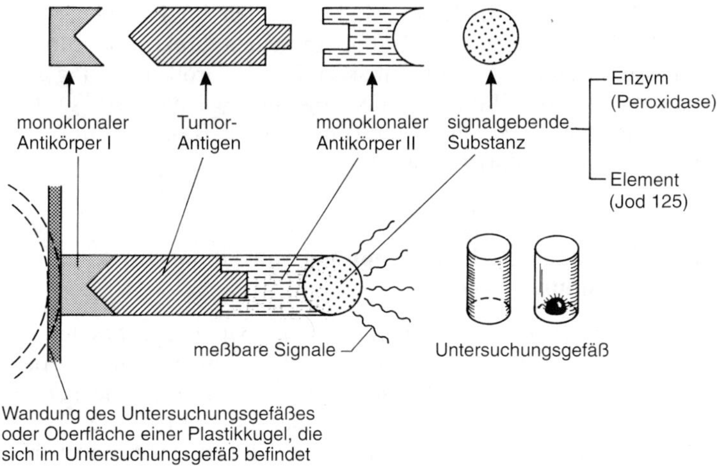

Abb. 5-1: Prinzip der Tumormarkerbestimmung nach dem Sandwich-System. Antigen-Antikörper-Reaktion.

Der erste monoklonale Antikörper dient der Fixierung des Tumor-Antigens. Dazu sind die Innenwandungen der verwendeten Untersuchungsgefäße oder auch die Oberflächen von Polystyrolkugeln, die ebenfalls zur Fixierung der Tumor-Antigene angewandt werden und sich in den Untersuchungsgefäßen befinden, mit einem auf das Tumor-Antigen spezifisch reagierenden monoklonalen Antikörper beschichtet. Von diesem wird das Tumor-Antigen durch Komplexbildung fixiert.

Hiernach geht ein zweiter, ebenfalls spezifischer monoklonaler Antikörper, an den die signalgebende Substanz gekoppelt ist, eine feste Bindung mit dem Komplex „erster Antikörper – Tumor-Antigen" ein. Das geschieht nach dem sogenannten Sandwich-Prinzip, indem nämlich das Antigen zwischen den beiden Antikörpern „verpackt" wird.

Nach dem Auswaschen der nicht gebundenen signalgebenden Substanzen kann die Aktivität (Menge) der verbliebenen durch geeignete Geräte (Photometer oder Gamma-Counter) gemessen werden.

Die so ermittelten Meßwerte sind dann den im Patientenserum befindlichen und gesuchten Tumor-Antigenen direkt proportional. Gemessen werden die Tumormarker in der Größenordnung von Nanogramm pro Milliliter (Ein Nanogramm = 1 ng = 10^{-9}g). Die beiden genannten Verfahren zur Tumormarker-Bestimmung sollen etwas genauer beschrieben werden.

Enzymimmunologische Bestimmung von Tumormarkern (Enzym-Immuno-Assay)

Das Prinzip dieser Methode beruht darauf, daß an den zweiten der beiden am Untersuchungsvorgang beteiligten monoklonalen Antikörper als signalgebende Substanz ein Enzym (z. B. die Peroxidase) gebunden ist. Die Peroxidase katalysiert hier eine Oxidationsreaktion, indem sie aus Peroxid molekularen Sauerstoff freisetzt. Hierbei wird chemische Energie frei, die in sichtbares Licht umgewandelt wird (Lumineszenzreaktion). Bei dieser Nachweisreaktion wird das hinzugefügte Substrat „Luminol" durch die Peroxidase oxidiert.

[Substrate sind Substanzen, die bei einer Enzymreaktion umgewandelt, abgebaut, verändert oder verbraucht werden.
Unter Lumineszenz versteht man ein Selbstleuchten von Stoffen ohne Temperaturerhöhung (kaltes Licht) infolge einer Einstrahlung von sichtbarem oder ultraviolettem Licht.]

Die Durchführung des Enzym-Immuno-Assay (EIA): Man verwendet Teströhrchen, deren Innenwandung mit einem geeigneten monoklonalen Antikörper beschichtet sind.
Im menschlichen Serum befinden sich die verschiedensten Antigene in unterschiedlicher Menge.
Nur das Antigen, das zu dem an der Gefäßwand fixierten monoklonalen Antikörper paßt, wird gebunden. An der Wandung des Gefäßes bildet sich während der Inkubation ein *Antigen-Antikörper-Komplex.*
Die nicht gebundenen Anteile werden durch Auswaschen mit Aqua dest. entfernt.
Nun wird das *Konjugat* hinzugegeben, d. h. zweiter Antikörper + Enzym (Peroxidase).

Das Konjugat geht eine Bindung mit dem Antigen-Antikörper-Komplex an der Gefäßwand ein.
Nach der vorgegebenen Inkubationszeit wird das nichtgebundene Konjugat ebenfalls durch Auswaschen entfernt.
Jetzt wird ein *Signalreagenz* hinzugegeben, bestehend aus einem *Substrat* (Luminol-Derivat) und einem substituierten Phenol als *Signalverstärker*. Das Substrat wird stets im Überschuß hinzugegeben.
Durch das im Konjugat gebundene Enzym Peroxidase (Meerrettich-Peroxidase) wird das Substrat oxidiert (Substratumwandlung). Hierbei wird infolge einer Einstrahlung von sichtbarem oder ultraviolettem Licht chemische Energie frei, die in sichtbares Licht (Lumineszenz) umgewandelt wird. Die Peroxidase-Aktivität wird also durch eine verstärkte Lumineszenz-Reaktion *photometrisch* gemessen. Die Menge des an die Röhrchenwand gebundenen Konjugats (zweiter Antikörper + Enzym) ist direkt proportional zur Menge des Tumor-Antigens.

Radioimmunologische Bestimmung von Tumormarkern (Radio-Immuno-Assay)

Dieser Untersuchungsvorgang beruht wie der Enzym-Immuno-Assay auf dem sogenannten Sandwich-Prinzip. Bei dieser Methode der Tumormarkerbestimmung ist als signalgebende Substanz an dem zweiten beteiligten monoklonalen Antikörper ein radioaktives Element (Jod 125) gekoppelt. Die so gebundene Radioaktivität kann dann als Meßwert ermittelt werden.

Die Durchführung des Radio-Immuno-Assay (RIA): In ein Gefäß, in dem sich eine mit einem spezifischen monoklonalen Tumorantikörper beschichtete Polystyrolkugel befindet, wird Patientenserum gegeben, in dem man ein spezielles Tumor-Antigen vermutet.
Bei Inkubation bis 37 °C geht das Antigen (Tumor-Antigen) mit dem auf der Kugel gebundenen speziellen Antikörper eine Bindung (Komplex) ein.
Das ungebundene Material wird durch Auswaschen mit Aqua dest. entfernt.

Nach dem Auswaschen wird ein zweiter monoklonaler Antikörper (ebenfalls gegen das gesuchte Tumor-Antigen, *Tracer-Antikörper*), der radioaktiv markiert ist, in das Gefäß gegeben.
Dieser Tracer-Antikörper (Antikörper + Jod 125) geht ebenfalls eine Bindung mit dem Tumor-Antigen ein.
Dies geschieht während einer erneuten Inkubation. Danach werden nun durch Auswaschen mit Aqua dest. die ungebundenen Tracer-Antikörper entfernt. Die auf der Kugel gebundene Radioaktivität wird durch Messen in einem Gamma-Zählgerät ermittelt.
Die gebundene Radioaktivität ist der Menge des gesuchten Tumor-Antigens im Serum direkt proportional.

Vergleich der Assays

Beim *Radio-Immuno-Assay* bleiben die Meßwerte stabil und können nach Tagen noch abgelesen werden, da Jod 125 eine Halbwertzeit von 60 Tagen hat (Halbwertzeit heißt: die Aktivität vermindert sich in der angegebenen Zeit um die Hälfte).
Der Radio-Immuno-Assay ist daher in seinem Ergebnis genau und außerdem kostengünstig, weil die Reagenzien länger aufbewahrt werden können.
Nachteil: Problem des Sondermülls und der Strahlenbelastung für das Personal!
Beim *Enzym-Immuno-Assay* müssen die Ergebnisse gleich abgelesen werden, da das Enzym instabil ist. Durch unpünktliches Ablesen des Ergebnisses besteht die Gefahr der Ungenauigkeit.
Außerdem können die Enzyme wegen ihrer geringen Haltbarkeit nicht längere Zeit aufbewahrt werden. Sie sind auch temperaturempfindlicher, so daß sich durch Temperaturschwankungen während der Untersuchung Ungenauigkeiten in bezug auf den ermittelten Wert ergeben könnten.
Vorteil: Kein Anfall von Sondermüll, keine Strahlenbelastung für das Personal!

Einsatz etablierter Tumormarker bei malignen Erkrankungen

Unter der Vielzahl der Tumormarker, die bisher beschrieben sind, haben sich nur einige in der Routine als brauchbar erwiesen. Zu den inzwischen etablierten Tumormarkern zählen:

▷ Das CEA

Das *CEA (Carcinoembryonales Antigen)* ist ein tumorassoziiertes Antigen. Es handelt sich um ein Glykoprotein mit einem hohen Kohlenhydratanteil und einer einzigen Polypeptidkette.
Klinische Studien haben gezeigt, daß CEA, von dem ursprünglich angenommen wurde, daß es für Krebserkrankungen des Verdauungstraktes spezifisch sei, auch bei anderen Malignomen und bei nicht malignen Erkrankungen vermehrt auftritt. Zu erwähnen ist hier auch, daß bei Rauchern in der Regel erhöhte CEA-Werte festgestellt werden, ohne daß ein maligner Prozeß vorliegt. Die CEA-Untersuchung kann bei Überwachung von Patienten mit diagnostizierten Malignomen bedeutungsvoll sein. Eine persistierende Konzentrations-Erhöhung des zirkulierenden CEA im Serum und anderen Körperflüssigkeiten nach Behandlung weist auf Metastasen und/oder auf zurückgebliebene Tumoranteile hin, ein konstant ansteigender CEA-Wert auf eine progrediente maligne Erkrankung und ein schlechtes therapeutisches Ansprechen, ein abfallender CEA-Wert auf eine günstige Prognose und ein gutes Ansprechen auf die Behandlung.
Klinische Bedeutung hat der CEA-Test in der Nachbetreuung von Patienten mit kolorektalen Karzinomen, mit Karzinomen der Mamma und der Lunge, der Prostata, des Pankreas und des Ovars. Verlaufskontrollen von Patienten mit kolorektalen Karzinomen, Mamma- und Lungenkarzinomen weisen darauf hin, daß der präoperative CEA-Spiegel eine prognostische Bedeutung besitzt. Die CEA-Untersuchung wird nicht als Suchtest auf Krebserkrankungen im allgemeinen akzeptiert. Ihr Hauptanwendungsbereich ist, wie bei allen Tumormarkern, die Verlaufskontrolle nach und während einer Tumorbehandlung.
Die Referenzbereichsgrenze des CEA ist untersuchungsmethodenabhängig und liegt je nach Assay zwischen 2,5 und 5,0 ng/ml.

▷ Das CA 125

Das *CA 125 (Carbohydrate Antigen 125)* ist ein tumorassoziiertes Oberflächenantigen, d. h. es ist an die Zellmembran von Tumorzellen gebunden. Im Serum ist CA 125 an ein Glykoprotein mit hohem Molekulargewicht gebunden. Erhöhte CA-125-Spiegel im Serum werden bei Frauen mit serösen, endometrialen, hellzelligen und undifferenzierten Ovarialkarzinomen, bei Adenokarzinomen (Drüsenkarzinomen) des Endometriums oder der Eileiter sowie bei einigen nicht-gynäkologischen Malignomen und bestimmten gutartigen Erkrankungen gefunden. Auch bei Schwangerschaften (während der ersten drei Monate) können die Werte erhöht sein.
Die muzinösen Ovarialkarzinome (Tumoren mit schleimabsondernden Zellen, etwa 10 % aller Ovarialkarzinome) werden z. T. ebenfalls mit CA 125 erfaßt, jedoch mit einer schlechteren Sensitivität. Hier sollte zusätzlich das CA 72-4 bestimmt werden, das sich als besonders sensitiv für den muzinösen Typ erwiesen hat.
Bei der Überwachung von Personen mit diagnostiziertem Ovarialkarzinom ist der CA-125-Wert im Serum von erheblicher Bedeutung. Der obere Normwert im Serum liegt bei 65 U/ml. Beim Ovarialkarzinom können CA-125-Werte über 1300 U/ml gefunden werden. Ein ständiger Anstieg des CA-125-Wertes spricht für eine Progression der malignen Erkrankung und für ein schlechtes therapeutisches Ansprechen des malignen Prozesses, während ein Abfall des CA-125-Wertes im Serum einen Hinweis auf eine günstige Prognose der Erkrankung und ein gutes Ansprechen auf eine entsprechende Behandlung gibt.

▷ Das CA 19-9

Das *CA 19-9 (Carbohydrate Antigen 19-9)* ist ein tumorassoziiertes Antigen, welches im Gewebe als Monosialogangliosid (das ist eine Gruppe saurer Glykolipide, hier mit einem Sialinsäurerest) und im Serum als ein hochmolekulares, kohlenhydratreiches Glykoprotein vorkommt.
Bei Patienten mit gastrointestinalen Karzinomen (z. B. des Pankreas, der Leber, des Magens und des Kolon-Rektums) sowie bei

einigen anderen Malignomen (z. B. Bronchialkarzinom) und einigen nicht bösartigen Erkrankungen ist der CA 19-9-Wert im Serum oder Plasma erhöht. CA 19-9-Bestimmungen dienen hauptsächlich der Überwachung von Patienten mit diagnostizierten Malignomen. Eine persistierende Erhöhung von CA 19-9 kann nach Behandlung auf zurückgebliebene Tumoranteile, ein konstant ansteigender CA 19-9-Wert auf eine progrediente maligne Erkrankung und ein schlechtes therapeutisches Ansprechen hinweisen. CA 19-9 ist nicht als Suchtest auf Krebserkrankungen geeignet.
Der Grenzwert des CA 19-9 im Serum/Plasma liegt bei 37 U/ml.

▷ Das CA 72-4

Das *CA 72-4 (Carbohydrate Antigen 72-4)* ist ein im Serum zirkulierendes muzinähnliches tumorassoziiertes Glykoprotein. Es handelt sich hierbei um einen relativ neuen Tumormarker, dessen oberer Normwert im Serum zwischen 2,5 und 4,0 ng/ml liegt. Er zeichnet sich durch eine hohe Tumorspezifität aus. Besonders hohe Serumkonzentrationen findet man bei Patienten mit Magenkarzinom. Nach eingehenden und vergleichenden Ergebnissen hat CA 72-4 beim Magenkarzinom eine höhere Spezifität und Sensitivität als CEA oder CA 19-9. Es ist demnach ein sinnvoller Tumormarker für die Therapie- und Verlaufskontrolle des Magenkarzinoms (Spezifität nahezu 100 %).
Die Bestimmung von CA 72-4 fällt allerdings auch bei muzinösen Ovarialkarzinomen positiv aus. Dagegen werden bei benignen Erkrankungen und entzündlichen Prozessen nur selten erhöhte Werte gefunden.
Durch den Einsatz des Tumormarkers CA 72-4 neben CEA konnte beim nicht-kleinzelligen Bronchialkarzinom die Sensitivität ohne Spezifitätsverlust gesteigert werden.

▷ Das CA 15-3

Beim *CA 15-3 (Carbohydrate Antigen 15-3)* handelt es sich ebenfalls um ein tumorassoziiertes Antigen (Glykoprotein mit heterogener Zusammensetzung).

CA 15-3 kann auf Epithelien sekretorischer Zellen wie in Sekreten Gesunder nachgewiesen werden. Die physiologische Bedeutung des Glykoproteins ist bisher nicht bekannt.
Die obere Normgrenze des CA 15-3-Wertes im Serum/Plasma liegt bei 30 U/ml.
Wie die anderen Tumormarker ist auch CA 15-3 nicht organ- und tumorspezifisch. Die Hauptindikationsgebiete für CA 15-3 sind die Diagnostik und Verlaufskontrolle des Mammakarzinoms. Er löst das CEA als ersten Marker beim Mammakarzinom ab, da er eine größere Sensitivität und Spezifität besitzt. Patientinnen mit Mammakarzinom weisen in ca. 20–22% der Fälle erhöhte CA 15-3- und CEA-Spiegel auf, die sich signifikant von der Gruppe der Gesunden unterscheiden. Die Serumkonzentration des CA 15-3 korreliert mit der Gesamtmasse antigentragender Tumorzellen. Für die Verlaufskontrolle zählen wie bei allen Tumormarkern nicht die Absolutwerte der Markerkonzentration, sondern die kontinuierlich festgestellten Kontrollwerte.
Beim Bronchialkarzinom, gastrointestinalen Tumoren, Prostatakarzinom, Ovarialkarzinom und Portiokarzinom findet man ebenfalls erhöhte CA 15-3-Werte.
Andererseits hat CA 15-3 eine verhältnismäßig gute Spezifität gegenüber benignen Erkrankungen. Benigne Mammatumoren sowie andere gutartige Mammaerkrankungen haben in wenigen Fällen Werte bis ca. 40 U/ml (Normalwerte bis 30 U/ml) im Serum. Hier spricht man von *falsch pathologisch-positiven Werten.* Bei Kontrollen ist dann kein weiterer Anstieg des Ca 15-3-Wertes im Serum erkennbar, die Werte gehen sogar in den meisten Fällen zurück, was von vornherein gegen das Vorliegen eines malignen Prozesses spricht.

▷ Das TPA

Beim *TPA (Tissue-Polypeptide-Antigen)* handelt es sich um ein Keratin-Antigen, das in der Zellmembran vieler Tumorzellen und als zirkulierendes Antigen im Serum nachgewiesen werden kann. Das Tissue-Polypeptide-Antigen wird als ein Proliferations-Antigen angesehen. Seine obere Normgrenze im Serum liegt bei 120 U/ml.

Karzinomwachstum (vermehrte Zellproliferation) ist häufig mit erhöhten TPA-Konzentrationen im Serum verbunden. Der TPA-Anstieg korreliert mit der Progression des Tumortyps. Der erhöhte TPA-Wert gibt einen Hinweis auf Tumorwachstum in einer Vielzahl von Organen. TPA-Spiegelerhöhungen finden sich zu einem hohen Prozentsatz im Serum von Patienten mit Mamma-, Bronchial-, Kolorektal-, Portio- und Ovarial- sowie Harnblasenkarzinom. Als nachteilig anzusehen ist, daß TPA auch bei entzündlichen Erkrankungen der Leber, der Lunge und des Urogenitaltraktes erhöhte Werte zeigt. Die TPA-Bestimmung ist daher für die Primärdiagnose oder den Ausschluß einer malignen Erkrankung (Tumor-Screening) nicht geeignet.
Sobald die akute Phase einer nicht malignen Erkrankung abgeklungen ist, sinkt der bis dahin erhöhte TPA-Spiegel im Serum wieder ab. Bei einer progressiven malignen Erkrankung findet man gleichbleibend hohe Werte oder sogar ansteigende Spiegel im Serum.

▷ Das AFP

Das *AFP (Alpha-1-Fetoprotein)* ist ebenfalls ein Glykoprotein. Es wird normalerweise im Dottersack und in der fetalen Leber gebildet. Ab der 4. Schwangerschaftswoche ist Alpha-Fetoprotein im Serum nachweisbar und stellt während des frühen Fötallebens das dominierende Serumprotein dar.
Das AFP gehört zu den Proteinen, die nur beim Fötus, aber nicht beim gesunden Erwachsenen in höheren Serumkonzentrationen vorhanden sind. Bei gewissen Tumoren kann die Synthese dieser Proteine wieder aufgenommen werden, so daß diese im Serum von Patienten mit bestimmten Tumorarten nachweisbar sind. Daher können diese Proteine als Tumormarker Verwendung finden. Der normale AFP-Spiegel im Serum liegt unter 20 ng/ml.
Die wesentliche klinische Bedeutung von AFP liegt in der Entdeckung und Verlaufsbeobachtung primärer Leberzellkarzinome, die überwiegend auf dem Boden einer Leberzirrhose entstehen. Bei Erstdiagnose weisen etwa 95 % der Patienten pathologische AFP-Serumkonzentrationen auf. Dabei zeigen 68,5 % AFP-Werte über 1000 ng/ml, 40 % sogar über 10 000 ng/ml. Auch bei Patienten mit anderen Malignomen und Metastasen werden etwa bei bis

zu 10% der Fälle erhöhte AFP-Konzentrationen im Serum gefunden, wie zum Beispiel bei Mamma-, Bronchial- und kolorektalen Karzinomen. Die Werte liegen jedoch selten über 100 ng/ml und fast nie über 500 ng/ml.
Ein Absinken des AFP-Spiegels auf konstant normale Werte nach Durchführung therapeutischer Maßnahmen gibt einen Hinweis darauf, daß der Tumor vollständig reseziert wurde, wohingegen ein Anstieg als erstes Zeichen eines Tumorrezidivs bzw. einer Metastasierung gewertet werden muß.
Ein weiteres wichtiges Indikationsgebiet für die AFP-Bestimmung stellen Keimzelltumoren dar. Bei 70% der Patienten mit einem Teratom, sofern es Dottersackstrukturen enthält, ist der AFP-Wert im Serum erhöht. Enthält das Teratom in klassischer Weise embryonales Karzinom, Seminom und eventuell noch Chorionkarzinom, ist der AFP-Wert negativ! Aus diesem Grunde kann AFP auch für die Differentialdiagnose zwischen einem Teratom mit Dottersackanteilen und einem Seminom herangezogen werden.
Das AFP spielt bei der Verlaufskontrolle von Patienten mit Keimdrüsentumoren eine wichtige Rolle. Wenn die Werte nach der Operation nicht innerhalb eines Monats auf eine normale Höhe zurückgehen, besteht die Möglichkeit eines Residualtumors. Bei Patienten mit einer kompletten klinischen Remission kündigt sich ein Rezidiv häufig durch einen AFP-Anstieg an oder dieser gibt einen Hinweis auf Metastasierung.
Bei Keimzelltumoren stellt somit das Alpha-Fetoprotein neben Choriongonadotropin den zweitwichtigsten Marker dar. Bei der Therapie von Keimzelltumoren sind Verlaufsbestimmungen von Alpha-Fetoprotein und von Choriongonadotropin sehr wichtig.

▷ Das HCG

Das *HCG (Choriongonadotropin)* ist ein Glykoprotein-Hormon. Erhöhte Werte im Serum findet man bei Keimzelltumoren des Hodens und Ovars. Die obere Normgrenze liegt bei 5–10 mU/ml im Serum.
Bei der oft unterschiedlichen Tumorzusammensetzung und auch entsprechend der Ausdehnung des Tumors werden bei Hodentumoren folgende Beobachtungen gemacht:

- Beim reinen Chorionkarzinom: stets HCG-positiv und AFP-negativ.
- Beim endodermalen Sinustumor: stets AFP-positiv und HCG-negativ.
- Bei reinen Seminom: immer AFP-negativ und in 7–14 % der Fälle HCG-positiv.
- Bei gemischtzelligen bzw. Kombinationstumoren sind je nach Tumorzusammensetzung unter Umständen ca. 50 % AFP-positiv und etwa 50 % HCG-positiv. Bei bis zu 78 % solcher Fälle sind beide Marker positiv. Dieses Verhältnis kann sich je nach Tumoranteilen bei gemischtzelligen Kombinationen verschieben.

▷ Das PSA und die PAP

Das *PSA (Prostataspezifisches Antigen)* ist ein Glykoprotein, das in den Ausführungsgängen der Prostata lokalisiert ist. Die *PAP (Prostataspezifische Saure Phosphatase)* stellt das Isoenzym 2 aus der Gruppe der sauren Phosphatasen dar. Beide sind physiologische Ausscheidungsprodukte der Prostata und somit als organspezifische Marker anzusehen, ohne jedoch gleichzeitig tumorspezifisch zu sein. Das PSA weist im Vergleich zur PAP eine mehr als doppelt so hohe Empfindlichkeit in der Diagnostik des Prostatakarzinoms auf (Sensitivität: PSA = 90 %, PAP = 34 %). Auch in der Verlaufsbeobachtung des Prostatakarzinoms reagiert PSA signifikanter, schneller und stärker als die PAP. Bei benignen Erkrankungen wie Prostatahypertrophien oder Prostatitiden können PAP und insbesondere PSA zum Teil deutlich erhöht im Serum nachweisbar sein.
Das PSA und die PAP sind Tumormarker für das Prostatakarzinom. Oberer Grenzwert im Serum: PSA = 2,5 ng/ml (Grauzone: 10,0 ng/ml), PAP = 2,5–3,5 ng/ml.
Bei benignen Prostataadenomen findet man bezüglich des PSA Serumkonzentrationswerte bis zu 10,0 ng/ml. Dieser Bereich wird auch als Grauzone bezeichnet. Erst PSA-Werte über 10,0 ng/ml sind als suspekt (tumorverdächtig) anzusehen. Zu beachten ist in diesem Zusammenhang, daß etwa 8–10 Tage vor der Blutabnahme bei dem betreffenden Patienten keine rektale-digitale Untersu-

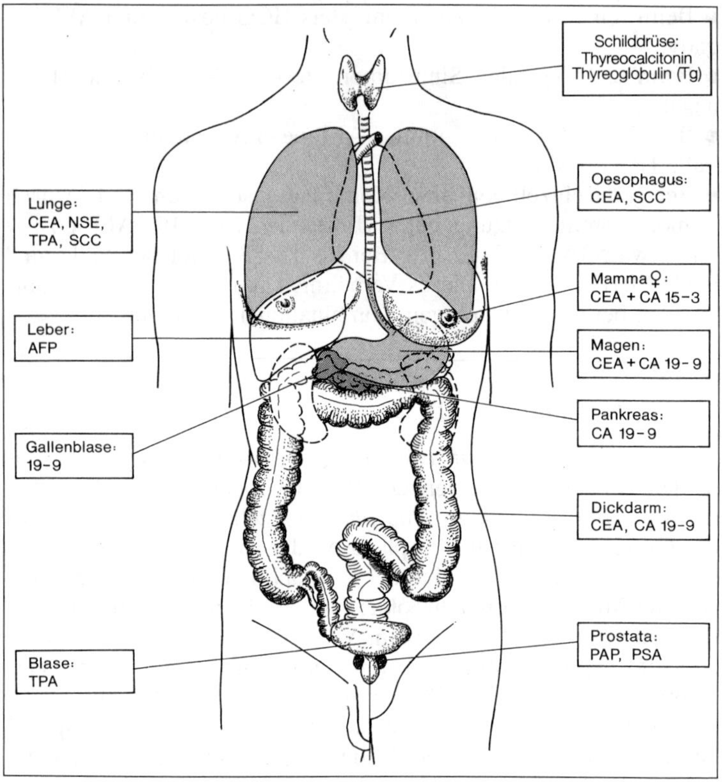

Abb. 5-2: Überblick über die heute als etabliert geltenden Tumormarker in bezug auf ihre Tumorzuordnung. **SCC:** Squamous-cell-carcinoma-Antigen; **CEA:** carcinoembryonales Antigen; **NSE:** neuronenspezifische Enolase; **TPA:** Tissue Polypeptide Antigen; **hCT:** humanes Calcitonin; **Tg:** Thyreoglobulin; **AFP:** Alpha-Fetoprotein; **HCG:** humanes Choriongonadotropin; **PAP:** Prostatic Acid Phosphatase; **PSA:** Prostata-spezifisches Antigen.
(Aus: Donath, H. Innere Medizin. 7. Aufl., Schattauer Verlag 1993.)

chung der Prostata durchgeführt werden darf, da sonst PSA und PAP eine drei- bis vierfache Konzentrationserhöhung im Serum zeigen!

▷ Das SCC-Antigen

Das *SCC-Antigen (Squamous Cell Carcinoma Antigen)* ist ein Glykoprotein, das als zirkulierendes Antigen im Serum von Patienten mit Plattenepithelkarzinomen der Portio uteri (Sensitivität ca. 80 %), des Ösophagus (Sensitivität ca. 39 %), der Lunge (Sensitivität ca. 70 %) und bei Karzinomen des HNO-Traktes (Sensitivität ca. 50 %) nachgewiesen wird.
Der obere Grenzwert des SCC-Antigens im Serum liegt bei 2 ng/ml. Das SCC-Antigen stellt bei Plattenepithelkarzinomen den Tumormarker der ersten Wahl dar.
Erwähnt werden muß, daß bei Patienten mit Nieren- und Leberfunktionsstörungen bei bis zu 10 % der Fälle erhöhte SCC-Konzentrationen im Serum gefunden werden können. Im Gegensatz zum CEA-Spiegel ist der SCC-Spiegel bei Rauchern nicht erhöht.

▷ Die NSE

Bei der *NSE (Neuron-Spezifische Enolase)* handelt es sich um ein glukosespaltendes Enzym, das in Neuronen des Gehirns und des peripheren Nervengewebes gefunden wird.
Der obere Grenzwert im Serum liegt bei 12,5 ng/ml. Es ist jedoch bekannt, daß bei benignen Lungenerkrankungen im Serum häufig NSE-Konzentrationen bis über 20 ng/ml (Grauzonenbereich) festgestellt werden. Deshalb gelten erst NSE-Spiegel von über 25 ng/ml im Serum als tumorverdächtig. Die NSE ist bei Tumoren neuroektodermalen oder neuroendokrinen Ursprungs (z. B. bei Neuroblastomen) erhöht.
Die Hauptindikation des NSE liegt beim kleinzelligen Bronchialkarzinom. Dies macht etwa 25 % aller Lungenkarzinome aus. Hier ist die NSE als Tumormarker der ersten Wahl sowohl hinsichtlich der Diagnostik als auch der Therapiekontrolle anzusehen. Beim kleinzelligen Bronchialkarzinom werden in bis zu 80 % der Fälle Serumspiegel über 25 ng/ml und in 40 % der Fälle sogar NSE-Werte über 70 ng/ml gefunden.
Die Sensitivität des NSE bei Vorliegen eines Neuroblastoms wird mit 85 % angegeben.

Tab. 5-1: Tabellarische Übersicht über den Stellenwert der sinnvoll einsetzbaren und etablierten Tumormarker in der Tumor-Diagnostik, vor allem aber bei den Therapieverlaufskontrollen maligner Erkrankungen:

Marker / Tumor	CEA	TPA	CA-15-3	CA-19-9	CA-125	SCC	PAP/PSA	AFP	HCG	HCT/NSE	Tg
HNO	+	+				+++					
Thyr	+	+									+++
C-Zell	+	+								+++	
Lunge	++	++				+++				+++	
Mamma	+++	++	+++								
Pankreas	++			+++	+						
Leber	+			++				+++			
Gallenwege	+			++							
Magen	++			++							
Kolon	+++			++							
Uterus	+	++	+		+	+++					
Ovar		+	+	++	+++						
Chorion									+++		
Hoden								+++	+++		
Prostata							+++				
Blasen	+	++									

Erklärung: +++ = Marker der ersten Wahl,
++ = Marker empfehlenswert, d. h. Marker der zweiten Wahl oder Anwendung in Kombination mit einem zweiten und auch einem dritten Marker.
\+ = Markereinsatz möglich (häufig sinnvoll in Verbindung mit einem zweiten und auch dritten Marker).
Thyr = Schilddrüse
C-Cell = Calcitonin-produzierende Tumoren der Thymus-, Schild- und Nebenschilddrüsen.

Aus Lamerz, R.: Tumormarker – Prinzipien und Klinik. Dt. Ärztebl. 86, Heft 15, April '89.

▷ Das Tg

Beim *Tg (Thyreoglobulin)* handelt es sich um den Tumormarker der ersten Wahl beim differenzierten follikulären/papillären Schilddrüsenkarzinom.

Ein Überblick über die Organspezifität der heute etablierten Tumormarker wird in Abb. 5-2 und Tab. 5-1 gegeben.

6. Chemotherapie

Allgemeines

Durch den geänderten Stoffwechsel der Tumoren ist es möglich, diesen durch Einwirkung bestimmter Substanzen mehr zu schädigen als den des Gesamtorganismus.
Neben den Methoden der lokalen Behandlung (Operation, Strahlentherapie und der in geringem Umfang angewandten lokalen Chemotherapie) hat die systemische Therapie eine besondere Bedeutung erlangt, da nur mit ihrer Hilfe der systemischen Ausbreitung von Tumoren entgegengetreten werden kann.

So versteht man unter der *Chemotherapie* im engeren Sinne die Applikation von Substanzen, die durch Eingriff in den Stoffwechsel maligner Zellen und deren Zellteilungsvorgänge entweder zytostatisch oder zytotoxisch-zytolytisch wirken. Prinzipiell können diese Substanzen ihre Wirkung bei allen Zellen entfalten. Tumorzellen zeigen jedoch eine höhere Empfindlichkeit gegenüber Chemotherapeutika als gesunde Zellen.

Dies wird dadurch erklärt, daß Chemotherapeutika hauptsächlich Zellen angreifen, die sich in der Proliferation befinden, nicht jedoch Zellen in der G_0-Phase. Chemotherapeutika sind häufig zyklusphasenspezifisch, d. h. sie zerstören oder blockieren Zellen, die sich in einer bestimmten Zellzyklusphase befinden, indem sie in die einzelnen biochemischen Vorgänge, die für die DNS-Synthese erforderlich sind, eingreifen.
Bei hormonabhängigen Tumoren (z. B. Mammakarzinom, Prostatakarzinom, Corpuskarzinom) entfalten Hormone bei systemischer Applikation ebenfalls eine systemische Wirkung (s. Kapitel 8). Darüber hinaus besitzen sogenannte *Biological response modifiers*

(z. B. Wachstumsfaktoren) ebenfalls neben einer lokalen auch eine systemische Wirkung, indem sie das Wachstum der Tumorzellen stimulierend oder supprimierend modifizieren und letztlich zytotoxisch wirken.

Die Chemotherapie maligner Erkrankung hat einen vorwiegend antiproliferativen Charakter und wird mit höherer Aussicht auf Erfolg bei rasch wachsenden Tumoren eingesetzt, während Therapieansätze, die über eine Ausdifferenzierung der Tumorzellen den Malignitätscharakter ändern, bisher noch keine große praktische Bedeutung erlangt haben. Jedoch wird mit Hilfe der Biological response modifier auch dieser Weg zunehmend beschritten und zeigt erste Erfolge.

Immuntherapien, wie z. B. Mistel- und Thymusextrakte, werden gelegentlich ebenfalls systemisch bei malignen Erkrankungen eingesetzt (s. Kapitel 9). Trotz dieses schon jahrzehntelangen therapeutischen Bemühens fehlen bisher immer noch ausreichende Beweise für ihre Wirksamkeit, so daß diese Therapieansätze weitgehend auf die experimentelle Ebene begrenzt geblieben sind.

Ohne *Erfolgs-* und *Toxizitätskontrolle* darf eine zytostatische Therapie nicht durchgeführt werden. Vor Therapiebeginn müssen relevante Organfunktionen (Lungen, Herz, Knochenmark, Nervensystem, Hörorgan, etc.) je nach erwarteter therapiebedingter Toxizität überprüft und während der Therapie regelmäßig überwacht werden. Meßparameter, an denen die Wirksamkeit der Therapie gesichert wird sowie das Therapieziel (kurative oder palliative, s. d.) sind prätherapeutisch festzulegen und zu dokumentieren.

Meßbare Tumorparameter können z. B. Lungen-, Leber-, Knochenmetastasen usw. sein. Bei Knochenmarkkarzinose oder hämatologischen Systemerkrankungen mit Knochenmarkbefall kann auch die Verbesserung der hämatologischen Situation in Form ei-

nes Rückgangs der Anämie und/oder Granulozytopenie und/oder der Thrombopenie als Parameter dienen. Auch der Rückgang der tumorbedingten subjektiven Symptomatik z. B. in Form einer Reduktion des Schmerzmittelbedarfs geht in die Remissionsbeurteilung ein. Als zusätzliche Information können Laborparameter dienen. Nur bei einzelnen Tumoren, z. B. den Keimzelltumoren des Hodens, haben die Tumormarker eine entscheidende Bedeutung für die Therapie. Bei fortschreitender Erkrankung (Progression) ist je nach Tumorentität und Therapieziel auf eine weitere Zytostase mangels Erfolgsaussichten zu verzichten oder mit einem alternativen zytostatischen Regime fortzufahren.
Um eine objektivierbare und vergleichbare Erfolgskontrolle der Therapie zu gewährleisten, wurden einige Definitionen zur Kontrolle des Therapieerfolges eingeführt.

Man spricht in der Onkologie von einer *kompletten Remission (Tumorremission)*, wenn nach einer entsprechenden Therapie alle tumorbedingten Veränderungen im Organismus über einen Zeitraum von mindestens vier Wochen nicht mehr nachweisbar sind, wobei die Behandlungszeit (z. B. die Dauer der Chemotherapie) keine Rolle spielt. So kann also nach einer Chemotherapie eine komplette Remission schon nach einem, aber auch erst nach mehreren Behandlungszyklen eintreten. Zu den tumorbedingten Veränderungen gehören auch Knochenmetastasen (z. B. Osteolysen).
No evidence of disease bezeichnet den Zustand der Tumorfreiheit nach einem operativen Eingriff im Anschluß an eine Zytostase.
Eine partielle Remission ist erreicht, wenn die Tumorgröße im Vergleich zu derjenigen vor Beginn der Behandlung zum Zeitpunkt der Beurteilung um mindestens 50 % reduziert ist.
No change bezeichnet einen Zustand, in dem die Tumormanifestationen über einen vierwöchigen Beobachtungszeitraum unverändert, um weniger als 50 % reduziert, oder um weniger als 25 % vergrößert sind.
Progression bedeutet eine Größenzunahme des Tumors um mindestens 25 % seiner ursprünglichen Größe oder das Auftreten neuer Metastasen.

Therapie-Typen

Chemotherapien können unter verschiedenen Gesichtspunkten gegliedert werden, wie z. B. der Anzahl der eingesetzten Therapeutika, dem zeitlichen Bezug zur Operation, dem Ziel der Maßnahme oder dem Wirkort der Therapeutika. Die wichtigsten Typen werden im folgenden beschrieben.

Mono- und Polychemotherapie

Man unterscheidet *Monochemotherapien* und *Polychemotherapien.* Eine **Monochemotherapie** mit nur einem Zytostatikum wird heute nur noch selten eingesetzt. Sie findet lediglich bei eher langsam proliferierenden Tumoren Anwendung, wie z. B. bei chronisch-myeloischen Leukämien, beim Plasmozytom, bei kolorektalen Tumoren oder auch beim Mammakarzinom, dort meist nach vorausgegangener Hormon- oder Polychemotherapie.
Bei einem Teil der niedrig malignen Non-Hodgkin-Lymphome wird ein Zytostatikum, Chlorambucil, mit Cortison, welches eine eigene lymphozytotoxische Wirkung entfaltet, kombiniert, so daß hier bereits ein Übergang zur Polychemotherapie vorliegt.
Größere Bedeutung hat dagegen die **Polychemotherapie.** Bei ihr werden mehrere bei einer Tumorentität (Tumorart) sicher wirksame zytostatische Substanzen mit verschiedener Wirkungsweise und möglichst unterschiedlichem Nebenwirkungsprofil gemeinsam oder in einer bestimmten zeitlichen Sequenz verabreicht. Diese Therapieform hat auf der Grundlage der monotherapeutischen Aktivität der einzelnen Substanz und der besseren Kenntnis der Pharmakologie und Toxikologie der Chemotherapeutika Eingang in die Behandlung der allermeisten neoplastischen Erkrankungen gefunden, da sie in der Regel die größeren Erfolgsaussichten bietet. Die Effektivität jeder neuen Kombination muß jedoch in vergleichenden Studien erprobt werden.

Der kombinierte Einsatz mehrerer Zytostatika zur gleichen Zeit oder in enger sequentieller Abfolge hat unter anderem folgende Vorteile:

- Höherer Zellabtötungserfolg bei tolerabler, möglichst nicht überschneidender Toxizität.
- Größere Wahrscheinlichkeit des Erreichens primär resistenter Zellklone.
- Verhinderung oder Verzögerung der Entwicklung sekundär resistenter Zellklone.

Generell ist beim Einsatz von Zytostatika-Kombinationen folgendes zu beachten:

- In Kombination behandelt werden soll nur mit solchen Zytostatika, die auch monotherapeutisch aktiv sind.
- Stehen von einer Zytostatikagruppe mehrere Substanzen zur Auswahl, soll nur das Zytostatikum gewählt werden, dessen Nebenwirkungsmuster sich mit den anderen Zytostatika möglichst wenig oder gar nicht überschneidet.
- Die optimale Dosis der einzelnen Substanz und der Zeitplan sind unbedingt einzuhalten; das erfordert eine möglichst rasche Wiederholung eines Therapiezyklus. Dabei gilt als Kriterium das Abklingen der Nebenwirkungen auf die ebenfalls betroffenen Organsysteme und -funktionen, wie insbesondere die Hämatopoese und die Schleimhäute.

Adjuvante und neoadjuvante Chemotherapie

Ein weiterer Gesichtspunkt zur Einteilung der Chemotherapie besteht in einer Zuordnung zur definitiven Operation. Hier wird eine *präoperative, neoadjuvante Chemotherapie* von einer *postoperativen, adjuvanten Chemotherapie* unterschieden.
Die **neoadjuvante Chemotherapie** setzt eine histologische Sicherung des Tumors voraus. Im Anschluß daran wird die zytostatische Therapie mit dem Ziel der lokalen Tumorreduktion zur Verbesse-

rung der Voraussetzungen für eine radikale Operation begonnen. Gleichzeitig besteht die Aussicht, einer bereits abgelaufenen Mikrometastasierung entgegenzuwirken. Nach der definitiven Operation kann die Tumorwirksamkeit der präoperativen zytostatischen Therapie sowohl klinisch als auch patho-histologisch exakt bestimmt werden. Diese Ergebnisse können in Abhängigkeit von der Tumorentität (Tumorart) die Grundlage dafür bieten, die initiale Zytostase oder aber bei geringerer Wirksamkeit eine alternative zytostatische Therapie postoperativ als adjuvante Therapie fortzuführen.

Eine **adjuvante Zytostase** wird im Anschluß an eine potentiell kurative Operation mit histologisch gesicherter kompletter Entfernung des Tumors einschließlich der regionären Lymphknoten begonnen. Die histologische Aufarbeitung der entfernten Lymphknoten dient bei gesicherter Metastasierung als Kriterium für eine wahrscheinlich abgelaufene Mikrometastasierung. Die Bekämpfung dieser Mikrometastasierung ist das Ziel der postoperativen, adjuvanten Therapie. Das Konzept ist z. B. beim Mammakarzinom weit entwickelt.

Kurative und palliative Chemotherapie

Eine klinisch relevante Einteilung ist die Unterteilung in einen *kurativen* und einen *palliativen* Therapieansatz.

Bei einem **kurativen Therapieansatz,** der das Ziel der Heilung oder zumindest einer lang anhaltenden kompletten Tumorrückbildung (Vollremission) mit deutlich verlängerter Überlebenszeit verfolgt, wird man dem Patienten für einen mehr oder weniger langen Therapiezeitraum eine hohe Toxizität der applizierten Substanzen zumuten müssen.

Ein **palliativer Therapieansatz** stellt bei der Mehrzahl der Patienten die Therapieindikation dar. Wenn auch wegen der damit in der Regel verbundenen günstigeren Prognose eine zeitlich begrenzte Vollremission angestrebt wird, wird man sich zumeist mit einer teilweisen Rückbildung des Tumors (Teilremission) mit Linderung von tumorbedingten Symptomen und einer mehr oder weniger begrenzten Lebenszeitverlängerung zufriedengeben müssen. Allein aus diesen Gründen sollte die therapieinduzierte Toxizität stets im Verhältnis zur Wirksamkeit sowie den Erfolgsaussichten der Therapie bei den unterschiedlichen Tumorentitäten gesehen werden.

Die häufigsten Indikationen zur palliativen systemischen Zytostase, die über den Blutweg nahezu alle Organe erreicht, sind die hämatogen metastasierte Neoplasie mit bestehender oder abzusehender tumorbedingter Symptomatik und die generalisierte Systemerkrankung. In diesen Fällen haben lokale Therapiemaßnahmen wie die Radiotherapie oder die operative Therapie ihre Grenzen.

Salvage-Chemotherapie

Eine **Salvage-Chemotherapie** wird nach dem Versagen einer primären sogenannten Standardtherapie eingesetzt. Bei dieser Form der Therapie werden auch größere Nebenwirkungen in Kauf genommen. Z. T. werden hier Substanzen oder Kombinationen eingesetzt, die in breiterem Umfang bei der entsprechenden Tumorentität noch nicht erprobt sind.

Lokoregionäre Chemotherapie

Lokoregionäre Therapieverfahren wurden mit dem Ziel entwikkelt, bei geringerer systemischer Toxizität der Therapie eine höhere Wirkung der Zytostatika am Wirkort durch Applikation in die den Tumor versorgenden Gefäße zu erreichen. Indikationen werden in palliativer und z. T. in neoadjuvanter Absicht bei regional begrenzten Tumoren, Metastasen oder Tumorrezidiven gesehen. Eingesetzt wird diese Form der Therapie u. a. bei nicht operablen primären Lebertumoren oder nicht operablen Lebermetastasen anderer Primärtumoren, zur Extremitätenperfusion bei Weichteilsarkomen oder Melanomen, bei HNO-Tumoren sowie bei inoperablen Lokalrezidiven von Rektumkarzinomen. Daneben werden bei bestimmten Tumorentitäten wie u. a. bei Melanomen der Extremitäten adjuvante Therapieverfahren angewendet.

Die Ergebnisse der lokoregionären Therapie von Lebermetastasen zeigen höhere Remissionsraten bei bisher nicht bewiesener Verlängerung der Überlebenszeit. Günstige palliative Effekte im Sinne einer Reduktion von Tumorgröße und Schmerz werden jedoch bei unterschiedlichen Tumorentitäten beschrieben. Eine Verlängerung des rezidivfreien Überlebens durch adjuvante Therapie bei Extremitätenmelanomen ist bewiesen.
Die zur lokoregionären Therapie notwendige intraarterielle Plazierung eines Katheters bedarf eines operativen Eingriffs. Die Lage des Katheters sowie der perfundierte Bezirk muß mittels angiographischer radiologischer Verfahren gesichert werden. Gegebenenfalls ist die Applikation von zwei Kathetern erforderlich. Weitere Zusatzmaßnahmen wie die Ligatur von perfundierten, jedoch nicht tumorversorgenden Gefäßen können zur Wirkungsverstärkung beitragen.
Unerwünschte Wirkungen können aus Katheterdislokationen resultieren. Weitere Gefahren sind in Thrombosen und Infektionen zu sehen. Entzündliche/degenerative Lebererkrankungen sind bei Leberperfusion mögliche Begleiterscheinungen.

Topische (intrakavitäre) Chemotherapie

Bei der **intrakavitären Chemotherapie** handelt es sich um eine Instillationstherapie, die hauptsächlich in der Harnblase, aber auch in der Pleurahöhle als eine lokale therapeutische Maßnahme Anwendung findet.
In der Harnblase wird sie mit prophylaktischer Zielsetzung nach transurethraler Elektroresektion exophytisch wachsender Schleimhautkarzinome, d. h. bei Tumoren des Stadiums Ta (= papilläres nichtinvasives Karzinom) angewandt und in der Pleurahöhle, meist nach Abpunktion eines entzündlichen, oft hämorrhagischen Exsudates bei karzinomatöser Pleuritis, als palliative Therapie eingesetzt.
Das Instillat (Chemotherapeutikum) penetriert die Blasenschleimhaut bzw. die Pleura, um dann gen-toxisch die Tumorzellen zu schädigen.

Substanzen, die bei der intrakavitären Chemotherapie exophytisch wachsender Harnblasenkarzinome tumorprophylaktisch zur Anwendung kommen, sind hauptsächlich Farmorubicin und Mitomycin C.
In Abbildung 6-1 wird ein Beispiel für ein Instillationsschema einer zytostatischen Substanz (als Rezidivprophylaxe) nach erfolgter transurethraler Elektroresektion eines exophytisch wachsenden Harnblasenkarzinoms gegeben.

- Beginn der Behandlung 7–10 Tage nach transurethraler Elektroresektion (TUR)
- 3 Instillationen im Abstand von 1 Woche
- 6 Instillationen im Abstand von 2 Wochen
- 3 Instillationen im Abstand von 4 Wochen
- Optimale Verweildauer des Instillates 2–4 Stunden

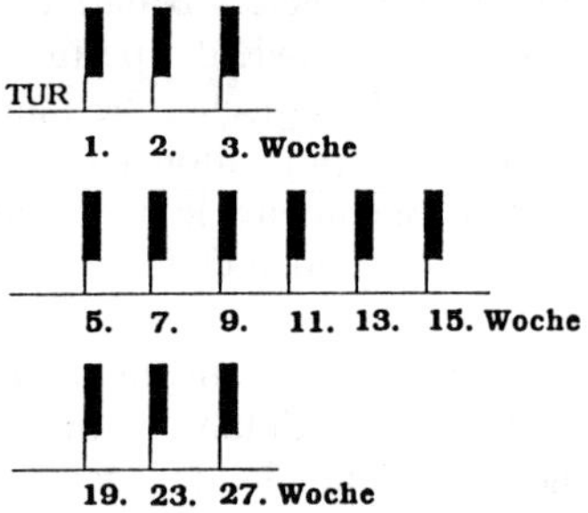

Abb. 6-1: Rezidivprophylaxe exophytisch wachsender Harnblasenkarzinome mit der Substanz „Epirubicin" (Dosierung: 30 mg Epirubicin in 20 ml NaCl)

Bei der Behandlung der karzinomatösen Pleuritis hat die intrakavitäre Chemotherapie nur noch einen palliativen Charakter. Die zu diesem Zwecke heute angewandte Substanz ist das Novantron.

Dauer- und Stoßtherapie

Zytostatische Therapien werden seltener in Form einer **Dauertherapie** als Monotherapie (u. a. chronisch myeloproliferative Syndrome, niedrig maligne Non-Hodgkin-Lymphome), häufiger in Form einer **Stoßtherapie** in Intervallen als Mono- oder als Polychemotherapie verabreicht. Die Stoßtherapie ermöglicht den Patienten eine Erholung in der therapiefreien Zeit. Die Applikationsintervalle richten sich nach der Toxizität der Therapie. In der Regel wiederholen sich die Therapieregimes als Zyklus in 2–6wöchigen Intervallen. Ein Zyklus kann aus einem oder mehreren Behand-

lungstagen bestehen. Besteht ein Zyklus aus mehreren Behandlungstagen, so kann ein Therapieregime die Applikation der zytostatisch wirksamen Substanzen an einem einzigen Tag, an mehreren aufeinanderfolgenden Tagen oder in einer bestimmten zeitlichen Sequenz innerhalb des Zyklus fordern.
Die **Dosierung** der Zytostatika richtet sich nach der Körperoberfläche, die entsprechenden Nomogrammen entnommen werden kann. Bei ausbleibender therapiebedingter Toxizität kann die Dosis erhöht werden, bei überschießender Toxizität wird die Dosis entsprechend reduziert. Dies muß jedoch im Rahmen der vorgegebenen Dosismodifikationen geschehen. Dosierungsvorschriften und Zeitvorgaben sind zur Sicherung des Therapieerfolges, insbesondere bei kurativem Therapieansatz, strikt einzuhalten.
Die Anzahl der verabreichten Zyklen ist abhängig von Therapieziel, Therapieerfolg und Tumorentität und somit sehr variabel. So werden z. B. bei verschiedenen neoadjuvanten Therapieformen präoperativ 2 bis 4 Zyklen verabreicht, in palliativer Absicht kann es aber sinnvoll sein, subjektiv gut tolerable Therapieregimes bis zur erneuten Progression der Erkrankung fortzuführen.

Stoffklassen und Wirkmechanismen antineoplastischer Substanzen

Allgemeines

Durch direkte oder indirekte Einwirkung unterdrücken antineoplastische Substanzen (= Zytostatika) die Zellteilung und lösen Zellstoffwechselstörungen aus, die schließlich zum Zelltod führen.
Grundsätzlich können zwei Wirkmechanismen von Zytostatika unterschieden werden:

- Proliferationshemmung durch Blockierung in einer bestimmten Phase der sich im Zellzyklus befindenden Zellen (potentiell reversibel),
- letale, zytotoxische Wirkung (irreversibel).

Ob es letztlich nur zu einer Proliferationshemmung oder doch zu einer letalen Wirkung kommt, ist häufig von der Konzentration der verabreichten Substanzen abhängig. Hohe Dosen führen zur irreversiblen, letalen Schädigung der Zellen.

Zytostatika, welche Zellen während der DNS-Synthese letal schädigen, blockieren gleichzeitig andere Zellen vor dem Eintritt in die für diese Medikamente besonders empfindliche Zyklusphase. Da diese Blockierung meistens reversibel ist, kann eine intermittierende Therapie mit daraus resultierender temporärer Aufhebung dieser Blockwirkung therapeutisch am effektivsten sein.

Die Wirkung der Zytostatika in Abhängigkeit vom Zellzyklus kann in 3 Gruppen eingeteilt werden:
- **Zyklusunspezifische Medikamente** wirken auf proliferierende und nicht-proliferierende Zellen (G_0).
- **Zyklusphasenspezifische Medikamente** schädigen Zellen nur in einer bestimmten Zyklusphase.
- **Zyklusspezifische Medikamente** schädigen vorwiegend Zellen im Zyklus, jedoch unabhängig von der Zyklusphase.

Nur sehr wenige antineoplastische Medikamente sind zyklusunspezifisch. Die Einwirkung verschiedener Zytostatika auf die einzelnen Phasen des Zellzyklus wird in Abb. 6-2 schematisch dargestellt (zur detaillierten Beschreibung der Zellzyklusphasen s. Kapitel 1, „Zellzyklus“).
Bei *schnell wachsenden Tumoren* mit großer Wachstumsfraktion befindet sich ein größerer Anteil von Tumorzellen in der S- und in der G_2-Phase, also in Zyklusphasen, in denen die Tumorzellen gegenüber den Chemotherapeutika empfindlich sind.
Bei *langsam wachsenden Tumoren* verharrt ein relativ großer Teil der Tumorzellen in der G_0-Phase und in der G_1-Phase, Phasen, in denen die Tumorzellen weniger gut auf Chemotherapeutika ansprechen.
Zyklusphasenspezifische Medikamente erreichen eine besonders hohe Wirksamkeit, wenn man die Zellteilung im Tumor zuvor mit einem anderen Medikament synchronisiert.

Unter *Zellsynchronisation* versteht man eine Gleichschaltung der proliferierenden Zellen, so daß (fast) alle Zellen die jeweiligen Zellzyklus-Phasen gleichzeitig durchlaufen.

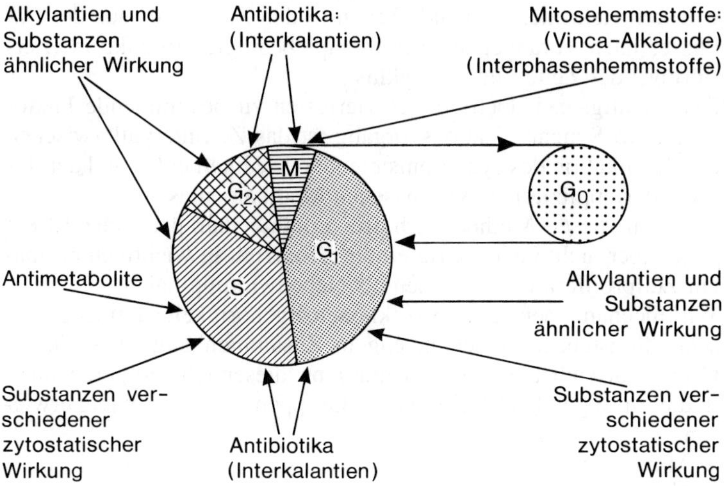

Abb. 6-2: Die Angriffspunkte der Zytostatika im Zellzyklus

Jede Tumorzellpopulation hat stets eine gewisse Anzahl von Zellen aktiv im Zellzyklus. Die Verteilung dieser Zellen innerhalb der einzelnen Zyklusphasen ist abhängig vom Tumortyp, vom Tumorstadium und von weiteren Milieufaktoren.

Prinzip der Zellsynchronisation: Nach Gabe einer tumorwirksamen Substanz (Zytostatikum), die eine synchronisierende Wirkung in einer bestimmten Zellzyklusphase hat, werden die sich im Zellzyklus befindlichen Zellen zunächst in einer bestimmten Zyklusphase blockiert. Nach anschließender Wiederfreigabe der Zellteilung kann dann ein Medikament mit zytotoxischer Wirkung gegeben werden, welches in der darauffolgenden Zyklusphase eine maximale letale Wirkung zeigt.
Synchronisation kann auf verschiedene Art und Weise erzielt werden:

- Durch Blockierung der im Zellzyklus wachsenden Zellen an einer bestimmten Stelle innerhalb des Zellzyklus.

- Durch Rekrutierung neuer Zellen in den Zellzyklus aus der G_0-Phase, nach vorangegangener therapiebedingter Reduktion (Zerstörung) der Zellen im Zellzyklus.

Der wichtigste, jedoch am schwierigsten zu bestimmende Faktor in diesem Synchronisationsvorgang ist das Zeitintervall zwischen der Applikation des synchronisierenden Medikamentes und der des sekundär applizierten zytotoxischen Medikamentes.

Der von dieser Methode erhoffte erhöhte therapeutische Effekt sollte aber nicht gleichzeitig erhöhte Toxizität in wichtigen normalen Zellproliferationssystemen als Nebenwirkung haben.

Wirkmechanismen und Stoffklassenzugehörigkeit antineoplastischer Substanzen stehen in engem Zusammenhang. Aus diesem Grund hat sich die Zusammenfassung dieser Chemotherapeutika in die im folgenden beschriebenen Gruppen als zweckmäßig erwiesen.

- Alkylantien
- Antibiotika
- Antimetaboliten
- Alkaloide und andere Pflanzeninhaltsstoffe
- andere Stoffklassen

Alkylantien

Als **Alkylantien** faßt man eine Gruppe von Stoffen zusammen, die die Zellteilung und damit das Tumorwachstum hemmen. Es handelt sich um eine chemisch inhomogene Klasse von Substanzen mit stark reaktiven Alkylgruppen, die besonders leicht mit Phosphatgruppen (z. B. der DNS) oder Carbylgruppen (z. B. der Proteine) reagieren und wahrscheinlich über eine Molekülvernetzung eine Inaktivierung der Makromoleküle bewirken. Durch sie wird die DNS-Struktur zerstört und damit die Replikationsfähigkeit aufgehoben. Sie schädigen insbesondere proliferierende Zellen durch Vernetzung der DNS-Doppelstränge.

Aufgrund der Anzahl ihrer reaktiven Gruppen werden Alkylantien in *mono-*, *bi-* und *polyfunktionelle Alkylantien* unterteilt. Die wichtigsten antineoplastischen Substanzen dieser Gruppe sind bifunktionell und vernetzen mit ihren beiden funktionellen Gruppen

DNS-Doppelstränge durch Brückenbildung, stören dadurch DNS-Replikation, RNS-Synthese und Proteinsynthese und bewirken den Zelltod.
Alkylierende Substanzen wirken in allen Phasen des Zellzyklus, wobei die G_1-, die S- und die G_2-Phase besonders empfindlich sind. Zu dieser Substanzgruppe gehören:

▷ Mustargen

Handelsname: Mustargen.
Handelsform: Ampulle à 10 ml.
Wirkmechanismus: Mustargen gehört zu den klassischen bifunktionellen Alkylantien.
Toxizität: Neben akut auftretender Übelkeit und Brechreiz sind Leukozytopenie und Thrombozytopenie dosisabhängig.
Klinische Anwendung: Lymphogranulomatose, maligne Lymphome, chronisch-myeloische Leukämie.
Lagerung: Muß im Kühlschrank gelagert werden!

▷ Cyclophosphamid

Handelsname: Endoxan, Cyclostin.
Handelsform: Tabletten à 50 mg, Ampullen à 100, 200, 500 und 1000 mg.
Wirkmechanismus: Cyclophosphamid wird der Gruppe der bifunktionellen Alkylantien zugerechnet.
Toxizität: Cyclophosphamid wirkt myelosuppressiv unter relativ geringer Beeinträchtigung der Thrombopoese. Dosislimitierend war daneben lange die Toxizität gegenüber den ableitenden Harnwegen, im wesentlichen hervorgerufen durch Metaboliten, besonders Acrolein. Die Urotoxizität ist seit Entwicklung der selektiven lokoregionalen Detoxifikation mit Natrium-2-Mercaptoethansulfonsäure (Mesna, Handelsname: Uromitexan) behoben.
Klinische Anwendung: Lymphogranulomatose, Non-Hodgkin-Lymphome, Ovarialkarzinome, Kopf-Hals-Tumoren, Bronchialkarzinome, Mammakarzinome, multiples Myelom, Sarkome.

▷ Ifosfamid

Handelsname: Holoxan.
Handelsform: Ampullen à 250, 500, 1000 und 2000 mg.
Wirkmechanismus: Weitgehend ähnlich dem Cyclophosphamid als bifunktionell alkylierend wirkendes Zytostatikum. Dabei bei verschiedenen Tumoren dem Cyclophosphamid überlegen.
Toxizität: Ähnlich Cyclophosphamid, wobei auch hier die Urotoxizität durch Mesna aufgehoben werden kann.
Klinische Anwendung: Lymphome, Ovarialkarzinome, Bronchialkarzinome, Kopf-Hals-Tumoren, Mammakarzinome, Sarkome.

▷ Chlorambucil

Handelsname: Leukeran.
Handelsform: Tabletten à 5 und 10 mg.
Wirkmechanismus: Ähnlich wie bei allen Stickstofflostderivaten über Alkylierung des Genoms.
Toxizität: Mäßig myelotoxisch, deutlich dosisabhängig.
Klinische Anwendung: Lymphogranulomatose, Non-Hodgkin-Lymphome, Plasmozytome, Mammakarzinome, Ovarialkarzinome.

▷ Melphalan

Handelsname: Alkeran.
Handelsform: Tabletten à 2 und 5 mg, Ampullen à 100 mg.
Toxizität: Myelosuppression ist dosislimitierend, Übelkeit und Erbrechen nur gering ausgeprägt.
Klinische Anwendung: Plasmozytome, Ovarialkarzinome, maligne Lymphome, Mammakarzinome, Melanome.

▷ Busulfan

Handelsname: Myleran.
Handelsform: Tabletten à 2 und 5 mg.
Toxizität: Ausgeprägte Myelosuppression, selten Lungenfibrose.
Klinische Anwendung: Chronisch myeloische Leukämie.

▷ **Thiotepa**

Handelsname: Thiotepa Lederle.
Handelsform: Ampullen à 5 mg.
Toxizität: Myelosuppression mit verzögertem Nadir.
Klinische Anwendung: Instillationstherapie bei oberflächlichem Harnblasenkarzinom, bei Pleura- und Peritonealkarzinose.

▷ **Estramustin**

Handelsname: Estracyt.
Handelsform: Kapseln à 150 mg, Ampullen à 150 und 300 mg.
Toxizität: Mäßiggradige Leuko- und Thrombozytopenie, gastrointestinale Störungen.
Klinische Anwendung: Prostatakarzinom.

Antibiotika mit zytostatischer Wirkung

Einzelne Antibiotika sind auch hochwirksame Zytostatika. Sie lagern sich zwischen die Basenpaare der doppelsträngigen DNS (*interkalierende Wirkung*) und verhindern dadurch die Chromosomenteilung. Zu ihnen gehören:

▷ **Adriamycin (Doxorubicin)**

Handelsname: Adriblastin.
Handelsform: Ampullen à 10 und 50 mg.
Wirkmechanismus: Adriamycin besitzt die Fähigkeit, bestimmte Areale der DNS sowohl in vivo als auch in vitro zu interkalieren und durch Distorsion der DNS-Doppelhelix ihre Matrizenfunktion zu beeinträchtigen. Darüber hinaus werden stoffwechselabhängig hochreaktive Radikale, die mit Zellbestandteilen und der Zellmembran reagieren, freigesetzt.
Toxizität: Neben einer ausgeprägten Myelosuppression ist die kumulative Kardiotoxizität dosislimitierend.
Klinische Anwendung: Akute Leukämien, Non-Hodgkin-Lymphome, Lymphogranulomatose, Mammakarzinome, Sarkome,

Bronchialkarzinome, Hodentumoren, Magenkarzinome, Blasenkarzinome, Ovarialkarzinome.
Bemerkungen: Adriamycin wird aus *Streptomyces peucetius/caesius* isoliert und steht für die klinische Anwendung als Adriamycinhydrochlorid in lyophilisierter, wasserlöslicher Form zur Verfügung. Die Substanz ist ungelöst und aufgelöst in wässriger Lösung sehr stabil.

▷ 4-Epi-Adriamycin

Handelsname: Farmorubicin.
Handelsform: Ampullen à 10, 20 und 50 mg.
Wirkmechanismus: Toxizität und Hauptindikation ähnlich der Muttersubstanz Adriamycin, jedoch mit geringerer kardiotoxischer Nebenwirkung.

▷ Actinomycin D

Handelsname: Lyovac-Cosmegen.
Handelsform: Ampullen à 0,5 mg.
Wirkmechanismus: Actinomycin D wirkt phasenspezifisch. Es bindet an bestimmte Abschnitte der DNS-Doppelhelix durch Interkalation und interferiert den Transkriptionsvorgang, so daß eine Hemmung, insbesondere der Synthese der ribosomalen RNS resultiert.
Toxizität: Ausgeprägte Myelosuppression und Schleimhautschädigung. Darüber hinaus Übelkeit und Alopezie.
Klinische Anwendung: Trophoblastische Tumoren, maligne Lymphome, Keimzelltumoren, Rhabdomyosarkome. Diese Substanz besitzt ein breites Indikationsspektrum bei kindlichen Tumoren.

▷ Daunomycin

Handelsname: Daunoblastin, Daunorubicin R.P.
Handelsform: Ampullen à 20 mg.
Wirkmechanismus: Ähnlicher Wirkmechanismus wie Adriamycin und 4-Epi-Adriamycin.
Toxizität: Dosislimitierend ist die Kardiotoxizität bei akut einsetzender Myelosuppression, die jedoch rasch reversibel ist.

Klinische Anwendung: Die Indikation beschränkt sich auf akute lymphatische und myeloische Leukämien.

▷ Bleomycin

Handelsname: Bleomycin.
Handelsform: Ampullen à 15 mg.
Wirkmechanismus: Bleomycin lagert sich an DNS an und führt konsekutiv zu DNS-Einzelstrang- und Doppelstrangbrüchen. Die Hauptaktivität entwickelt es in der Mitose und der G_2-Phase des Zyklus.
Toxizität: Im Gegensatz zu den meisten Zytostatika ist Bleomycin nicht hämatotoxisch. Es besitzt jedoch eine ausgeprägte Fibrose-induzierende Eigenschaft, wobei sich die dosislimitierende pulmonale Toxizität deutlich altersabhängig verhält.
Klinische Anwendung: Kopf-Hals-Tumoren, Plattenepithelkarzinome der Haut, maligne Lymphome, Ösophaguskarzinome, Keimzelltumoren der Hoden.

▷ Mitomycin C

Handelsname: Mitomycin Medac.
Handelsform: Ampullen à 2, 10 und 20 mg.
Wirkmechanismus: DNS-Zwischenstrangvernetzung mit nachfolgender Beeinträchtigung der replikativen DNS-Synthese. Mitomycin C-resistente Tumoren sind auch weitgehend resistent gegenüber Alkylantien, während eine Resistenz gegenüber Alkylantien durch Mitomycin C noch überwunden werden kann.
Toxizität: Verzögert einsetzende und protrahierte Leuko- und insbesondere Thrombozytopenie. Darüber hinaus kann Mitomycin C eine Lungenfibrose induzieren.
Klinische Anwendung: Harnblasenkarzinome, Magenkarzinome, Bronchialkarzinome, kolorektale Karzinome, Mammakarzinome, Kopf-Hals-Tumoren, Zervix- und Ösophaguskarzinome.
Bemerkungen: Mitomycin C wird aus *Streptomyces caespitosus* isoliert. Die wäßrige Lösung wird durch sichtbares Licht zeitabhängig inaktiviert.

Antimetaboliten

Antimetaboliten sind pharmakologisch und molekular wirksame Substanzen, die Synthesen des Zellstoffwechsels stören, indem sie Reaktionen bestimmter Schlüsselenzyme unterdrücken, die für die DNS- und die Proteinsynthese erforderlich sind. Antimetaboliten wirken, indem sie als falsche Substrate wichtige Stoffwechselvorgänge der Zellen hemmen. Sie besitzen eine große strukturelle Ähnlichkeit mit physiologischen Intermediärprodukten des Zellstoffwechsels und greifen infolge einer gering veränderten Molekularstruktur in wichtige biologisch-chemische Stoffwechselflüsse ein. In der Krebstherapie eingesetzte Antimetaboliten beeinflussen insbesondere die Nukleinsäuresynthese (DNS, RNS) und hemmen sie auf verschiedenen Stufen. Die wichtigsten Antimetaboliten sind:

- Methotrexat
- 5-Fluorouracil
- 6-Mercaptopurin
- 6-Thioguanin
- Cytosin-Arabinosid.

Den Antimetaboliten gemeinsam ist eine ausgeprägte zytostatische Wirkung bei für Zytostatika ungewöhnlich großer therapeutischer Breite.

▷ Methotrexat

Handelsform: Tabletten à 2,5 mg, Ampullen à 5, 20, 50, 250, 500, 1000, 5000 mg.
Wirkmechanismus: Die Aktivität des Enzyms Dihydrofolat-Reduktase wird durch Methotrexat gehemmt. Es entsteht eine starke Bindung zwischen dem Enzym und dem Zytostatikum. Dadurch wird Folsäure nicht zu Tetrahydrofolsäure metabolisiert und die weitere Umwandlung des Desoxyuridyl-5-Monophosphates zu Thymidintriphosphat wird blockiert, was letztlich zu einer Störung der DNS-Synthese führt.
Die zytostatische Wirkung des Methotrexats kann durch den Antagonisten 5-Formyl-Tetrahydrofolsäure (Citrovorumfaktor = Folinsäure) aufgehoben werden. Dieser Antagonismus wird klinisch im

Rahmen des Rescueverfahrens genutzt, indem nach Hochdosis-Methotrexattherapie Folinsäure appliziert wird.
Toxizität: Mäßige Hämatotoxizität bei ausgeprägter Schleimhauttoxizität, bei Hochdosistherapie darüber hinaus hepatotoxisch. Eine Hochdosistherapie erfordert auch eine hohe Diurese und Alkalisierung des Urins, da Methotrexat sonst im sauren Milieu des Tubulus bereits ausfällt und so ein akutes Nierenversagen induzieren kann.
Klinische Anwendung: Akute lymphatische und myeloische Leukämien, Mammakarzinome, Chorionepitheliome, Kopf-Hals-Tumoren, Bronchialkarzinome, osteogene Sarkome, Magenkarzinome, Blasenkarzinome.
Bemerkungen: Folsäureantagonisten werden seit dem Jahre 1948 klinisch als Zytostatika genutzt. Aminopterin belegte seine Wirksamkeit zunächst bei kindlichen Leukämien. Später wurde das N-10-Methylderivat des Aminopterin (das Methotrexat) synthetisiert. Diese chemische Modifikation des Aminopterin besitzt eine deutlich höhere Wirksamkeit und wird seitdem klinisch eingesetzt.

▷ 5-Fluorouracil

Handelsname: Fluorouracil „Roche“, Fluorouracil R.P., Fluroblastin.
Handelsform: Ampullen à 250, 500 und 1000 mg.
Wirkmechanismus: 5-Fluorouracil wird in die RNS eingebaut, so daß die Aspartattranscarbamylase und die Uridinkinase gehemmt werden. Ein weiterer metabolischer Weg besteht in der Umwandlung zu 5-Fluoro-2-Desoxyuridin-5-Monophosphat, das das Enzym Thymidilatsynthetase hemmt.
Toxizität: Die Hauptnebenwirkungen betreffen das Knochenmark und die Schleimhäute des Gastrointestinaltraktes.
Klinische Anwendung: Mammakarzinom, kolorektale Karzinome, Magenkarzinome, Pankreaskarzinome, Ovarialkarzinome, Bronchialkarzinome, Blasenkarzinome.
Bemerkungen: Fluorouracil wurde gezielt auf dem rationalen Hintergrund synthetisiert, daß Tumorzellen im Gegensatz zu Normalzellen zur Pyrimidinsynthese in viel größerem Ausmaß Uracil als Urotsäure benutzen.

▷ Cytosin-Arabinosid (Cytarabin)

Handelsname: Alexan, Udicil.
Handelsform: Ampullen à 40, 100, 500, 1000 und 2000 mg.
Wirkmechanismus: Cytosin-Arabinosid hemmt die DNS-Polymerase und wird darüber hinaus in geringen Mengen in die DNS eingebaut. Dabei muß Cytosin-Arabinosid durch Phosphorylierung in die zytozide Form überführt werden.
Toxizität: Dosisabhängig treten ausgeprägte Leuko- und Thrombozytopenien auf. Dabei ist die Toxizität neben der Dosis stark von der Applikationsweise abhängig. Bolusinjektionen besitzen eine sehr viel geringere therapeutische Breite bei gleicher Dosis.
Klinische Anwendung: Akute myeloische und lymphatische Leukämien, Non-Hodgkin-Lymphome. Cytosin-Arabinosid ist auch zur intrathekalen Therapie bei Infiltration im Zentralnervensystem geeignet.
Bemerkungen: Cytosin-Arabinosid ist ein künstliches Nukleosid, das den Strukturen der natürlichen Nukleoside Cytidin und Desoxycytidin sehr ähnlich ist. Es wurde bereits 1959 synthetisiert. Derzeit werden mehrere Derivate geprüft.

▷ Thioguanin

Handelsname: Thioguanin-Wellcome.
Handelsform: Tabletten à 40 mg.
Wirkmechanismus: 6-Thioguanin wird zu 6-Thioguanylat metabolisiert und unterbricht die Purin-de-novo-Synthese. Zusätzlich blockt 6-Thioguanin die Umwandlung der Purine und wird in RNS und DNS eingebaut.
Nebenwirkungen: Knochenmarksdepression.
Klinische Anwendung: Akute myeloische Leukämien.

▷ 6-Mercaptopurin

Handelsname: Purinethol.
Handelsform: Tabletten à 50 mg.
Wirkmechanismus: 6-Mercaptopurin wird zu einem aktivierten Ribonukleotid metabolisiert und blockiert dann sowohl die Purin-de-novo-Synthese als auch die Umwandlung der Purine.

Toxizität: Mäßige Knochenmarksdepression, in geringem Umfang Cholostase und Hyperbilirubinämie. Bei einer kombinierten Behandlung mit 6-Mercaptopurin und Allopurinol führt dies infolge einer Verzögerung des Metabolismus von 6-Mercaptopurin zu einem erheblichen Anstieg der zytotoxischen Wirkung auf den Organismus. Aus diesem Grund muß die Dosis von 6-Mercaptopurin bei dieser Kombinationstherapie um 25 % reduziert werden.
Klinische Anwendung: Akute Leukämien, chronisch myeloische Leukämien.
Bemerkungen: Nach einer längeren Anwendung von 6-Mercaptopurin (Zytostatikum) bei Patienten mit einem größeren Tumorvolumen entsteht im Körper infolge eines hohen Tumorzerfalls ein erhöhter Harnsäurespiegel. Um eine hierdurch bedingte Nierenschädigung zu vermeiden, muß die anfallende Harnsäure verstärkt abgebaut werden. Das geschieht durch gleichzeitige Gabe eines Allopurinol-Präparates. Als Folge der Allopurinolgabe kommt es aber auch zu einer Verzögerung des Metabolismus von 6-Mercaptopurin. Das führt zu einer erheblichen Schädigung besonders des Knochenmarks. Deshalb muß bei einer gleichzeitigen Gabe von Allopurinol die Dosis von 6-Mercaptopurin um etwa 25 % reduziert werden.

Alkaloide und andere pflanzliche Inhaltsstoffe

Hierzu gehören die Vinca-Alkaloide sowie die Podophylinderivate Etoposid und Teniposid, die hier nicht besprochen werden sollen. Zu der Gruppe Vinca-Alkaloide zählt man etwa 30 zytostatisch wirkende Alkaloide aus der Pflanze *Vinca rosea (Catharanthus roseus)*. Es handelt sich hierbei um Kernspindelgifte, die in der Metaphase der Zellteilung zur Mitosehemmung führen. Sie binden sich an Tubulin und blockieren so dessen Polymerisation zu Mikrotubuli, die ein wesentlicher Bestandteil des mitotischen Spindelapparates sind.

▷ Vincristin (VCR, Leurocristin)

Handelsname: Vincristin Lilly, Vincristin Bristol, Vincristin Sulfat R.P.

Handelsform: Ampullen à 1 und 2 mg.
Wirkmechanismus: Vincristin wird durch stoffwechselabhängige Transportmechanismen in die Zelle aufgenommen. Neben einer Hemmung der intrazellulären Synthese von DNS-Teilabschnitten wirkt es über eine Bindung an Tubulin über den gesamten Zellzyklus, besonders aber in der Metaphase.
Toxizität: Dosislimitierend ist zunächst eine periphere Neurotoxizität der sensorischen Fasern und des autonomen Nervensystems, das bis zu einem Ileus führen kann. Die Knochenmarkstoxizität ist nur minimal ausgeprägt, dadurch eignet sich Vincristin besonders für Polychemotherapien.
Klinische Anwendung: Akute lymphatische Leukämien, Blastenschub bei chronisch-myeloischen Leukämien, maligne Lymphome, Lymphogranulomatose, maligne Melanome, Bronchialkarzinome.
Bemerkungen: Vincristin wird aus *Vinca rosea* extrahiert und unterscheidet sich von Vinblastin durch eine Formyl- anstelle einer Methylgruppe am C_{22}-Atom.

▷ Vinblastin (VBL, Vincaleucoblastin)

Handelsname: Velbe.
Handelsform: Ampullen à 10 mg.
Wirkmechanismus: Ähnlich dem Vincristin, jedoch sind diese beiden Substanzen nicht kreuzresistent.
Toxizität: Vinblastin ist im Gegensatz zu Vincristin deutlich myelotoxisch, während die Neurotoxizität nur gering ausgeprägt ist.
Klinische Anwendung: Lymphogranulomatose, Non-Hodgkin-Lymphome, Keimzelltumoren des Hodens.

▷ Vindesin

Handelsname: Eldesine.
Handelsform: Ampullen à 5 mg.
Wirkmechanismus: Ähnlich den verwandten anderen Vinca-Alkaloiden, jedoch besteht auch hier weitgehend keine Kreuzresistenz, d. h., man kann mit Vindesin, wenn eine Resistenz gegen Vincristin oder Vinblastin vorliegt, eine erneute Tumorreduktion erreichen.

Klinische Anwendung: Maligne Lymphome, Lymphogranulomatose, Hirntumoren, Harnblasenkarzinome.

Andere zytostatisch wirkende Substanzen

In dieser Gruppe werden Therapeutika mit verschiedenen Wirkmechanismen zusammengefaßt, die keiner der oben genannten Substanzklassen angehören. Es gibt eine ganze Reihe von Substanzen mit unterschiedlichen zytostatischen Angriffspunkten, die teilweise den oben beschriebenen entsprechen, teilweise jedoch noch wenig bekannt sind.
Die unterschiedliche Wirkung auf verschiedene Tumoren kommt durch den unterschiedlichen Angriffspunkt der Zytostatika, aber auch durch eine unterschiedliche Verteilung im Organismus und in der Tumorzelle zustande.
Zu den wichtigsten Substanzen dieser Gruppe gehören u. a.:

▷ Hydroxyharnstoff

Handelsname: Litalir.
Handelsform: Kapseln à 500 ml.
Wirkmechanismus: Hydroxyharnstoff wirkt S-Phasen-spezifisch, indem es das Enzym Ribonukleosiddiphosphat-Reduktase hemmt, so daß die Überführung von Ribonukleotiden zu Desoxyribonukleotiden verlangsamt wird.
Toxizität: Dosislimitierend ist die Myelosuppression.
Klinische Anwendung: Chronische und akute myeloische Leukämien, Melanome, Nierenzellkarzinome, Mammakarzinome, Magenkarzinome (Adenokarzinome).
Bemerkungen: Hydroxyharnstoff wurde bereits 1869 synthetisiert. Seine zytostatische Wirkung wurde jedoch viel später erkannt.

▷ Platin-Verbindungen

Cisplatin ist die erste Schwermetallkomplexverbindung mit antineoplastischer Wirksamkeit. Strukturell ist Cisplatin als Diamindichloro-Platin (II) ein Komplex von planarer Konfiguration mit ei-

nem zentralen zweiwertigen Platinatom, das von zwei Chloratomen und zwei Ammoniakmolekülen in der *cis*-Position umgeben ist.
Carboplatin ist ein Analogpräparat, das von mehreren 100 inzwischen getesteten Platinderivaten als erstes Eingang in die Klinik gefunden hat. Es ist ebenfalls ein planarer Schwermetallkomplex mit einem Dicarboxylatchelatring und zwei fest gebundenen Aminliganden.
Handelsname und Handelsform (einige Beispiele):
Platinex (Bristol), Ampullen à 10 mg und 50 mg, Injektionsflaschen (Lsg.) à 10, 25 und 50 mg.
Cisplatin-Lösung (Behring) Injektions-Flaschen (Lsg.) à 10, 25, 50, 100 mg.
Platiblastin (Farmitalia) Injektions-Flaschen (Lsg.) à 10, 25, 50 mg.
Wirkmechanismus: Sowohl Cisplatin als auch Carboplatin wirken auf molekularer Ebene durch Reaktion mit der zellulären DNS zytotoxisch. Durch eine Platinierung kommt es infolge einer Verknüpfung zweier benachbarter Basen eines DNS-Stranges zu einer Quervernetzung der DNS, in deren Folge die DNS-, RNS- und Proteinsynthese gestört werden. Aus der Schädigung der DNS und der Störung der DNS-Synthese resultiert der Zelltod. Die zytostatische Wirkung ist Zellzyklusphasen-unspezifisch. Sie trifft auch in der G_0-Phase ruhende Zellen einer Population.
Carboplatin hat einen ähnlichen molekularen Wirkmechanismus wie Cisplatin. Deutliche Unterschiede bestehen zwischen Carboplatin und Cisplatin in der Kinetik der DNS-Vernetzung. Cisplatin reagiert schneller mit der DNS als Carboplatin.
Toxizität: Die meisten unerwünschten toxischen Wirkungen von Cisplatinverbindungen entsprechen den typischen Intoxikationszeichen von Schwermetallen. Bei **Cisplatin** treten Übelkeit und Erbrechen, Myelosuppression, Nephrotoxizität, Ototoxizität und Neurotoxizität auf. Nach Absetzen der Medikation sind diese Nebenwirkungen reversibel. Selten werden Leberschäden festgestellt.
Carboplatin unterscheidet sich in seiner Toxizität von Cisplatin weniger durch die Art der Nebenwirkungen als durch ihren Schweregrad. Das trifft vor allem für die knochenmarktoxische Wirkung zu (Granulozyto-, Thrombozyto- und Erythrozytopenie). Sie ist viel ausgeprägter und protrahierter.

Klinische Anwendung: **Cisplatin** ist ein Zytostatikum mit breitem Aktivitätsspektrum. Es gehört heute mit zu den wichtigsten antineoplastischen Substanzen, sowohl in der Monotherapie als auch als Kombinationspartner verschiedener Zytostatika und findet Anwendung in der systemischen Therapie. Es ist außerdem wegen seiner geringen Clearance aus dem Peritonealraum für die intraperitoneale Applikation sehr geeignet und kann intraarteriell zur regionalen Therapie z. B. von Lebertumoren angewandt werden.
Anwendungsform und Dosis: **Cisplatin:** Dosierung 40–100 mg/m^2 Körperoberfläche, Applikation i. v. Infusion (Laufzeit der Infusion etwa 1 h); **Carboplatin:** Dosierung 280–500 mg/m^2, Applikation i. v. Infusion (Laufzeit der Infusion etwa 1 h).

▷ Procarbazin (PCZ)

Handelsname: Natulan (Roche)
Handelsform: Kapseln à 50 mg.
Wirkmechanismus: Diese Methylhydrazin-Verbindung wirkt hauptsächlich durch Hydrogen-Peroxide depolymerisierend auf die DNS, aber auch hemmend auf die DNS-, RNS- und Proteinsynthese. Procarbazin wirkt phasenunspezifisch, dabei proliferationshemmend hauptsächlich in der S- und G_2-Phase und letal-zytotoxisch in der S-Phase.
Toxizität: Procarbazin wirkt knochenmarkzytotoxisch und verursacht häufig Übelkeit und Erbrechen.
Klinische Anwendung: Morbus Hodgkin.

▷ Dacarbazin (DTIC)

Handelsname und Handelsform: Deticene 100, 200 (Medac), Injektions-Flaschen à 100 und 200 mg
DTIC (Rhone-Poulenc), Injektions-Flaschen à 100 und 200 mg
DTIC DOME (Tropon), Injektions-Flaschen à 100 und 200 mg
Wirkmechanismus: DTIC ist zunächst nicht zytotoxisch wirksam. Unter Lichteinwirkung wird es in vitro unter Bildung eines Diazoniumsalzes aktiviert, das nach Überführung in das Nukleotid in Nukleinsäuren eingebaut wird. Dieser Mechanismus der Aktivierung spielt wahrscheinlich in vivo keine Rolle. DTIC muß jedoch

im Dunkeln aufbewahrt und unter Vermeidung von Lichteinwirkung angewandt werden. In vivo wird DTIC über eine oxidative Demethylierung durch mikrosomale Oxidasen in der Leber aktiviert. In aktiver Form wirkt es als alkylierendes Zytostatikum, es inhibiert sowohl die RNS- als auch die DNS-Synthese.
Toxizität: DTIC wirkt knochenmarktoxisch und verursacht Alopezie und gastrointestinale Nebenwirkungen wie Übelkeit, Erbrechen, Durchfälle, außerdem auch grippeähnliche Symptome wie Kopfschmerzen, Gliederschmerzen, selten Fieber.
Klinische Anwendung: Bei Morbus Hodgkin und bei malignen Non-Hodgkin-Lymphomen, bei Weichteilsarkomen und malignen Melanomen.
Bemerkungen: Dacarbazin entstand als Zufallsprodukt beim Versuch, analoge Stoffwechselprodukte der Purinbiosynthese zu synthetisieren.

▷ Amsacrin (m-AMSA)

Handelsname: Amsidyl (Goedecke)
Handelsform: Ampullen à 85 mg (incl. Durchstechflasche mit 42,83 mg Milchsäure) zur intravenösen und intraarteriellen Infusion.
Wirkmechanismus: AMSA ist ein Aminoacridin-Derivat, das zwischen die DNS-Basenpaare interkaliert und zu DNS-Strangbrüchen führt. Die zytotoxische Wirkung erfolgt nicht streng zellzyklusphasenspezifisch, sie ist jedoch in der frühen S- und in der G_2-Phase am deutlichsten ausgeprägt.
Toxizität: Hauptnebenwirkungen von AMSA sind eine ausgeprägte Myelosuppression und Stomatitiden.
Klinische Anwendung: Akute myeloische und lymphatische Leukämien und in begrenztem Umfang Non-Hodgkin-Lymphome.

▷ Taxane

Zu den Taxanen gehören das seit Anfang des Jahres 1994 von der Zulassungsbehörde des Bundesgesundheitsamtes freigegebene **Paclitaxel** zur Behandlung metastasierender Ovarialkarzinome

und das im Laufe des Jahres 1995 zur Behandlung von metastasierenden Mammakarzinomen empfohlene **Docetaxel**.
Wirkmechanismus: Taxane sind zytostatisch wirksame Substanzen (Eibeninhaltsstoffe) mit einem völlig neuen Wirkmechanismus. Diese antimikrotubulären Wirkstoffe führten zu einer vermehrten und in ihrer Funktion gestörten Bildung von Mikrotubuli aus Tubulin-Dimeren und zur Stabilisierung der Mikrotubuli, in dem sie eine Depolymerisation verhindern. Dieser stabilisierende Effekt verhindert die normale dynamische Reorganisation des mikrotubulären Netzwerkes, welches wieder essentiell für die vitale Zwischenphase und die Mitose innerhalb der Zelle ist. Außerdem bewirken diese Substanzen eine abnormale Bündelstruktur der Mikrotubuli während des Zellteilungszyklus und verursachen multiple Spindelbildungen während des Mitosevorgangs. Dies führt letztlich zur Zerstörung des Spindelapparates und zum Zelltod.
Mikrotubuli entstehen durch Polymerisation aus dem monomeren Tubulin, mit dem sie in einem dynamischen Gleichgewicht stehen. Mikrotubuli sind eine essentielle Komponente des Spindelapparates und spielen so eine entscheidende Rolle bei der Mitose. Sie haben außerdem eine besondere Bedeutung bei der Erhaltung der Zellform, der Motilität und dem intrazellulären Substanztransport bis hin zur Signalübertragung.
Eine Änderung des Gleichgewichts im Mikrotubulisystem führt somit infolge einer Zerstörung des Spindelapparates zur Störung der Zellteilung sowie vieler vitaler Zellfunktionen und somit zum Zelltod.
Aufgrund ihres pharmakodynamischen Wirkmechanismus zählen die Taxane also zu den potentiell karzinogenen und gentoxischen Wirkstoffen.

Ausgewählte Nebenwirkungen und Therapiekomplikationen

> Aufgrund der geringen therapeutischen Breite der Zytostatika ist neben einer umfangreichen Erfahrung die genaue Kenntnis der Nebenwirkungen eine Grundvoraussetzung für den Therapeuten.

Eine Teilursache der geringen therapeutischen Breite liegt in der unspezifischen Wirkungsweise der Zytostatika. Es wird sowohl die Poliferation von Tumorgewebe als auch die Proliferation normaler Gewebe gehemmt. Der Einfluß auf rasch proliferierende Gewebe überwiegt jedoch.
Grundsätzlich werden akute, kurzfristig anhaltende, reversible Nebenwirkungen von späten, teils irreversiblen Nebenwirkungen unterschieden. Die substanzspezifischen Nebenwirkungen sind in ihrem Spektrum und ihrer Ausprägung sehr variabel auf den vorangegangenen Seiten im einzelnen aufgeführt. Exemplarisch sei auf einige Nebenwirkungen und die verursachenden Substanzen hingewiesen.
Die häufigste **akute Nebenwirkung** ist eine Störung der Hämatopoese mit Granulozytopenie, Thrombopenie und seltener auch relevanter Anämie. Dosislimitierend sind in der Regel die Granulozytopenie und die Thrombopenie. Übelkeit und Erbrechen sind Folge verschiedener Zytostatika wie z. B. DTIC, Cis-Platin und Adriamycin. Andere Zytostatika wie z. B. Melphalan, Busulfan und Mitomycin haben eine sehr geringe emetogene (brechreizauslösende) Potenz. Haarausfall tritt u. a. nach Adriamycin und verwandten Substanzen auf. Im Gegensatz dazu ist bei einer Vielzahl anderer Zytostatika ein Haarausfall nicht zu erwarten. Fieber wird nicht selten nach Bleomycin-Applikation beobachtet und muß differentialdiagnostisch zu septischen Therapiekomplikationen abgegrenzt werden. Vinca-Alkaloide und Cisplatin können zu polyneuropathischen Störungen führen. Auf Herzrhythmusstörungen ist nach Applikation von Anthrazyklinen, auf Schleimhautulzerationen nach Methotrexat und Fluorouracil, auf eine hämorrhagische Zystitis nach Cyclophosphamid und Ifosfamid, auf Nierenfunk-

tionseinschränkungen und Innenohrschädigungen besonders nach unsachgemäßer Platin-Applikation zu achten.
Um **späte, z. T. irreversible Nebenwirkungen** handelt es sich bei den seltener auftretenden Lungenfibrosen nach Busulfan oder Bleomycin, bei Anthrazyklin-induzierter Kardiomyopathie (kumulative Toxizität, deshalb sind die vorgeschriebenen Grenzdosen zu beachten) sowie bei Amenorrhö und Infertilität. Nicht zu vernachlässigen ist das Risiko der Induktion von Zweit-Neoplasien, insbesondere Leukämien und Myelodysplasien, nach Applikation von Alkylantien. Dies ist naturgemäß besonders bei Patienten, die mit einem Langzeitüberleben rechnen können, von Bedeutung.
Der **Prophylaxe und Therapie von Nebenwirkungen** der Zytostase kommt große Bedeutung zu. Einige häufiger auftretende oder bedrohliche Situationen sind im folgenden beispielhaft dargestellt:
Eine **Stomatitis** kann einerseits direkte Folge der Applikation einer bestimmten Substanz, andererseits Folge der Knochenmarktoxizität mit Agranulozytose sein. Ein sekundärer Pilzbefall kann komplizierend hinzutreten. Prophylaktische Maßnahmen bestehen in intensiver Mund- und Zahnhygiene. Schleimhautreizende Substanzen sowie Nikotin und Alkohol sollten gemieden werden. Therapeutisch ist auf ausreichende Zufuhr pürierter und flüssiger Nahrung zu achten. Lokalanästhetika können die Schluckbeschwerden lindern und eine ausreichende orale Nahrungsaufnahme gewährleisten. Notfalls ist vorübergehend eine parenterale Ernährung erforderlich. Pilzinfektionen der Mundhöhle und des Ösophagus bedürfen der Therapie mit lokal oder oral applizierbaren Antimykotika.
Übelkeit und Erbrechen sind eine häufige Nebenwirkung der Zytostatika. Die Ursache wird in einer Stimulation der Chemorezeptor-Triggerzone im Zentralnervensystem sowie auch in peripheren Reizen des Gastrointestinaltraktes gesehen. Im Laufe einer Zytostase treten bei initial unzureichender antiemetischer Therapie häufig psychische Einflüsse in Form gebahnter Reflexe hinzu. Die Besonderheit des antizipatorischen Erbrechens liegt darin, daß Übelkeit/Erbrechen in Zusammenhang mit bestimmten Situationen der Zytostase gebracht werden. So kann z. B. allein durch den Anblick farblich prägnanter Substanzen oder durch die Tatsache der Applikation selbst Übelkeit oder Erbrechen ausgelöst werden. Diese Nebenwirkungsform ist schwer beeinflußbar. Die Applika-

tion von Psychopharmaka oder psychotherapeutische Interventionen können in einzelnen Fällen weiterhelfen.
Die verschiedenen antineoplastischen Substanzen haben eine unterschiedliche emetogene Potenz. Das Spektrum schwankt zwischen nahezu fehlender Emetogenität und regelmäßig stark auftretenden Symptomen. Entsprechend unterschiedlich sind die antiemetischen Therapiekonzepte. Am häufigsten werden Metoclopramid, Alizaprid, Domperidon, Psychopharmaka und Dexamethason allein oder in Kombination verabreicht. Die antiemetische Therapie ist zum Aufbau eines therapeutischen Spiegels 1–2 Stunden vor Beginn der Zytostase zu starten und je nach Emetogenität in 4–6stündigen Intervallen über einen Zeitraum von einem bis zu mehreren Tagen über das Therapieende hinaus fortzuführen. Bei einer niedrig emetogenen Therapie reicht häufig die Gabe von Metoclopramid in niedriger Dosierung aus.
Stärker emetogene Substanzen erfordern eine antiemetische Hochdosis-Therapie und gegebenenfalls Kombinationen. Bei hochdosierter Therapie ist auf extrapyramidale unerwünschte Wirkungen der Antiemetika zu achten und eine entsprechende Therapie mit Biperiden einzuleiten. Neue Substanzen wie Ondensatron u. a. haben zu einer erheblichen Bereicherung der therapeutischen Möglichkeiten bei stark emetogenen zytostatischen Regimes geführt.
Eine **lokale Infektion mit Übergang in eine Sepsis** ist eine der bedrohlichsten Komplikationen der zytostatischen Therapie. Hierbei handelt es sich um die häufigste therapiebedingte Todesursache. Die Infektionsquellen können exogen oder häufiger endogen (durch im Körper residente Keime) sein. Eine aggressive Zytostase kann vorübergehend zu einer Granulozytopenie mit deutlich unter 500 Zellen pro mm^3 führen. Naturgemäß besteht in diesen Phasen eine erhebliche Infektanfälligkeit. In diesen Phasen sind engmaschige körperliche Untersuchungen zur Erkennung potentieller Infektionsquellen unabdingbar. Eine Temperaturmessung muß zweimal täglich erfolgen. Menschenansammlungen sind zu meiden. Bei manifester Infektion oder unklarem Fieber ist von einer potentiell tödlichen Situation für den Patienten auszugehen. In dieser Situation ist umgehend nach Versuch der Keimidentifizierung (Uricult, Blutkulturen, Abstriche aus potentiellen Infektionsherden) mit einer breit angelegten antibiotischen Therapie zu beginnen, bevor

der Versuch der mikrobiologischen Keimsuche und Resistenzbestimmung abgeschlossen ist. Eine Kombination aus einem Cephalosporin und einem Penicillin mit Einschluß der Problemkeime (u. a. Staphylokokken und Pseudomonas) hat sich in der sofort einsetzenden Primärtherapie bewährt. Kann ein potentiell relevanter Keim identifiziert werden, ist die antibiotische Therapie zu modifizieren. Insbesondere in diesen Situationen ist auf lokale oder systemische Pilzinfektionen, an die zu häufig nicht gedacht wird, zu achten. Bei Herpes-Infektionen in Phasen der Immunsuppression oder bei Erkrankungen mit sekundärem Antikörpermangel steht Aciclovir (Zovirax) zur Verfügung.
In neuester Zeit sind **Wachstumsfaktoren** (Granozyte, Neupogen, Leucomax) im Handel erhältlich. Mit diesen Wachstumsfaktoren, die eine Stimulation der Granulopoese auf der Ebene des Knochenmarks bewirken, gelingt es, die Phase der Granulozytopenie zu verkürzen. Dies ist nicht nur bei eingetretener fieberhafter Komplikation mit protrahierter Granulozytopenie von Bedeutung. Bei kurativem Therapieansatz ist die dosis- und zeitgerechte Applikation der Zytostatika von entscheidendem Einfluß auf den Therapieerfolg. Die Applikation von Wachstumsfaktoren ist in der Lage, eine protokollgerechte Therapie zu ermöglichen und damit die Prognose der Patienten zu verbessern. In der palliativen Therapie ist der generelle Gebrauch der Wachstumsfaktoren nicht indiziert. Eine Indikation kann aber bei palliativ gut behandelbaren Tumoren, die in der Phase der Granulozytopenie bereits Komplikationen aufgewiesen haben, bestehen.

Derzeitige Behandlungsaussichten

Zu den Tumoren, bei denen durch eine Chemotherapie heute eine definitive Heilung oder zumindest eine langandauernde komplette Remission mit deutlicher Verlängerung der Überlebenszeit erreicht werden kann, gehören neben einem Großteil der kindlichen Tumoren:

- das metastasierte Chorionkarzinom der Frau
- der Morbus Hodgkin
- ein Teil der Non-Hodgkin-Lymphome

- die Keimzelltumoren des Hodens
- die Ewing-Sarkome
- das osteogene Sarkom

Zu den Tumoren mit gutem Ansprechen auf eine Chemotherapie mit deutlich verlängertem Gesamtüberleben gehören:

- die akuten Leukämien des Erwachsenenalters
- chronisch-myeloische und lymphatische Leukämien
- Plasmozytome
- Mammakarzinome
- Ovarialkarzinome
- kleinzellige Bronchialkarzinome
- ein Teil der Weichteilsarkome
- Tumoren der Kopf-Hals-Region

Zu den Tumoren mit mäßigem Ansprechen (unter 50%) auf eine Chemotherapie gehören:

- nichtkleinzellige Bronchialkarzinome
- Portiokarzinome
- Corpuskarzinome (Endometriumkarzinome)
- Magenkarzinome (Adenokarzinome vom intestinalen Typ)
- urotheliale Karzinome
- Pankreaskarzinome
- kolorektale Karzinome
- Schilddrüsenkarzinome

Zu den Tumoren, die noch weitgehend chemotherapieresistent sind, gehören:

- Nierenzellkarzinome
- Gallenblasenkarzinome
- Weichteilkarzinome

7. Alkylphosphocholin-Therapie (Miltefosin)

Einführung

Die herkömmliche Chemotherapie hat bei bestimmten Krebserkrankungen, besonders bei Hodentumoren, bei malignen Erkrankungen des Lymphknotensystems und des Knochenmarks, gute Erfolge aufzuweisen. Bei anderen Tumortypen, z. B. bei Nierenzellkarzinomen oder bei Karzinomen des Magen-Darm-Traktes sind im positiven Sinne kaum nennenswerte Resultate nachweisbar, so daß hier eine Chemotherapie derzeit nicht sinnvoll ist. Dazwischen liegen maligne Erkrankungen, die mehr oder weniger empfindlich auf eine antineoplastische medikamentöse Therapie ansprechen.
Das Hauptproblem bei der Chemotherapie bösartiger Tumoren ist jedoch, daß nicht nur die Krebszellen mit dieser Therapie getroffen werden, sondern auch die Zellen des gesunden Gewebes, z. B. die der Darmepithelien oder des Knochenmarks. Die Chemotherapie ist mit erheblichen toxischen Nebenwirkungen auf das gesamte Körpergewebe verbunden. Spezielle Präparate, die nur die Tumorzellen angreifen und das gesunde Gewebe schonen, stehen bis heute leider noch nicht zur Verfügung.
Das war Anlaß dafür, Alternativ-Präparate zu entwickeln, die über andere Wirkmechanismen tumorschädigender sein können als die bisher angewandten Chemotherapeutika und die außerdem nicht die toxischen Nebenwirkungen der bisherigen Mittel haben.
Eine der Gruppen, die auf diesem Gebiet arbeitet, ist die von Professor Eibl am Max-Planck-Institut für biophysikalische Chemie in Göttingen, von der eine Reihe von Substanzen erforscht wurden, die inzwischen an Zellkulturen und an Tumormodellen am Tier untersucht wurden.
Seit kurzem befindet sich ein Präparat aus dieser Entwicklung im praktischen Einsatz.

Bei diesen neuen Wirkstoffen spielt die Zellmembran eine wichtige Rolle. Die Bausteine der Zellmembran, die Phospholipide, dienen als Grundstruktur für die neuartigen Antitumormittel.

Darüber hinaus arbeiten Gruppen wie die von Professor Eibl auch an Substanzen, die dem Transport von Zytostatika in der Blutbahn dienen sollen. Dabei handelt es sich um Liposomen mit ca. 1 µm (10^{-6} m) Durchmesser. Liposomen können aus verschiedenen Lipiden u. a. in einer Hochdruckpresse (*French press*) hergestellt werden. Die Lipide bilden unter hohem Druck in der Düse des Zylinders Liposomen, die dann ein zuvor zugegebenes Therapeutikum einschließen (Abb. 7-1).
So erhofft man von Liposomen, daß sie Antitumormittel über den Blutweg gezielt zu den erkrankten Organen transportieren können, um gesunde Gewebe nicht unnötig zu belasten.
Ein dritter Forschungsschwerpunkt liegt in dem Versuch, die Blut-Hirn-Schranke zu überwinden, die durch ihre natürliche Schutzfunktion für das Gehirn zur Zeit noch ein ungelöstes Problem in der medikamentösen Behandlung von Hirntumoren und Hirnmetastasen darstellt.
Eine erfolgreiche medikamentöse Behandlung von Hirntumoren ist derzeit noch nicht möglich, da die meisten Zytostatika infolge des Überschreitens des kritischen Molekulargewichtes von etwa 500 Dalton nicht ausreichend in den Hirnraum eindringen können.

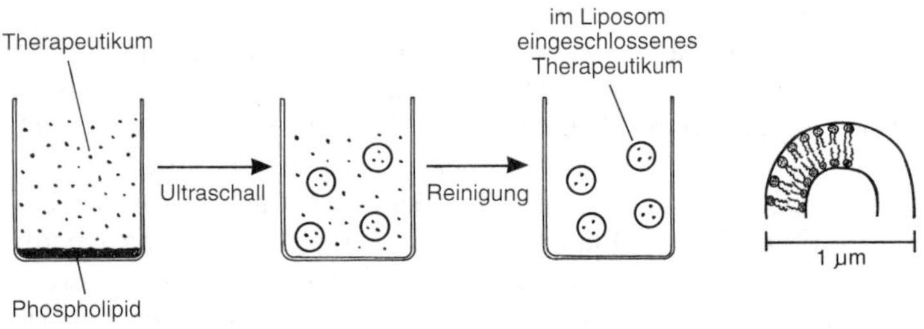

Abb. 7-1: Schematische Darstellung der Herstellung Therapeutikum-beladener Liposomen durch Ultraschallbehandlung. Der Durchmesser der Liposomen beträgt ca. 1 µm.

Es ist bekannt, daß die Diffusionseigenschaften von Pharmaka durch biologische Membranen im wesentlichen von vier Faktoren beeinflußt werden: Von der Proteinbindung, der Ionisation, ihrem Molekulargewicht und ihrer Lipophilie (Fettlöslichkeit). Die beiden letztgenannten Faktoren haben hierbei eine besondere Bedeutung: Eine zunehmende Lipophilie der Medikamente bedeutet nur dann eine verbesserte Membranpenetration, wenn das aktuelle Molekulargewicht dieser Substanzen die Größe von 500 Dalton nicht übersteigt.
Mit Hilfe neuartiger Begleitsubstanzen – es handelt sich hierbei um kurzkettige Alkylglycerine (z. B. Propylglycerin) – konnte im Hirnkreislauf der Ratte eine kurzfristige (ca. 3minütige) und reversible Änderung der Permeabilitätseigenschaften der Blut-Hirn-Schranke bewirkt werden. So wurde es möglich, verschiedene Zytostatika durch die Blut-Hirn-Schranke zu schleusen, deren Molekulargewicht oft deutlich über 500 Dalton lag. Inwieweit die Öffnung der Blut-Hirn-Schranke zur Zytostatikatherapie beim Menschen von Nutzen ist, muß durch intensive Studien geprüft werden.

Da bisher jedoch nur die erste der drei beschriebenen Forschungen zur Entwicklung eines therapeutisch einsetzbaren und zugelassenen Wirkstoffs geführt hat, soll im folgenden nur dieser Weg eingehender beschrieben werden.

Geschichte der Entwicklung neuer Tumormittel auf Phospholipidbasis

(Diacyl-)Phospholipide sind die Hauptbestandteile biologischer Membranen, die daneben aber auch Proteine und, allerdings nur mit einem Anteil von 2–3 %, *Lysophospholipide* (Monoacylphospholipide) enthalten. Diese besitzen im Gegensatz zu den Phospholipiden lytische Eigenschaften, die allerdings erst bei einem Anteil von ca. 20 % an der Membran zur Zellzerstörung führen. Lysophospholipide wirken lytisch, indem sie die Zellmembran durchlässiger für Moleküle machen, so daß das chemische Milieu im Zytoplasma zerstört wird. Durch die Aktivität von Acyltransferasen werden sie zu Diacylphospholipiden acyliert (Übertragung eines Fettsäurerestes) und damit detoxifiziert.
Bei der Biosynthese von Phospholipiden sind Lysophospholipide eine Zwischenstufe.

Phospholipide sind Phosphorsäurediester. Eine Esterbindung ist mit Glycerin, die zweite mit Cholin, Colamin o. ä. verknüpft. Das Glycerin wiederum ist zusätzlich mit zwei Fettsäureresten verestert (s. unten). Ein Phospholipidmolekül besteht demnach aus Glycerin, zwei langkettigen Fettsäuren, Phosphorsäure und einem Aminoalkohol (Cholin, Colamin o. ä.).

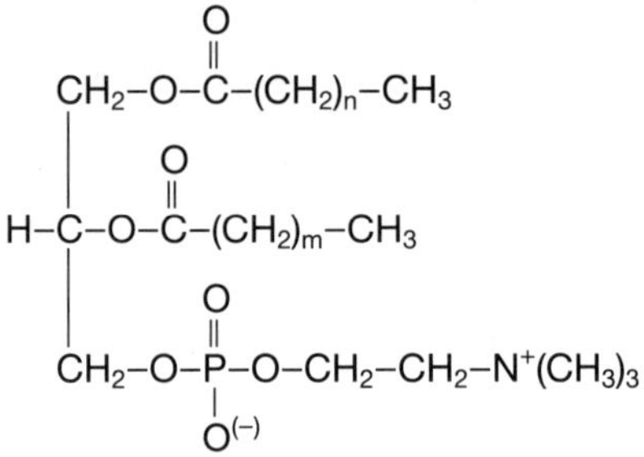

Strukturformel von Phospholipiden
(z. B. 1,2-Diacyl-glycero-3-phosphocholin = Lecithin)

Das Lysophospholipidmolekül enthält pro Glycerinmolekül neben dem Phosphat nur eine Fettsäurekette.

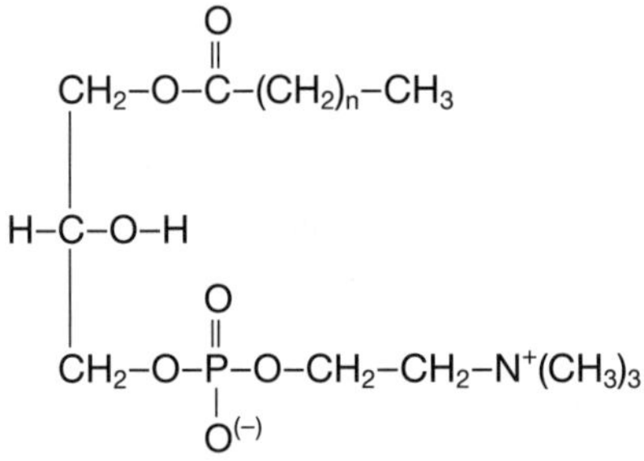

Strukturformel von Lysophospholipiden
(1-Acyl-glycero-3-phosphocholin = z. B. Lysocithin)

Die neuen Antitumormittel wurden auf der Basis von Lysophospholipiden entwickelt.
Die lytische Aktivität der Lysophospholipide ist abhängig von der Kettenlänge ihres Fettsäureanteils. Lysophospholipide mit langkettigen Fettsäureresten (C_{16}-C_{18}) haben wesentlich stärkere lytische Eigenschaften als Moleküle mit kürzerkettigen Fettsäuren (C_6-C_{12}).
Jedoch werden Lysophospholipide durch zelleigene Enzyme schnell abgebaut. Um dies zu vermeiden, wurden synthetische Lysophospholipid-Derivate hergestellt, die keine Substrateigenschaften mehr gegenüber den zelleigenen phospholipidmetabolisierenden Enzymen zeigen.

Synthetische Lysolipide (Alkyllysophospholipide)

Wird der Fettsäurerest am C_1 des Glycerinanteils eines (Acyl-)Lysophospholipids durch einen langkettigen Alkohol (ein Alkanol) ersetzt, so entsteht ein *Alkyllysophospholipid.*

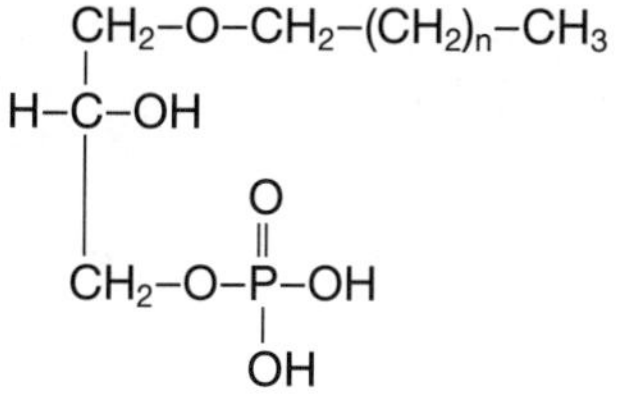

Alkyllysophospholipid

Alkyl-Lysophospholipide haben zwar keine Substrateigenschaften gegenüber Phospholipasen bzw. Lysophospholipasen, können jedoch noch durch zelleigene Acyltransferasen entgiftet werden.
Die Acyltransferaseaktivität kann durch Substitution der Hydroxylfunktion am Lysophospholipid durch eine Methoxygruppe blokkiert werden.
Durch diese chemische Modifikation entsteht ein *1-O-Alkyl-2-O-methyl-Phospholipid*, das infolge seiner fehlenden Acylierbarkeit schon wesentlich zytotoxischer wirkt als Alkyllysophospholipide.

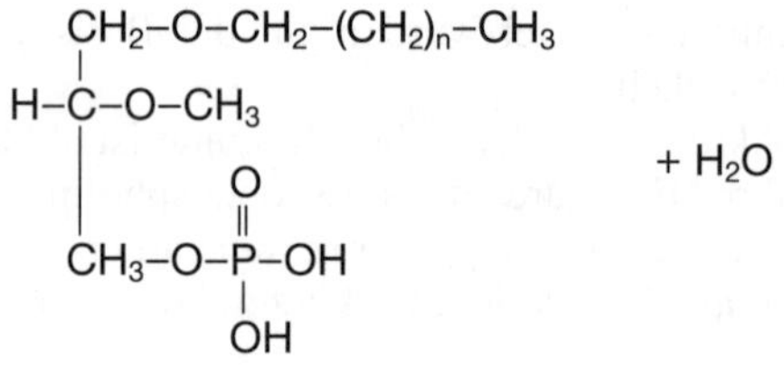

1-Alkyl-2-methyl-phospholipid

Bei weiteren Untersuchungen stellte sich heraus, daß für die antitumorale Wirkung der Lysophospholipide auf das Glyceringerüst im Molekül verzichtet werden kann und sollte, da es Substrateigenschaften gegenüber phospholipidmetabolisierenden Enzymen wie Lysophospholipase, Acyltransferasen, Phospholipase A und Alkylglycerin-Monooxygenasen vermittelt, die für eine antineoplastische Wirkung gehemmt werden müssen.

Zur Erzeugung einer zytotoxischen Substanz ist nur ein langkettiges Alkanol (z. B. Hexadecanol oder Octadecanol) und eine Phosphocholingruppe nötig.

Eine solche Substanz ist z. B. das *Hexadecylphosphocholin,* ein *Alkylphosphocholin.*

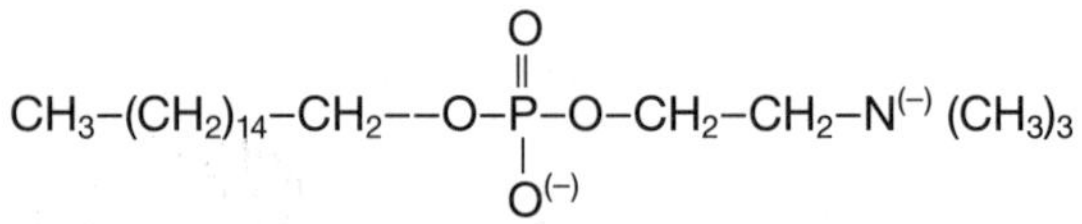

Hexadecylphophocholin

Der neue Wirkstoff Miltefosin

In den letzten Jahren ist es gelungen, **Alkylphosphocholine** als neue Substanzklasse für die Therapie von Mammakarzinom-Modellen zu entwickeln.

Alkylphosphocholine haben in den untersuchten Zell- und Tiermodellen eine erheblich stärkere zytotoxische Wirkung als die übrigen Phospholipid-Derivate und eine geringere Ganzkörpertoxizität. Daraus resultiert im Tiermodell eine größere therapeutische Breite.
Hexadecylphosphocholin besitzt eine ausgeprägte selektive Wirkung an chemisch induzierten (Dimethylbenzanthrazen-induzierten) autochthonen Mammakarzinomen der Ratte. Besonders auffallend und für eine Langzeittherapie von Bedeutung war, daß bei Anwendung dieser Substanz keine Immunsuppression und Hämatotoxizität bei Wirkstoffkonzentrationen, die zu einer vollständigen Remission der Tumoren führen, beobachtet werden konnten.
Erstmalig wird unter Anwendung von Hexadecylphosphocholin durch eine tumorzide Wirkung bei als schwer therapierbar geltenden Tiermodellen eine Vollremission erreicht. Bei der Therapie mit der Substanz 1-O-Octadecyl-2-O-methyl-glycero-3-phosphocholin konnte dagegen nur eine tumorstatische Wirkung festgestellt werden.
Vergleichende Untersuchungen mit klassischen Zytostatika bei einem schwer therapierbaren Tumor, bei dem Cyclophosphamid (Endoxan) noch die beste Wirkung zeigt, ergaben, daß nach einer einmaligen, maximal tolerablen intravenösen Cyclophosphamidgabe bei tumortragenden Ratten in einem Zeitraum von 7 Tagen lediglich eine geringfügige Abnahme des Tumorgewichtes festzustellen war, während eine orale Verabreichung von Hexadecylphosphocholin mittels Schlundsonde bei den Tieren nach 20 Tagen eine komplette Remission bewirkt. Die Wirkung von Hexadecylphosphocholin ist dabei unabhängig von der Größe des Ausgangstumors.
Diese günstigen Ergebnisse der tierexperimentellen Untersuchungen waren Anlaß dafür, Hexadecylphosphocholin als erstes Alkylphosphocholin in eine klinische Prüfung zu übernehmen. Für den klinischen Einsatz der Substanz wurden zwei Applikationsformen ausgewählt, einmal die topische Anwendung zur Behandlung von Hautmetastasen des kutan metastasierenden Mammakarzinoms, und zum anderen die orale Verabreichung, um Verträglichkeit und Wirksamkeit der Substanz an soliden, metastasierenden Tumoren im Rahmen einer klinischen Studie zu überprüfen.

Diese klinischen Untersuchungen werden bereits seit 1986 durchgeführt. Es sollte jedoch unbedingt erwähnt werden, daß hierbei noch nicht das gesamte Tumorspektrum abgedeckt ist.
Bei den durchgeführten klinischen Erprobungen des Hexadecylphosphocholins, auch *Miltefosin* genannt, fand dieses Präparat bisher in oraler Form (Kapseln mit 50 und 100 mg) bei Mammatumoren, bei Bronchialkarzinomen und bei kolorektalen Tumoren sowie bei Weichteilsarkomen Anwendung, und in topischer Form (Substanz in Glycerin-Ether gelöst) als Tinktur vorwiegend bei Hautmetastasen des Mammakarzinoms, die bereits chemotherapeutisch vorbehandelt und auch schon bestrahlt worden waren und sich in einem progredienten Stadium befanden. Bei der topischen Anwendungsform des Präparates konnten hervorragende Erfolge erzielt werden.
Bei etwa 30 % der Frauen, die an Brustkrebs operiert wurden, werden nach chirurgischen Eingriffen Hautmetastasen beobachtet, die sich großflächig und auch bis in die Thoraxwand hinein infiltrierend ausbreiten können. Hierzu zählen die nach Operationen feststellbaren primären Hautmetastasen, die in etwa 10 bis 15 % der Fälle auftreten und auch die Hautmetastasen, die im weiteren Krankheitsverlauf gleichzeitig neben Leber- und Knochenmetastasen nachgewiesen werden können. Bisher konnten diese Metastasen nur durch operatives Vorgehen oder durch mit erheblichen Nebenwirkungen belasteten Maßnahmen wie Bestrahlung und Chemotherapie behandelt werden.
Seit dem 1. April 1993 steht nun das Präparat *Miltefosin* zur Behandlung von Hautmetastasen bei Mammakarzinomen zur Verfügung. Miltefosin ist in Apotheken unter dem Handelsnamen Miltex (Asta Medica) erhältlich. Diese Substanz wurde von der Zulassungsbehörde des Bundesgesundheitsamtes als wirksames Arzneimittel gegen Hautmetastasen bei Mammakarzinom zugelassen. Als erstes Antitumormittel auf Phospholipidbasis, das in Form einer Tinktur lokal angewandt wird, kann es von den Patientinnen selbst auf die entsprechenden Hautpartien aufgetragen werden.
In der klinischen Erprobungsphase hat Miltefosin gute Ergebnisse erzielt. Die Tumorherde gingen in 1/3 der Fälle zurück. Bei 1/3 stagnierte das Wachstum der Tumorzellen. Bis auf Hautrötungen,

Hautschuppungen und Juckreiz sind bei Anwendung von Miltefosin keine nennenswerten Nebenwirkungen beobachtet worden.
Leider muß derzeit noch auf eine systemische (orale) Anwendung von Miltefosin verzichtet werden, da bis heute die Probleme der auftretenden Nebenwirkungen in Form gastroenteritischer Beschwerden wie Übelkeit und Erbrechen nicht zur Zufriedenheit gelöst werden konnten.
Tierexperimentell konnte bei der oralen Applikation von Miltefosin zwar eine tumorzellschädigende Wirkung nachgewiesen werden, jedoch wurden leider bei den Versuchstieren im Dünndarmbereich Schleimhautoedeme, Schleimhautblutungen und auch Ulcerationen beobachtet, die erhebliche Verdauungsstörungen mit starken Gewichtsverlusten zur Folge hatten.
Diese Nebenwirkungen in den Griff zu bekommen, ist künftige Aufgabe der Forschung. Zur Zeit befinden sich zwei Nachfolgesubstanzen mit erfolgversprechenden Resultaten in der praeklinischen Untersuchungsphase.
Die Struktur von Hexadecylphosphocholin als Ausgangssubstanz wurde in vielfältiger Weise variiert, wodurch strukturverändernde Moleküle entstanden, die zumindest im Tiermodell besser waren als die Ausgangssubstanz, so daß diese Substanzen möglicherweise Tumoren, die einer Behandlung mit Hexadecylphosphocholin nicht zugänglich sind, vernichten oder zumindest zur Rückbildung bringen.

8. Hormontherapie

Allgemeines

Bei der Hormontherapie maligner Erkrankungen handelt es sich ebenso wie bei der Chemotherapie maligner Tumoren um eine systemische Therapieform. Jedoch ist der Wirkmechanismus der Hormone ein anderer als der der Zytostatika:
Zytostatika schädigen oder blockieren verschiedene Reaktionen des Zellmetabolismus (Zellstoffwechsel). Sie sind häufig bei rasch wachsenden Tumoren besonders wirksam. Sie führen jedoch gleichzeitig zur Schädigung von gesunden Geweben mit hoher Wachstumsrate (Knochenmark, Darmmukosa).
Hormone regulieren die „physiologischen" Mechanismen der Differenzierung bzw. der Ausreifung von Zellen. Sie haben gleichzeitig eine antimitotische, jedoch nicht zellkernzerstörende Wirkung. Es kommt zu einer Nekrobiose des Tumors, zu einer Ausreifung der Stromazellen und zu einer sekretorischen Differenzierung. Dementsprechend fehlen die zytotoxischen Nebenwirkungen der Chemotherapie.
Langsam wachsende Brustdrüsenkrebse zeigen häufig eine besonders gute und anhaltende Remission auf Hormonbehandlung. Allerdings muß eine Hormonbehandlung über einen längeren Zeitraum (ca. 6–19 Monate) durchgeführt werden. Dem gegenüber steht die zeitlich kurz angewandte Chemotherapie.
Bei weniger Nebenwirkungen weist die Hormontherapie im allgemeinen jedoch eine niedrigere Ansprechrate auf als die Behandlung mit Zytostatika.
Außerdem sind hormonelle Therapien maligner Erkrankungen bezüglich der Tumorlokalisation eingeschränkt. Sie gelten stets dem Ziel, die proliferationsfördernde Wirkung körpereigener *Geschlechtshormone* zu unterdrücken und werden dementsprechend

bei malignen Erkrankungen der Mamma, des Uterus (Endometrium) und der Prostata angewandt.
Die Kenntnis über die Proliferationsgesetzmäßigkeit schließt eine Chemotherapie und gleichzeitige Hormonbehandlung maligner Erkrankungen schon von der Therapie her aus. Da die Hormonwirkung die Proliferation von Tumorzellen stoppt, würde den zytostatisch wirksamen Substanzen ihre Angriffsmöglichkeit genommen.
Zwischen Endokrinologie und Onkologie bestehen vielfältige Verbindungen. So konnte eine therapeutische Wirkung durch Kastration bei Patientinnen mit Brustkrebs und bei Patienten mit Prostatakrebs beobachtet werden. Dies führte letztlich zu therapeutischen Anwendungen von Hormonantagonisten und -analogen. Außerdem konnte festgestellt werden, daß durch Malignome in Organen, die dem hormonellen Einfluß unterliegen oder Hormone selbst produzieren, plötzlich eine starke Hormonausschüttung verursacht wird, die dann ihrerseits zu klassischen endokrinologischen Krankheitsbildern, wie z. B. dem *Cushing-Syndrom,* führt.
Zwischen innerer Sekretion und bösartigen Geschwülsten wurden engere Beziehungen deutlich:

- Tumorinduktion durch Störung des hormonellen Gleichgewichtes.
- Hormonelle Beeinflussung des Tumorwachstums.
- Hormonproduzierende Neoplasien.

Es zeigte sich, daß die meisten hormonempfindlichen Tumoren auch hormonabhängig sind. Dies kann klinisch auf eine sehr wirkungsvolle Weise durch Gabe von Antiöstrogenen, Antiandrogenen und durch Nebennierenrinden-blockierende Substanzen genutzt werden.
Man weiß heute, daß jede Hormonwirkung über membrangebundene und/oder nukleäre Rezeptoren abläuft. Es wurden Steroidrezeptoren für Östrogene, Androgene oder Gestagene in Karzinomen der Mamma, der Prostata, des Endometriums, des Ovars, der Nieren, des Kolons und der Leber sowie auch in Melanomen, in Knochen- und Weichteilsarkomen nachgewiesen.
Besondere Bedeutung haben in diesem Zusammenhang die Hormonrezeptoren beim Mammakarzinom und beim Prostatakarzinom (s.u.).

Um den Wirkmechanismus therapeutischer Hormongaben verständlich zu machen, wird im folgenden kurz auf die zelluläre Verarbeitung hormoneller Signale eingegangen.

Hormone sind chemische Sendboten. Ihre molekulare Wirkung entfalten sie in aller Regel nach einem von zwei Prinzipien: Während Amine, Peptide und Proteinhormone ihre Information nach dem Adenylcyclasemodell an der Zellmembran übermitteln, werden Steroidhormone, Thyroxin und Trijodidthyronin in die Zelle aufgenommen und reagieren erst dann mit spezifischen Rezeptorproteinen (Klein & Reinwein, 1978).

Die nach dem **Adenylcyclasenmodell** funktionierenden Hormone werden, wenn sie eine Empfängerzelle über die Blutbahn erreichen, als *erste Sendboten* an spezifische Rezeptoren gebunden, die in der Außenseite der Zellmembran verankert sind. Der Hormon-Rezeptor-Komplex stimuliert das ebenfalls membrangebundene Enzym Adenylcyclase, wodurch vermehrt zyklisches Adenosinmonophosphat gebildet und ins Zellinnere abgegeben wird. Dieses beeinflußt als *zweiter Sendbote* Enzymaktivitäten und Membranpermeabilitäten, die meist über Zwischenstufen zu den bekannten Hormonwirkungen führen.

Steroidhormone folgen einem völlig anderen Wirkmechanismus: Sie werden als freies Molekül ins Zytoplasma aufgenommen, koppeln dort an einen spezifischen Rezeptor an, gelangen als Hormon-Rezeptor-Komplex in den Zellkern und können dort spezifisch an bestimmte DNS-Regionen binden. Sie beeinflussen damit die RNS-Synthese an diesen Regionen und über diese Zwischenstufe auch die Bildung der entsprechenden Proteine. Da es sich bei diesen Proteinen meist um Enzyme handelt, können Steroidhormone auf diesem Weg Stoffwechselaktivitäten von Zellen und Geweben in beträchtlichem Maß beeinflussen. Da Steroidhormone in der Krebstherapie von Bedeutung sind, wird dieser Mechanismus in Abb. 8-1 illustriert.

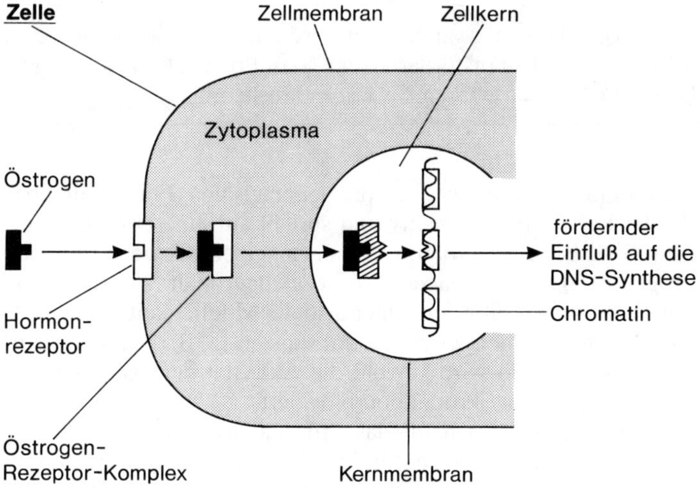

Abb. 8-1: Wirkmechanismus der Steroidhormone, hier der Östrogene. (Nach K. Thomsen)

Hormonwirkung auf Tumoren

Bei malignen Erkrankungen der Prostata und der Mamma handelt es sich um Organveränderungen, die vom Organismus endokrin beeinflußt werden. Oft liegt zum Zeitpunkt der Diagnosenstellung bereits ein fortgeschrittenes Stadium der Erkrankung mit einem Einbruch in das Lymph- und auch in das Skelettsystem vor. Neben einer operativen Maßnahme wird hier oft eine zusätzliche systemische Behandlung in Form einer hormonellen Therapie erforderlich. Da bösartige Tumoren der Mamma und auch der Prostata durch Steroidhormone beeinflußt werden, sind die Östrogen-, Androgen- und Progesteronrezeptoren hier von besonderer Bedeutung. Denn diese Hormone regen über ihren fördernden Einfluß auf die DNS-Synthese die Gewebsproliferation und damit das Tumorwachstum an.

Auf das Mammakarzinom und seine Metastasen wirken Östrogene wachstumsfördernd, auf das Prostatakarzinom und dessen Metastasen wirken sie wachstumshemmend.

Das Mammakarzinom ist bei prämenopausalen Frauen in über 40% der Fälle hormonsensitiv und spricht auf eine Hormontherapie an. Sind bei einem Mammatumor in seinem Gewebe reichlich Östrogenrezeptoren vorhanden, so bezeichnet man den Tumor als *rezeptorpositiv*. Somit besteht hier also die Möglichkeit, diese Stellen durch antiöstrogen wirkende Substanzen (z. B. Tamoxifen) zu blockieren. Dadurch wird sowohl die Aktivität der Östrogene als auch deren endogene Produktion blockiert.

Entsprechendes gilt auch für das Prostatakarzinom. Sein Wachstum, das durch Androgene gefördert wird, kann durch Blockierung der Androgenrezeptoren im Tumor mit antiandrogenen Substanzen (z. B. Androcur) gehemmt werden.

Die **Steroidhormonrezeptoren-Bestimmung** geschieht in eigens hierfür eingerichteten Speziallabors. Für die Messung der Hormonrezeptoren im Tumorgewebe verwendet man radioaktiv markierte Hormonderivate. Zum Beispiel wird der Gehalt der Mamma an Östrogenrezeptoren in Femtomol (fm) gemessen. Ein Rezeptorgehalt von weniger als 3 fm wird als negativ bezeichnet (*rezeptornegativ*). Hiernach sind etwa 2/3 der postmenopausalen Patientinnen mit Mammakarzinom Östrogenrezeptor-positiv.

Beim Mammakarzinom hat sich herausgestellt, daß Patientinnen mit Östrogenrezeptor-armen Tumoren (= rezeptornegativ) eine schlechtere Prognose haben als solche mit einem rezeptorreichen Tumor (= rezeptorpositiv). So ist die Bestimmung der Östrogen- und Gestagenrezeptoren aus dem Tumorgewebe bei Mammakarzinomen heute unbedingt zu fordern.

Die Aussichten auf einen hormonellen Therapieerfolg sind bei Patienten mit einem Rezeptorgehalt von weniger als 3 fm sehr gering. Aus praktischen Gründen wird der Grenzwert heute in der klinischen Praxis z. T. bei 20 fm angesetzt.

Mit einer objektiven Tumorrückbildung oder einem Wachstumsstillstand nach vorheriger Progression kann bei einem unselektionierten Krankengut bei Patientinnen nach Ovarektomie nur bei 30–40 % der Fälle gerechnet werden, während bei Patientinnen mit einem Östrogenrezeptor-positiven Befund die Ansprechrate bei 50–60 % liegt. Eine Ausschaltung der Ovarien durch Bestrahlung zeigt ähnliche Ergebnisse.

Regulation der Ausschüttung von Geschlechtshormonen

Zum Verständnis der Therapieformen muß hier zunächst der normale Regulationsmechanismus der Ausschüttung von Geschlechtshormonen erklärt werden:
Hormone sind Informationsträger zwischen den verschiedenen Organen und Zellarten des Organismus. Bei den körpereigenen Hormonen unterscheidet man nach chemischen und biologischen Kriterien: 1. Steroidhormone, 2. Polypeptid- oder Proteohormone, z. B. die im Hypothalamus gebildeten Releasing-Hormone, 3. von Aminosäuren abgeleitete Hormone (Amine), z. B. Schilddrüsenhormone, Katecholamine, Azetylcholin und 4. von ungesättigten Fettsäuren abgeleitete Hormone, z. B. Prostaglandine.
Zu den Steroidhormonen zählen: Aldosteron und andere Mineralokortikoide, Glykokortikoide, Testosteron und schwächer wirksame adrenale Androgene, Östrogene, Progesteron, Cholekalziferol und dessen Abkömmlinge.
Aus der Vielzahl der Polypeptidhormone seien hier nur diejenigen genannt, die im Zusammenhang mit der Behandlung maligner Erkrankungen von Interesse sind. Hierzu gehören:

- die Hormone hypothalamischen Ursprungs:

das **LH-RH: luteinisierendes Hormon-Releasing Hormon = Gonadotropin Releasing Hormon (GnRH),** das im Hypothalamus gebildet wird und die Synthese und Freisetzung von LH (luteinisierendes Hormon) und FSH (follikelstimulierendes Hormon) im Hypophysenvorderlappen stimuliert;
Das **CRH: Corticotropin Releasing Hormon,** das ebenfalls im Hypothalamus gebildet wird und in der Hypophyse die Synthese und Freisetzung von ACTH (adenocorticotropes Hormon) fördert;

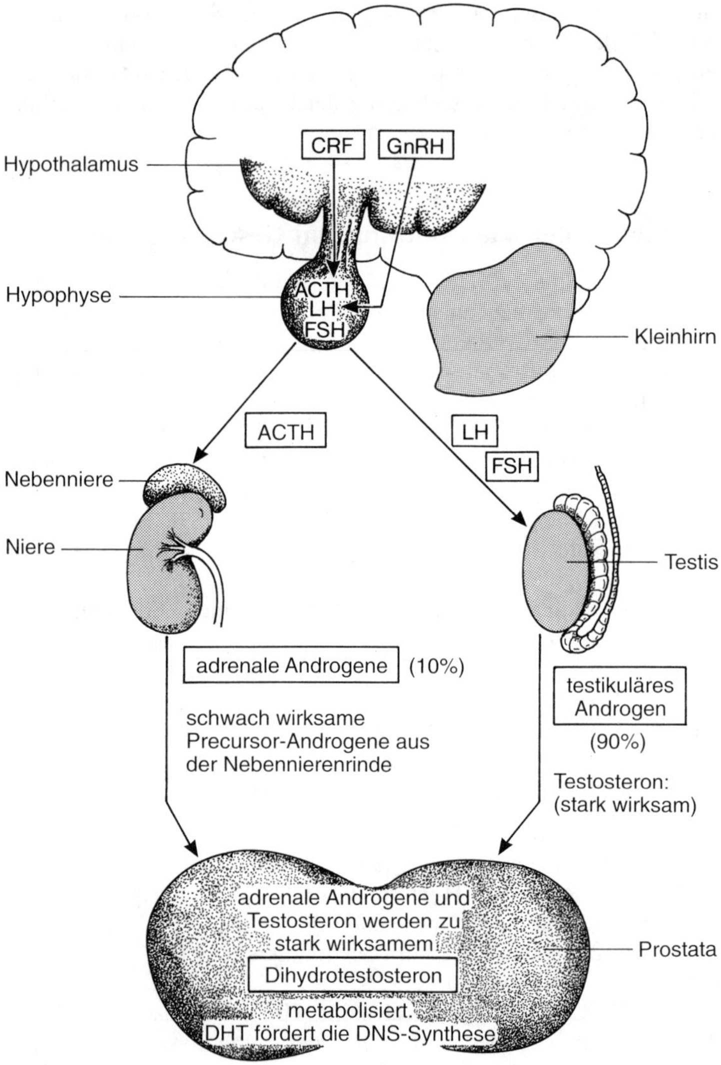

Abb. 8-2: Schema des Regelkreises der endokrinen Steuerung der Prostata. **ACTH:** Adrenocorticotropes Hormon; **CRH:** Corticotropin Releasing Hormone; **FSH:** follikelstimulierendes Hormon; **GnRH:** Gonadotropin Releasing Hormone; **LH:** Luteinisierungshormon.

• die Hormone hypophysären Ursprungs:
das **LH: luteinisierendes Hormon**. Hierbei handelt es sich um ein in den basophilen Zellen des Hypophysenvorderlappens gebildetes und zu den hypophysären Gonadotropinen gehörendes Glykopro-

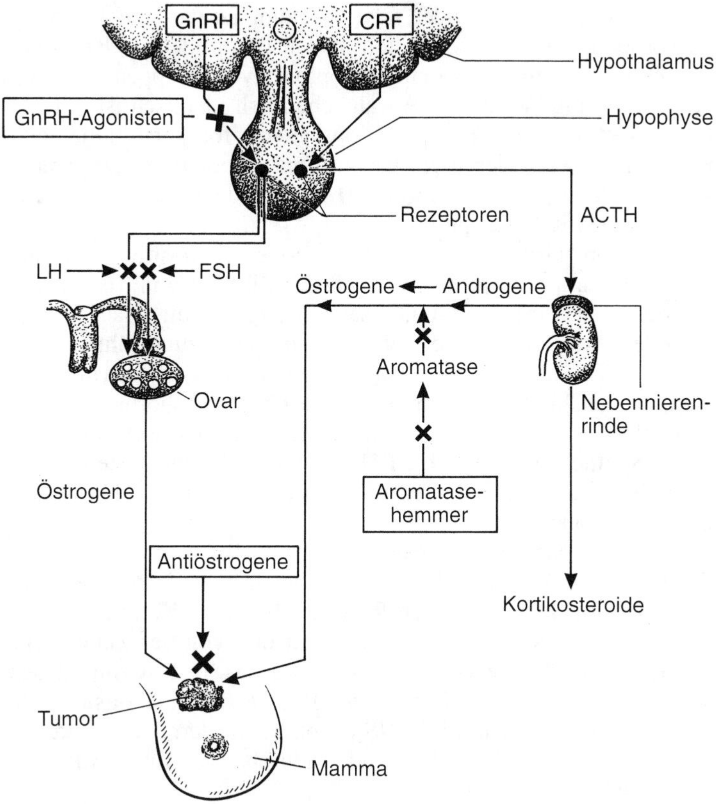

Abb. 8-3: Schematische Darstellung der Wirkorte von GnRH-Analoga, Antiöstrogenen und Aromatasehemmern bei Behandlung eines Mammakarzinoms. Abkürzungen s. Abb. 8-2.

tein. Seine Ausschüttung wird durch LH-RH (GnRH) im Hypothalamus kontrolliert. Ihr Wirkmechanismus geht über die Hormonrezeptoren an den Interstitialzellen der Keimdrüsen. Bei der Frau führt das im Ovar zur Synthese von Östrogenen und Progesteron (wichtigstes natürliches Gestagen), beim Mann zum Wachstum der Leydig-Zwischenzellen des Hodens und zur Androgensynthese;
das **FSH: follikelstimulierendes Hormon, Follitropin**. Zu den Gonadotropinen gehörendes Glykoprotein. Es wird im Hypophysenvorderlappen, wahrscheinlich in den basophilen Zellen, gebildet. Die Freisetzung aus dem Hypophysenvorderlappen wird vom FSH-Releasing Hormon, das wahrscheinlich identisch ist mit LH-RH (GnRH), gesteuert. Die Wirkung von follikelstimulierendes Hormon (FSH) an den Zielorganen (Ovar, Hoden) erfolgt gemeinsam mit luteinisierendes Hormon (LH) über die in den Zielorganen vorhandenen LH-Rezeptoren.
Beim Mann wird dadurch die Spermiogenese positiv beeinflußt, und es kommt so zu einer vermehrten Bildung von Testosteron; bei der Frau wird das Granulosazellwachstum im Graaf-Follikel gefördert, was zu einer vermehrten Östrogenbildung führt;
das **ACTH: adenocorticotropes Hormon, Kortikotropin**. Es handelt sich hierbei um ein gonadotropes Proteohormon, das im Hypophysenvorderlappen synthetisiert und ausgeschüttet wird. Seine Synthese wird durch CRH im Hypothalamus gesteuert. Unter anderem bewirkt es in der Nebennierenrinde die Bildung androgener Substanzen.
Das zu den Steroidhormonen gehörende **Testosteron** wirkt auf die Prostatazelle ein, indem es mit den in der Prostatazellmembran befindlichen Androgen-Rezeptoren einen Komplex bildet. Der Androgen-Rezeptor-Komplex wird nun von der Zelle aufgenommen und über Zwischenstufen wird das Testosteron zu dem stark wirksamen *Dihydrotestosteron (DHT)* metabolisiert, das jetzt im Zellkern auf die DNS-Synthese fördernd einwirkt und so die Gewebeproliferation und dadurch das Tumorwachstum stark anregt.
Daneben wird über die in der Nebennierenrinde befindlichen ACTH-Rezeptoren die Synthese der adrenalen, schwach wirksamen Androgene (*Precursor-Androgene*) ausgelöst. Diese schwach wirksamen adrenalen Androgene werden in der Prostatazelle zu

dem stark wirksamen *Dihydrotestosteron* metabolisiert, das seinerseits das Tumorwachstum fördernd beeinflußt.
Das hormonelle Steuerungszentrum des Menschen befindet sich also im Hypothalamus. Die endokrine Steuerung der Prostata und die Angriffspunkte der hormonellen Therapeutika sind in Abb. 8-2 dargestellt. Abb. 8-3 zeigt ein analoges Bild für den weiblichen Körper.

Therapieformen

Eine Beeinflussung bzw. Ausschaltung der körpereigenen Hormonproduktion kann auf verschiedenen Wegen erreicht werden. Zum einen durch operative Entfernung der hormonbildenden Organe (Orchiektomie, Ovarektomie usw.), zum anderen durch eine medikamentöse Behandlung, die auf einem von vier Prinzipien beruhen kann:
- der Störung der Wirkung körpereigener Hormone durch Gabe *gegengeschlechtlicher Hormone* (Androgenen bei weiblichen, Östrogenen bei männlichen Patienten)
- der Blockierung von Hormonrezeptoren durch *Antagonisten* (Antiöstrogene, Antiandrogene)
- der Beeinflussung der Produktion von Geschlechtshormonen durch *GnRH-Analoga* (GnRH-Agonisten)
- der Einwirkung von *Aromatasehemmern* auf die Funktionen der Nebennierenrinde bei Mammakarzinomen.

Klassische endokrine Therapie

In früheren Jahren verstand man unter der Hormontherapie maligner Erkrankungen eine **Behandlung mit gegengeschlechtlichen Hormonen.** Der wesentliche Angriffspunkt der endokrinen Therapie des Prostata- und des Mammakarzinoms war die Hemmung der Freisetzung von Luteinisierendes Hormon (LH) aus der Hypophyse durch Östrogene und Androgene.

Gegengeschlechtliche Hormone inhibieren die Produktion von LH. In der Folge kommt es im Organismus zu einem Konzentrationsabfall der körpereigenen Geschlechtshormone bis auf ein Kastrationsniveau. Bei Anwendung sehr hoher Dosen gegengeschlechtlicher Hormone konnte auch eine Hemmung der DNS-Synthese in den Prostata- und Mammakarzinomzellen nachgewiesen werden.

Diese gegengeschlechtliche Hormontherapie hatte jedoch erhebliche Nebenwirkungen auf den Gesamtorganismus, wie z. B. kardiovaskuläre und hepatische Toxizität, Salz- und Wasserretention, auffällige Wesensveränderungen (endokrine Psychopathie) und Immunsuppression.

Therapie mit Antagonisten (Antiandrogenen, Antiöstrogenen)

Seit bekannt ist, daß die im Blut kreisenden körpereigenen Hormone über Hormonrezeptoren, die sich an den Zellen der Erfolgsorgane befinden, zur Wirkung kommen, wurden auf synthetischer Basis Substanzen entwickelt, die alternativ zur klassischen endokrinen Therapie die Hormonrezeptoren in den Erfolgsorganen (Prostata, Mamma) blockieren können und so an den Rezeptoren eine konkurrierende Hemmung ausüben, ohne dabei die zellulären Eigenschaften zu verändern.

Diese Substanzen werden *Antiandrogene* bzw. *Antiöstrogene* genannt. Durch die Blockade der Rezeptoren entziehen sie diese dem Einfluß der körpereigenen Hormone. Als *Antagonisten* der Geschlechtshormone führen sie am Zielorgan zu einer kompetitiven Hemmung der Rezeptoren.

Ein kompetitiver Antagonist eines Hormons ist eine pharmakologische Substanz, die sich mit demselben Rezeptor verbindet, dabei aber keine Änderungen der zellulären Eigenschaften auslöst. Es wird lediglich der Rezeptor für das Hormon durch Konkurrenz der Moleküle um die Bindungsstelle blockiert. Infolgedessen bleibt dieses wirkungslos.

Gravierende Nebenwirkungen auf den Gesamtorganismus, wie sie bei der gegengeschlechtlichen Hormontherapie beobachtet werden, sind bei der Behandlung mit Antagonisten nicht bekannt.

- An der Prostatazelle verhindern **antiandrogene** Präparate wie Androcur oder Fugerel die Einflußnahme der körpereigenen Androgene.
- Durch **Antiöstrogene** (z. B. Tamoxifen) werden Östrogenrezeptoren, die sich vermehrt in den Membranen der malignen Mammazellen befinden, konkurrierend besetzt und blockiert, so daß die körpereigenen Östrogene hier nicht zur Wirkung kommen können. Das führt zu einer hemmenden Beeinflussung der DNS-Synthese im Kern der Mammazelle und somit zu einer Zellproliferationshemmung, woraus ein Wachstumsstillstand des Tumors bzw. eine Tumorrückbildung resultiert.

Bei Patientinnen mit einem positiven Östrogen-Rezeptorstatus beim Mammakarzinom hat sich diesbezüglich das *Tamoxifen* gut bewährt. Ein weiteres Präparat, das hier zu nennen ist, ist das *Orimeten.* Diese Substanz überschreitet als einziges Hormon die Blut-Hirn-Schranke und kann deshalb bei vorhandenen Hirnmetastasen eingesetzt werden.

Therapie mit GnRH-Agonisten (GnRH-Analoga)

Die Suche nach weiteren Alternativen zur klassischen endokrinen Therapie maligner Erkrankungen führte in letzter Zeit zur Entwicklung stark wirksamer **GnRH-Analoga** (Analoga des Gonadotropin Releasing Hormon).

Als Agonisten des hypothalamischen Gonadotropin Releasing Hormon (GnRH) werden Substanzen bezeichnet, die durch Austausch von Aminosäuren im natürlichen Polypeptidhormon synthetisiert werden. Im Vergleich mit dem natürlichen GnRH, das nur eine kurze Halbwertzeit aufweist, sind die Analoga widerstandsfähiger gegenüber abbauenden Enzymen und haben eine höhere Affinität zu den GnRH-Rezeptoren als das natürliche GnRH. Sie blockieren also die Rezeptoren.

GnRH stimuliert die Gonadotropinausschüttung der Hypophyse (Gonadotropine: LH, Luteinisierendes Hormon und FSH, Follikelstimulierendes Hormon).

Durch die Verabreichung hoher Dosen von GnRH-Analoga werden anfangs LH und FSH in großen Mengen freigesetzt. Nach Langzeitanwendung von Analoga kommt es durch die sogenannte Down-Regulation der hypophysären Rezeptoren infolge einer übermäßigen Hormonkonzentration zur Blockade der GnRH-Rezeptoren im Hypophysenvorderlappen. Dies führt zu einer erniedrigten Sekretion von LH und FSH und letztlich zur absoluten Blokkade der GnRH-Rezeptoren. Die Analoga haben eine hochspezifische Wirkung auf die hypophysäre Freisetzung von LH und FSH, beeinflussen aber die übrigen hypophysären Hormone nicht. Nach circa 3wöchiger Therapie mit Analoga kommt es demzufolge zum Sistieren der Testosteronproduktion in den Leydigzellen des Hodens und zur Einstellung der Östrogenproduktion in den Follikelzellen des Ovars. Die Hormonspiegel im Serum sinken auf Kastrationswerte ab. Dieser Mechanismus ist jedoch reversibel, d. h. die Testosteronproduktion im Hoden, die Östrogenproduktion im Ovar sowie das hypothalamische GnRH-System bleiben intakt, werden also lediglich während der Zeit der Therapie blockiert.

Also senken GnRH-Analoga sowohl den Testosteronspiegel im Serum wie auch den Dihydrotestosteronspiegel in der Prostatazelle auf Kastrationswerte. Bei der Frau führen sie zu einer reversiblen hypogonadotropen Ovarialinsuffizenz (d. h. zu einer Blockade der Östrogensynthese in den Follikelzellen des Ovars) und imitierten dadurch weitgehend den Effekt einer Ovarektomie.

Als häufigste Nebenwirkung der Behandlung mit Analoga wurden bisher Potenz- und Libidoverlust sowie Hitzewallungen infolge des Testosteron- bzw. Östrogenentzugs beobachtet.

Medikamentöse Beeinflussung des Aromataseenzymsystems

In der Nebennierenrinde existiert ein Enzymsystem – das *Aromataseenzymsystem* – das die Umwandlung der hier gebildeten Androgene zu Östrogenen katalysiert, so daß von der Nebennierenrinde aus ebenfalls eine Östrogenbeeinflussung auf einen Mammatumor erfolgen kann.
Durch Einsatz von *Aromatasehemmern* wird dieser Umwandlungsprozeß in der Nebenniere blockiert. Der Effekt der Aromatasehemmer ist somit vergleichbar mit dem der Adrenalektomie.
Ein solcher Aromatasehemmer ist z. B. das Aminoglutethimid.
Aminoglutethimid wurde im Jahre 1967 erstmals unter der Vorstellung einer chemischen Adrenalektomie bei Patientinnen mit fortgeschrittenem Mammakarzinom (mit ossären lokoregionalen oder pleuropulmonalen Metastasen) eingesetzt. Heute vorliegende Resultate zeigen, daß bei einem unausgesuchten Krankengut bei einer Therapie mit Aminoglutethimid in etwa 30 % der Fälle eine objektive Tumorremission erzielt werden konnte und in 15 % der Fälle mit vorher progredienter Metastasierung ein Wachstumsstillstand zu beobachten war. Bei Patientinnen, bei denen Östrogenrezeptoren im Tumorgewebe nachgewiesen werden konnten, erhöhte sich die Remissionsrate durch eine Therapie mit Aminoglutethimid auf ca. 60 %. Endokrine Begleituntersuchungen zeigten einen signifikanten Abfall der Serumspiegel für Östron und Östradiol.
Zur Vermeidung einer Nebenniereninsuffizienz, die vereinzelt bei einer Therapie mit Aminoglutethimid als Nebenwirkung beobachtet werden konnte, wird gleichzeitig eine Substitution von Hydrokortison empfohlen.
In Anbetracht der Nebenwirkungsrate von Aminoglutethimid und der Beeinflussung verschiedener Enzymsysteme der adrenalen Steroidbiosynthese sucht man nach Substanzen, die mit höherer Spezifität und Aktivität die Aromatisierung von Androgenen zu Östrogenen blockieren und nicht mit den Nebenwirkungen behaftet sind, die das Aminoglutethimid hat.

Tab. 8-1: Überblick über die zur Therapie angewandten Hormonpräparate

Stoffgruppe	Handelsname	Handelsform und Applikationswege	Richtdosen	Hauptindikation	Nebenwirkungen
Androgene					
1. Testosteron-propionat	TESTOVIRON TESTOVIRON-Depot	Amp. 10, 25, 50 mg, i.m. Amp. 50, 100, 250 mg, i.m.	100 mg 3mal pro Woche i.m. langfrist: oder 250 mg pro Woche i.m. langfristig	Mammakarzinom	Virilisierung[++] Flüssigkeits-retention[+] Hyperkalzämie[+]
2. Testolacton	FLUDESTRIN	Amp. 100 mg, i.m. Tabl. 50 mg	wie oben	Mammakarzinom	wie Testoviron
Antiandrogene					
3. Cyproteronacetat	ANDROCUR	Tabl. 50 mg	200–300 mg/Tag langfristig	Prostatakarzinom	Cave: Diabetes mellitus, Sichelzellanämie
4. Flutamid	FUGEREL	Tabl. 250 mg	750 mg/Tag	Prostatakarzinom	Leberfunktions-störungen
Gestagene					
5. Hydroxynor-Progesteron	DEPOSTAT	Amp. 200 mg i.m.	200–400 mg/Woche	Mammakarzinom Korpuskarzinom	Asthma-Reaktio-nen([+]) Hepatosen([+])
6. Megestrol-acetat	MEGESTAT	Tab. 40 mg	160 mg/Tag oral (40–320 mg/Tag oral)	Mammakarzinom Korpuskarzinom	Flüssigkeitsreten-tion[+] Phlebitiden[+]

7. Medroxy-progesteron	CLINOVIR FARLUTAL MPA Hexal	Amp. 500, 1000 mg i.m. Tabl. 100, 200, 250, 500, 1000 mg u. Oralsuspension	1000–1500 mg/Tag oral oder 2 × 500 mg/Woche i.m. 200–600 mg/Tag oral oder 1000 mg/Woche i.m.	Mammakarzinom Nierenkarzinom	Übelkeit⁺ Kopfschmerzen⁺ Sehstörungen(⁺) Phlebitiden⁺ u. Thrombosen Vaginalblutungen⁺ Muskelkrämpfe⁺
Östrogene (nur noch selten angewandt)					
8. Oestradiol	PROGYNON-DEPOT	Amp. 40, 100 mg i.m.	80 mg/alle 2 Wochen i.m. 100 mg/alle 3–4 Wochen i.m.	Mammakarzinom Prostatakarzinom	Flüssigkeitsretention⁺ Herz-Kreislauf-Erkrankungen⁺ Uterusblutungen (⁺) Thrombosen⁺
9. Polyestradiol-phosphat	ESTRADURIN	Amp. 40, 80 mg i.m.	80–160 mg/Monat nach 2–3 Monaten 40 – 80 mg/Monat	Prostatakarzinom	Gynäkomastie bei Männern⁺ Übelkeit⁺ Hyperkalzämie⁺

Tab. 8-1: Fortsetzung.

Stoffgruppe	Handelsname	Handelsform und Applikationswege	Richtdosen	Hauptindikation	Nebenwirkungen
10. Diäthyl-Stilb-oestrol-Phosphat	HONVAN	Amp. 300 mg i.v. Tabl. 120 mg	1200 mg pro Tag als Inf. über 8–10 Tage 360–480 mg 3mal tägl. oral	Prostatakarzinom	wie Oestradiol Knochenschmerzen
11. Chlorotrianisen	MERBENTUL	Tabl 24 mg	24 mg/Tag	Prostatakarzinom	wie Oestradiol
Antiöstrogene					
12. Tamoxifen	NOLVADEX KESSAR TAMOFEN TAMOXASTA TAMOXIFEN medac TAMOXIFEN-ratiopharm DURATAMOXIFEN	Tabl. 10, 20, 30, 40 mg Tabl. 10, 20 mg	20–(40) mg/Tag	Mammakarzinom	Hitzewallungen Vaginalblutungen $(^{+})$ Pruritus vulvae^{+} selten Thrombopenie
13. Aminoglutethimid	ORIMETEN	Tabl. 250 mg	2 × 250 mg/Tag oder 3–4 × 250 mg/Tag mit 3 × 12,5 mg Cortisonacetat	Mammakarzinom NNR-Karzinom NNR-Adenom	Müdigkeit Benommenheit Ataxie, Exanthem, Übelkeit

LH-RH-Analoga					
14. Leuprorelin-acetat	CARCINIL	1 mg	0,2 mg s.c./Tag	Prostatakarzinom	Knochenschmerzen, Harnabflußbehinderung, Hitzewallungen. Gynäkomastie (Antidot: Antiandrogene) selten: Allergie
15. Triptorelin	DECAPEPTYL 0,5/0,1 mg	0,5/0,1 mg	7 Tage 0,5 mg s.c. dann 0,1 mg/Tag	Mammakarzinom	
16. Buserelin	SUPREFACT pro Inj./nasal	5,5 mg	7 Tage $3 \times 0{,}5$ mg dann $12 \times 1{,}3$ mg nasal		
18. Goserelin-acetat	ZOLADEX	3,6 mg	3,6 mg s.c. alle 28 Tage		
Kortikosteroide					
17. Prednison oder Prednisolon	*)	Amp. 25, 50 250 mg Tabl. 2, 25, 50 mg	20–100 mg/Tag	Akute lymphatische Leukämie Mammakarzinom Lymphogranulomatose	Magenbeschwerden, Ulkus, Cushing-Syndrom

*) Es können alle Handelspräparate der verschiedenen Prednisonderivate verwendet werden entsprechend ihren Wirkungsäquivalenzen. – Prednison 10 mg = 8 mg Methylprednison = 2 mg Dexamethason = 1,5 mg Betamethason = 4 mg Paramethason = 12 mg 16-Methylenprednisolon = 10 mg Fluocortolon. Dexamethason und Betamethason sind zur Dauertherapie weniger geeignet, da sie zu Myopathien führen können.

Aus Dold, U., Hermanek, P., Höffken, K., Sack, H.: Praktische Tumortherapie. 4. Aufl. Stuttgart, New York: Thieme, 1993.

Überblick über die Hormonpräparate

Die in der Therapie maligner Erkrankungen der Mamma, des Uterus und der Prostata eingesetzten Hormonpräparate werden einschließlich ihrer Indikationen und Nebenwirkungen in Tab. 8-1 (S. 168–171) zusammenfassend beschrieben.

9. Immuntherapie

Allgemeines

Trotz intensiver Bemühungen seitens der Immunforschung ist es seit Paul Ehrlich, der bereits 1905 die Bedeutung der Immunabwehr im Rahmen der Behandlung bösartiger Krankheiten erkannte, bis heute noch nicht zufriedenstellend gelungen, die Immuntherapie als festen Bestandteil der Behandlung maligner Erkrankungen zu etablieren. Zu wenig ist bis heute über die gegenseitigen Abhängigkeiten und Wechselwirkungen der immunologischen Substanzen und Botenstoffe bekannt. Man weiß jedoch inzwischen, daß z. B. die *Lymphokine,* die *Interferone* und die *Wachstumsfaktoren* in einer außerordentlich komplizierten Wechselbeziehung zueinander stehen, und daß sie niemals isoliert biologische oder therapeutische Wirkungen im Organismus entfalten.
Zu gering sind bei der Behandlung mit immunologisch wirkenden Substanzen noch die Erfolgsquoten, und im Verhältnis dazu leider noch zu hoch die Nebenwirkungen.

Die Immuntherapie, d. h., besonders die Anwendung von *Zytokinen* (*Interferone, Interleukine* und *Tumornekrosefaktor*) bleibt heute deshalb ausschließlich den sogenannten Problemfällen, d. h. den chemo- und strahlentherapieresistenten Tumorfällen mit ausgedehnter Metastasierung vorbehalten. Sie sollte wegen der unerwünschten und oft nur schwer zu beherrschenden Nebenwirkungen vorwiegend bzw. ausschließlich in Tumorkliniken mit gut funktionierenden Intensivabteilungen, und hier nur im Rahmen von Studien durchgeführt werden.

Bei den Bemühungen um Möglichkeiten einer immunologischen Behandlung maligner Erkrankungen war es in den Anfangsjahren unumgänglich, zuerst körpereigene Faktoren und Substanzen, die in der Immunabwehr eine Rolle spielen, zu analysieren, sie rein darzustellen und schließlich in ausreichender Menge für therapeutische Zwecke herzustellen.
So konnten durch neue immunologische Bestimmungsverfahren inzwischen erhebliche Fortschritte hinsichtlich der Erkennung körpereigener Botenstoffe und Wachstumsfaktoren erzielt, die körpereigene Synthese dieser Substanzen mit Hilfe entsprechender immunologischer Verfahren aufgeklärt und die Reinherstellung immunologisch wirkender Substanzen durch ein gentechnisches Produktionsverfahren erreicht werden.

Zu der neuen Generation der Immuntherapeutika werden gerechnet:

- die *monoklonalen Antikörper* und
- die *Zytokine*, die zu den Immunmodulatoren (*biological response modifiers*) zählen.

Dank gentechnischer Verfahren ist heute die Anwendung von Zytokinen und anderen Immunmodulatoren in größerem Umfang möglich. Zytokine werden derzeit systemisch allein oder auch in Kombination mit zytotoxisch wirkenden Substanzen und in vitro stimulierten Lymphozyten bei verschiedenen chemotherapieresistenten und metastasierenden Karzinomen, so z. B. bei Nierenzellkarzinomen, eingesetzt. Bei solchen Behandlungsversuchen lassen sich häufig durchaus Remissionen nachweisen.
Sehr erfolgreich ist die lokale Anwendungsform der Immuntherapie als rezidivprophylaktische Maßnahme nach oberflächlichem Harnblasenkarzinom.

Therapie mit monoklonalen Antikörpern und Zytokinen

Monoklonale Antikörper

Die Entwicklung der Hybridomtechnik zur Herstellung von monoklonalen Antikörpern wie auch die Fortschritte in der Gentechno-

logie, die durch die Klonung und Expression menschlicher Gene möglich wurde, verbesserten in der Onkologie die diagnostischen Möglichkeiten und eröffneten gleichzeitig auch neue therapeutische Perspektiven.
Unter einem *Hybridom* versteht man eine Zellkultur, die durch eine Fusion zwischen Lymphozyten und Myelomzellen entstanden ist und die neben der Fähigkeit zu unbegrenztem Wachstum die Fähigkeit zur Synthese hochspezifischer monoklonaler Antikörper hat.
Monoklonale Antikörper sind Immunglobuline, die von einem Zellklon gebildet werden und demzufolge monospezifisch sind.
Probleme beim Einsatz von monoklonalen Antikörpern in der Tumortherapie ergeben sich zum einen aus der Tatsache, daß die meisten Antikörper gegen Antigene gerichtet sind, die auch bis zu einem gewissen Grad auf normalen Zellen nachweisbar sind (siehe Kapitel 5 „Prinzip der Tumormarker-Bestimmung"), und zum anderen aus der Tatsache, daß vieles hinsichtlich des Wirkungsmechanismus von Antikörpern, wie komplementaktivierende Zytotoxizität, antikörpervermittelte zelluläre Zytotoxizität, Aktivierung unspezifischer Killerzellen und auch Blockierung bestimmter biologischer Funktionen des Antigens größtenteils ungeklärt ist.
Ungeachtet dessen wurden vor allem bei Neuroblastomen, Kolon- und Pankreaskarzinomen im Bundesgebiet schon Therapiestudien durchgeführt.

Immunmodulatoren (Zytokine)

Als *Immunmodulatoren* oder *biological response modifiers* bezeichnet man Substanzen, die ihren Antitumoreffekt hauptsächlich über Mediatoren (Vermittlerstoffe) entfalten, die sie im Organismus über Zellen des Immunsystems freisetzen.
Zytokine sind Zellprodukte mit zellwachstumsregulierenden Funktionen. Sie zeichnen sich durch eine hohe spezifische Wirkung aus. Zu den Zytokinen werden die Interferone, die Interleukine und der Tumornekrosefaktor gerechnet.

Interferone

Bei den *Interferonen* handelt es sich um eine Gruppe von Proteinen und Glykoproteinen, die aufgrund ihrer unterschiedlichen antigenen und funktionellen Eigenschaften in **Interferon** α, das in Leukozyten, **Interferon** β, das in Fibroblasten und **Interferon** γ, das ausschließlich in T-Lymphozyten induziert wird, unterteilt werden.

Alle **Interferone** zeichnen sich durch antivirale, immunmodulatorische und antiproliferative Eigenschaften aus. Diese genannten Eigenschaften können einzeln oder gemeinsam Einfluß auf die Kontrolle des Tumorwachstums nehmen. Bezüglich des antitumoralen Effektes liegen ausreichende Erfahrungen aufgrund der Ergebnisse von Phase-II-Studien (Wirksamkeitsstudien) nur für Interferon α vor. Danach können die Tumoren entsprechend ihrer Interferon-Sensitivität eingeteilt werden in: Tumoren mit hoher, Tumoren mit mäßiger sowie Tumoren ohne sichere Interferon-Empfindlichkeit. Schließlich werden Tumoren angeführt, über deren Interferonempfindlichkeit noch Unklarheit herrscht bzw. über die widersprüchliche Ergebnisse vorliegen.
Nebenwirkungen bei Interferontherapie: Fieber, Myalgien, Anorexie, Gewichtsverlust. Als schwere dosislimitierende Nebenwirkungen sind Lethargie, Neutropenie und Transaminasenerhöhungen zu nennen.

Interleukine

Interleukin 2 ist ein Glykoprotein. Es wird von antigen- und mitogenstimulierenden T-Lymphozyten gebildet. In vitro und in vivo ist Interleukin 2 in der Lage, T-Zellen zum Wachstum anzuregen. Somit hat es sich als wirksame Substanz in der immunologischen Behandlung maligner Tumoren erwiesen. Über die membranständigen Interleukin-2-Rezeptoren aktiviert es natürliche Killerzellen und zytotoxische T-Lymphozyten. Wie In-vitro-Untersuchungen zeigen, erlangen diese Zelltypen durch die Aktivierung eine hohe

zytotoxische Aktivität gegen eine Vielzahl unterschiedlicher Tumorzellen.
Wegen der starken Nebenwirkungen kann eine Therapie mit Interleukin 2 nur auf Intensivstationen durchgeführt werden. Als Nebenwirkungen können auftreten: Fieber, Erbrechen, Diarrhöen, Gewichtszunahme durch Flüssigkeitsretention infolge vermehrter Kapillarpermeabilität sowie hypotone Kreislaufdysregulation bis hin zum Schock.

Tumornekrosefaktor

Hierbei handelt es sich um eine immunologisch wirkende Substanz, die bei Mäusen gebildet wird, die mit Bacille-Calmette-Guérin (BCG) immunisiert sind und mit Endotoxin behandelt wurden.
Dieser Faktor führt bei bestimmten experimentell induzierten Tumoren zu einer hämorrhagischen Nekrose. Neben der direkten zytotoxischen Wirkung hat der Nekrosefaktor noch eine Reihe anderer Wirkungen, unter anderem die Induktion von Interferon. Wirkungen auf den Tumor konnten in Studien bei einem Drittel der Patienten nach intratumoraler Applikation beobachtet werden. Bei entsprechender Infusionsbehandlung waren bisher keine eindeutigen Wirkungen auf den Tumor feststellbar.
Die Nebenwirkungen entsprechen in etwa denen, die auch bei einer Therapie mit Interleukin 2 auftreten.

Immunreaktion des Körpers auf Tumorzellen

Tumorzellen als körperfremde und atypische Zellen

Es wird angenommen, daß die Immunantwort des Körpers auf vorhandene Tumorzellen dadurch stimulierend beeinflußt wird, daß die von den malignen Zellen exprimierten tumorassoziierten Antigene (Tumorantigene) dem körpereigenen Immunsystem die Erkennung der Tumorzellen ermöglichen. So werden die Tumorzellen vom Immunsystem als körperfremde und atypische Zellen erkannt und angegriffen. Die gegen einen bestimmten Tumor gerichteten, spezifischen immunologischen Abwehrmechanismen werden durch die Anwesenheit des betreffenden tumorassoziierten Antigens aktiviert, was so zur Vernichtung dieses Tumors durch Lyse von Tumorzellen führt.

Tumorantigene sind tumorassoziierte (tumorgebundene, tumorverknüpfte), d. h. tumorspezifische Antigene. Diese Antigene befinden sich in den Tumorzellen selbst (Zellkern, Zytoplasma) sowie auf den Oberflächen von Tumorzellen (Zellmembran) und werden auch im Serum von Tumorpatienten nachgewiesen (siehe Kap. 5, „Tumormarker“). Tumorantigene können von Tumorviren induziert oder als sogenannte *onkofetale Antigene* vom Genom kodiert werden. Onkofetale Antigene werden normalerweise während der Embryonal- und Fetalperiode exprimiert, im Erwachsenenalter nur in minimaler Konzentration.
Unter einem *Genom* versteht man den haploiden (normalen, einfachen) Chromosomensatz einer Zelle mit den auf ihm kodierten Genen.

> Ziel der **Immuntherapie** von Tumoren ist die Steuerung und Verstärkung der immunologischen Reaktionen, die durch Tumorantigene auf der Oberfläche von Tumorzellen hervorgerufen werden. Antikörper und immunkompetente Zellen reagieren hier nur mit den zellmembranständigen Tumorantigenen.

Die im Serum auftretenden Tumorantigene werden diagnostisch als Tumormarker genutzt (siehe hierzu Kap. 5, „Tumormarker“).
Bei der Behandlung maligner Erkrankungen auf immunologischer Basis existieren zwei Varianten:

- *passive unspezifische* Immuntherapie mit Zytokinen (Interferone, Interleukine, Tumornekrosefaktor)
- *aktive spezifische Immuntherapie* mit autologen Tumorvakzinen

Passive unspezifische Immuntherapie mit Zytokinen

Zytokine sind vorwiegend speziesspezifische Glykoproteine, die die Bildung von Lymphokinen beeinflussen. Lymphokine werden

von den Lymphozyten, vor allem von den antigenaktivierten T-Lymphozyten produziert und sezerniert. Zytokine aktivieren weiterhin andere Zellen oder regen deren Funktion zur Bildung bestimmter Enzyme oder anderer Faktoren an, die einerseits eine immunmodulatorische Wirkung im Sinne einer stimulierenden oder supprimierenden Antikörperproduktion haben und andererseits auch einen Einfluß auf die Zellteilung im Sinne einer Verlangsamung (Antitumorwirkung?) ausüben.
Zu den Zytokinen zählen:

- Interferone
- Interleukine
- Tumornekrosefaktor

▷ Interferone

Interferone werden von vielen menschlichen und tierischen Zellen im Rahmen einer Immunantwort des Organismus, unter Einfluß zahlreicher antigener und mitogener Stimuli (z. B. Lektine), gebildet. Man unterscheidet, wie bereits vorher schon erwähnt, Interferon α, Interferon β und Interferon γ.
Interferon α und **Interferon** β wirken hauptsächlich antiviral, während **Interferon** γ vorwiegend, in Abhängigkeit von den gegebenen Bedingungen, immunmodulatorisch, entweder stimulierend oder supprimierend, einwirkt, vor allem auf die Antikörperproduktion, auf die Ausprägung zellulärer Oberflächenantigene (Zellmarker) und auf die verschiedenen Funktionen der T-Lymphozyten, der natürlichen Killerzellen und der Makrophagen.

> **Makrophagen** sind Zellen mit phagozytären und pinozytären Eigenschaften, die so Bakterien und andere Mikroorganismen, Fremdkörper und Zelltrümmer wie auch polymerisierte lösliche Moleküle enzymatisch abbauen und/oder sie durch zelluläre Aufnahme auf diese Weise vernichten.
> Man unterscheidet Blutmakrophagen (Monozyten) und gewebetypische Makrophagen (im Gewebe eingewanderte und ortsständige Zellen).

Phagozytose ist die Aufnahme von festen Partikeln ins Zellinnere.
Pinozytose ist die Aufnahme von gelösten Stoffen ins Zellinnere.

Leider mußte bei den inzwischen durchgeführten klinischen Studien festgestellt werden, daß das *Nierenzellkarzinom* gegenüber fast allen bekannten und etablierten antitumoralen Substanzen in etwa resistent ist. Erstmals konnten im Jahre 1983 Queseda et al. und De Kernion bei Anwendung von **Interferon** α Erfolge melden, die von anderen Arbeitsgruppen bestätigt wurden. Jedoch lagen die erzielten objektiven Remissionsraten trotz optimaler Dosierung, Applikationsfrequenz und Applikationsart bei der Behandlung des Nierenzellkarzinoms mit Interferon α-2, auch in Kombination mit Zytostatika, im Mittel bei 20%.
In weiteren klinischen Studien mit Behandlungen von Interferon α in Kombination mit mehreren heute schon zur Verfügung stehenden Zytokinen mußte leider festgestellt werden, daß bei einer nicht unerheblichen Toxizität für die beteiligten Patienten keine nennenswerten therapeutischen Nutzen hieraus resultierten. Zu gering sind bis heute leider noch die objektiven Remissionsraten und zu groß die Nebenwirkungen.

▷ Interleukine

Interleukine sind von Leukozyten sezernierte Signalsubstanzen der Immunregulation. Man unterscheidet heute bereits 12 Interleukine.
- **Interleukin 1** ist eine dem Tumornekrosefaktor ähnliche Substanz, die von Makrophagen gebildet wird. Sie stimuliert vorwiegend T- und B-Lymphozyten.
- **Interleukin 2** wird von T-Helferzellen produziert. Es aktiviert T-Lymphozyten und Killerzellen.

In der Therapie von Nierenzellkarzinomen und malignen Melanomen wurde gentechnologisch hergestelltes rekombinantes Interleukin 2 inzwischen schon mit Erfolg angewandt.

- Interleukin 3 fördert das Wachstum und die Differenzierung von Zellen der Hämatopoese (wirkt auf Stammzellen und Knochenmark).
- Interleukin 4 stimuliert B-Lymphozyten.

▷ Tumornekrosefaktor

Hierbei handelt es sich um eine von aktivierten Makrophagen gebildete Substanz, die selektiv Tumorzellen durch Lyse vernichtet. Derzeit wird die Anwendung dieser Substanz, die inzwischen auch gentechnologisch hergestellt werden kann, zur Behandlung maligner Tumoren in klinischen Studien noch erprobt.

Aktive spezifische Immuntherapie mit autologen Tumorvakzinen

Im Nachfolgenden wird die aktive spezifische Immuntherapie im Überblick etwas ausführlicher dargestellt. Hierbei handelt es sich um eine erfolgversprechende und hoffnungsvolle Therapieform, die bereits kommerziell verfügbar ist.
Auf der Suche nach weiteren Behandlungsmöglichkeiten der bis heute immer noch schwer oder kaum mit den bekannten und als etabliert geltenden Maßnahmen, wie Strahlen-, Chemo- und Hormontherapie, zu behandelnden Malignome (z. B. das Nierenzellkarzinom), scheinen sich inzwischen auf dem Gebiet der immunologischen Behandlung von malignen Erkrankungen hoffnungsvolle und erfolgversprechende Möglichkeiten zu ergeben, und zwar durch eine Behandlung mit autologen Tumorvakzinen auf der Grundlage der autologen spezifischen Immunisierung.

Autologe Tumorvakzine sind Impfstoffe, die aus einer entsprechenden Aufarbeitung körpereigener Tumorantigene hergestellt werden. Diese Antigene werden durch Anwendung spezieller labortechnischer Verfahren aus dem von den individuellen Patienten entnommenen Tumorgewebe gewonnen. Die Tumorvakzine wird zur aktiven spezifischen Immunisierung dieses Patienten verwendet.

Allgemein sind **Vakzine** Impfstoffe aus lebenden, in ihrer Virulenz abgeschwächten bzw. inaktivierten Krankheitserregern oder aus inaktivierten (entgifteten) Toxinen oder Teilstückchen der Oberflächenstrukturen von Erregern oder auch von atypischen körperfremden Zellen, wie z. B. von Tumorzellen.

Die aktive spezifische Immuntherapie mit autologen Tumorvakzinen trat in klinischen Studien in letzter Zeit mit erfolgversprechenden Resultaten bei schwer therapierbaren Malignomen, wie z. B. beim **Nierenzellkarzinom**, Kolonkarzinom, Mammakarzinom, malignem Melanom u. a., immer mehr in den Vordergrund. Durch die Förderung von Abwehrvorgängen kann eine Tumorprogression verhindert werden und so zu einer Lebensverlängerung der Betroffenen führen. Das Ziel einer aktiven spezifischen Immuntherapie mit autologen Tumorvakzinen ist, vor allem nach radikaler operativer Tumorentfernung (z. B. Tumornephrektomie), bei Erhaltung einer möglichst hohen Lebensqualität eine Verlängerung der rezidiv- bzw. progressionsfreien Zeit zu erreichen.
Da die aktive spezifische Immuntherapie mit autologen Tumorvakzinen hauptsächlich beim Nierenzellkarzinom eingesetzt wird, soll im folgenden auf die Problematik dieses schwer therapierbaren Karzinoms eingegangen werden.
Trotz aller bisheriger therapeutischer Bemühungen ist vor allem das metastasierende Nierenzellkarzinom immer noch weitgehendst therapieresistent. Die zur Zeit einzige erfolgversprechende Behandlungsmöglichkeit eines noch nicht metastasierenden Nierenzellkarzinoms mit kurativer Zielsetzung stellt die radikale chirurgische Entfernung der tumortragenden Niere mit Nebenniere und Fettkapsel einschließlich der Gerota-Faszie und der lokoregionalen Lymphdrüsen dar (*radikale Tumornephrektomie*). Zu diesen Tumoren gehören solche der Stadien pT_1 bis pT_{3a}, N_0 und M_0, d. h., in diesen Stadien ist der Tumor mit seiner Ausdehnung nur auf die Niere selbst lokalisiert (pT_{1-2}, N_0, M_0). Oder er ist inzwischen in die Nebenniere oder ins perirenale Fettgewebe infiltriert, ohne daß mit den zur Verfügung stehenden technischen und diagnostischen Einrichtungen eine bereits metastatische Aussaat des Tumors nachgewiesen werden kann (Stadium pT_{3a}, N_0, M_0).

Bekannt ist jedoch, daß bei Patienten mit $pT_{1\text{-}3}$-Tumoren, bei denen trotz der heute zur Verfügung stehenden bildgebenden diagnostischen Verfahren keine Metastasen nachgewiesen werden konnten, bereits in einem Drittel der Fälle ein regionärer Lymphknotenbefall und in 50% der Fälle zum Zeitpunkt der Diagnosestellung schon hämatogene Mikrometastasen vorhanden sind, und daß sich bei Patienten mit vermeintlich kurativ operablen Nierenzellkarzinomen, d. h. mit klinisch lokalisierten Tumoren nach radikaler Tumornephrektomie in 80% der Fälle innerhalb von 5 Jahren Metastasen entwickeln.
Präoperativ und auch postoperativ lokale Bestrahlungstherapien, wie auch Hormon- und Chemotherapien als neoadjuvante und adjuvante Maßnahmen, führen zu keinen besseren Ergebnissen. Sie sind daher nicht, auch nicht in fortgeschrittenen Tumorstadien, zu rechtfertigen.
Das war Anlaß dafür, daß neben verbesserten operativen Techniken in klinischen Studien auch systemische Therapieformen mit Zytostatika und Zytokinen (auch in Kombination) erprobt und angewandt wurden, um den malignen Krankheitsverlauf und somit die Prognose des Nierenzellkarzinoms insgesamt etwas günstiger zu beeinflussen (siehe Abschnitt „Passive unspezifische Immuntherapie mit Zytokinen“, S. 178).

Herstellung von autologen Tumorvakzinen

Grundvoraussetzung für die Herstellung einer autologen Tumorvakzine ist, daß die Tumorzellen ein spezifisches bzw. stark tumorassoziiertes Antigen enthalten. Nach radikaler operativer Tumorentfernung (z. B. radikale Tumornephrektomie) wird der frisch extirpierte Tumor gekühlt und in sterilen Behältern an Speziallabors zur entsprechenden Präparation und Herstellung der Tumorvakzine versandt. Die Aufarbeitung erfolgt nach folgendem Verfahren:

- Nach Entfernung des Begleitgewebes (Nekrosen, Binde- und Fettgewebe) wird das Tumorgewebe mit einer 70%igen Alkohollösung oberflächendesinfiziert und dann mechanisch zerkleinert sowie anschließend, zur Herstellung einer Tumorsuspension, durch entsprechende Siebe passiert.

- Die entstandene Zellsuspension wird in natriumgepuffertem RPMI-Medium aufgenommen und durch Zentrifugieren von Zelltrümmern befreit. RPMI-Medium ist ein spezielles Zellkulturmedium, das RPMI-1640-Medium. Das auf diese Weise entstandene Tumorpellet wird anschließend mehrfach in Natriumchlorid/Glukose-Puffer gewaschen.
- Nach einer Trypanblaufärbung werden die Tumorzellen mikroskopisch auf ihre Vitalität hin geprüft, zytologisch identifiziert und letztlich in einer Zählkammer gezählt.
- Danach erfolgt die Inkubation der Tumorzellen mit den Wirkstoffen Interferon γ und Tocopherol bei 37 °C in 5 %iger Kohlendioxid-Atmosphäre. Interferon γ induziert die Expression von Oberflächenantigenen. Zu diesen gehören die Antigene des MHC-Komplexes (Antigene, die eine wichtige physiologische Rolle bei den immunologischen Abwehrmechanismen spielen) und die tumorassoziierten Antigene. Tocopherol stabilisiert die Zellmembranen, in die die Antigene eingebettet sind.
- Abschließend werden durch weitere Waschvorgänge in Natriumchlorid/Glukose-Lösung zur Qualitätssicherung die Tumorzellen nochmals identifiziert und gezählt, um eine definierte Zellzahl im Impfstoff zu garantieren.

Ein Milliliter des Impfstoffes (Aliquot zu 1 ml) enthält nach der Fertigstellung ca. 5 Millionen devitalisierte (abgetötete) Tumorzellen in physiologischer Kochsalzlösung. Die fertigen Tumorvakzine werden bis zum Versand bei –85 °C gelagert.

Behandlung mit autologen Tumorvakzinen

Handelsname: Autologe-Tumorvakzine-macropharm
Handelsform: Zellysat zur intrakutanen Applikation
Zusammensetzung: 1 Impfdosis (1 ml) enthält Lysat aus ca. 5 Millionen devitalisierten, Interferon-γ- und Trocopherolacetat-modifizierten Tumorzellen in 0,9 %iger Natriumchlorid- und 0,5 %iger Glukoselösung.
Lagerung: bei –85 °C (Langzeit) und bei –20 °C (Kurzzeit).
Therapieplan: Beginn der Behandlung etwa 8 Wochen nach erfolgter radikaler Tumornephrektomie. In vierwöchigen Abständen wer-

den je 1 ml Impfstoff intrakutan verabreicht, bis die für den Patienten eigens hergestellte Menge (in der Regel sind das 10 Ampullen) aufgebraucht ist. Bei Eintritt von Nebenwirkungen (siehe unten) muß die Impfung zunächst ausgesetzt werden. Kann die Behandlung dann innerhalb von 2 Wochen nicht wieder fortgesetzt werden, wird die Therapie abgebrochen.

Nebenwirkungen bei Therapie mit autologen Tumorvakzinen

Außer einer gering schmerzhaften Schwellung mit Rötung des intrakutanen Injektionsortes, sind keinerlei Nebenwirkungen beobachtet worden, d. h. insbesondere keine vakzinationsbedingten systemischen Reaktionen, keine Impftumoren (aus dem Impfstoff entstehende Tumorherde), keine Wachstumsakzelerationen, keine Sepsis oder Autoimmunerkrankungen.

10. Strahlentherapie

Allgemeine Grundlagen

Bereits 1899, vier Jahre nach Entdeckung der Röntgenstrahlen, wurde von Thor Steinbeck über die erfolgreiche Strahlenbehandlung eines Hautkarzinoms berichtet. Seither hat das Spektrum der Strahlenarten und Methoden erheblich zugenommen.
Das Ziel jeder Strahlentherapie maligner Geschwülste ist es, eine maximale Zerstörung des Tumors bei möglichst geringer Schädigung des normalen Gewebes zu erreichen. Leider ist die Dosis an Strahlen, die verabreicht werden muß, um ein noch so empfindliches Karzinom zum Verschwinden zu bringen, größer als die Dosis, die unterschritten werden muß, um normales Gewebe nicht zu beeinflussen, das heißt, daß die Dosen an Strahlen, die notwendig sind, um Malignome mit Aussicht auf Rezidivfreiheit zu vernichten, immer auch normales Gewebe (Zellen) der Umgebung schädigen.
Die strahlentherapeutische Beherrschung eines Tumors hängt also nicht nur von seiner Strahlenempfindlichkeit ab, sondern auch von der Empfindlichkeit des umgebenden normalen Gewebes.
Als strahlenbiologische Grundlagen, die für die Strahlentherapie von Bedeutung sind, sind vor allem die unterschiedlichen Strahlenqualitäten und die Unterschiede der Strahlenempfindlichkeit von Zellen im Laufe des Zellzyklus und die Veränderung der Proliferationskinetik durch ionisierende Strahlen zu nennen.
Bei der angewandten Strahlentherapie wird unterschieden:

▷ Nach der Tiefe des Herdes

- ● Oberflächentherapie (0–2 cm Tiefe). Bestrahlt wird
- – mit Röntgentherapiegeräten bis zu 150 kV Betriebsspannung, z. B. mit dem Dermopan-Gerät,
- – oder mit Elektronen (Korpuskularstrahlung) aus dem Linearbeschleuniger oder Kreisbeschleuniger (Betatron) bis 42 MeV.

- Halbtiefenbestrahlung (2–5 cm Tiefe). Bestrahlt wird
  - mit Orthovolt-Röntgentherapiebestrahlung (400 kV-Röhre),
  - mit Tele-Cäsium 137 aus dem Gammatron (findet heute kaum noch Anwendung), oder
  - mit schnellen Elektronen bis 25 MeV.
- Tiefenbestrahlung (mehr als 5 cm Tiefe). Bestrahlt wird
  - mit Kobalt-60-Strahlung aus dem Gammatron (1,17 und 1,33 MeV),
  - oder mit Gammastrahlen aus dem Linearbeschleuniger oder Kreisbeschleuniger bis 42 MeV.

▷ Nach Strahlenart und Strahlenqualitäten

- Korpuskularstrahlen aus dem Linearbeschleuniger und Kreisbeschleuniger (Betatron) bis 42 MeV.
- Photonenstrahlung (elektromagnetische Strahlen)
  - Röntgenstrahlen = Orthovolt-Therapie bis 400 keV.
  - Kobalt 60- oder Cäsium-137-Gammastrahlen aus dem Gammatron. Kobalt-60-Strahlung mit 1,17 und 1,33 MeV; Cäsium-137-Strahlung mit 660 keV.
  - Gammastrahlen aus dem Linearbeschleuniger und Kreisbeschleuniger ab 1 MeV (= ultraharte Röntgenstrahlen).

In der Literatur findet man häufig keine saubere Trennung zwischen der Angabe der Betriebsspannung eines Gerätes und der Energie der verwendeten Strahlung. Oft wird die Strahlungsenergie in Spannungseinheiten (kV) angegeben. Diese Angaben stellen jedoch genau genommen nur die Betriebsspannung des Gerätes und somit die durchlaufene Potentialdifferenz der beschleunigten Teilchen dar.

Da in der Regel Elektronen mit der Elementarladung e in diesem elektrischen Potential beschleunigt werden, erreichen diese somit eine kinetische Energie, die dem Produkt aus Spannung und Ladung entspricht.

Das bedeutet:

kinetische Energie (E) = Spannung (V) multipliziert mit Ladung des Teilchens (e). Die Angabe der Strahlungsenergie muß also in Elektronen-Volt (eV) oder vervielfacht in Kilo-Elektronenvolt bzw. in Mega-Elektronenvolt (keV, MeV) erfolgen.

Die verschiedenen Formen der Strahlung und die Funktionsweise der zur Herstellung der in der Krebstherapie wichtigsten Strahlenarten (Gamma- und Elektronenstrahlen) verwendeten Geräte werden im folgenden vorgestellt.

Strahlenarten

Bei den in der Strahlentherapie maligner Erkrankungen angewandten Strahlen handelt es sich aus physikalischer Sicht entweder um *Korpuskularstrahlen,* d. h. um hoch beschleunigte Elektronen aus dem Linear- bzw. Kreisbeschleuniger, die direkt auf das zu bestrahlende Gewebe im Körper einwirken, indem sie hier einen Ionisationsprozeß auslösen; oder es handelt sich um *Photonenstrahlen* (elektromagnetische Wellen), entstanden in Röntgentherapiegeräten, in Linearbeschleunigern oder in Kreisbeschleunigern durch Aufprall von Elektronen auf ein Target (Metallblech mit Wolframbeschichtung), wobei Gammastrahlen erzeugt werden. Darüber hinaus werden auch Gammastrahlen aus radioaktiven Substanzen – z. B. aus Kobalt 60 und Cäsium 137 – die durch Kernzerfall entstehen, in der Krebstherapie eingesetzt.
Linearbeschleuniger und Kreisbeschleuniger liefern also einerseits Korpuskularstrahlen (z. B. Elektronenstrahlen), wobei die schnellen Elektronen selbst strahlentherapeutisch wirksam werden, und andererseits können in diesen Geräten durch Einschalten eines sogenannten Targets, d. h. durch Einbringen eines Metallbleches mit Wolframbeschichtung Photonenstrahlen (z. B. Gammastrahlen) erzeugt werden, die dann ihrerseits zu strahlentherapeutischen Zwekken angewandt werden.
Da viele radioaktive Substanzen Kombinationen mehrerer Strahlenarten (Alpha-, Beta- und Gammastrahlen) abstrahlen, aber nur Gammastrahlen therapeutisch eingesetzt werden, müssen die (weicheren) Alpha- und Betastrahlen durch Filter abgefangen werden.

Photonenstrahlung

Photonenstrahlen sind elektromagnetische Wellen. Synonym wird die Bezeichnung *Quantenstrahlen* benutzt. Sie haben sowohl Wellen- als auch Teilchennatur. Ihre Energie ist abhängig von der Wellenlänge. Je kürzer die Wellenlänge, desto energiereicher ist die Strahlung.
Therapeutisch einsetzbare energiereiche Photonenstrahlung (die Gammastrahlung) entsteht bei Zerfall radioaktiver Elemente, z. B. Radium (1,0 MeV), Kobalt-60 (1,17 und 1,33 MeV) oder Cäsium-

137 (0,66 MeV) durch Wechselwirkung von Elektronen mit Materie (s. S. 204 ff.).
Betrachtet man die Verteilung der Energiedosis im Strahlenbündel einer Röntgenanlage, so beobachtet man eine rasche Abnahme der Dosis mit der Eindringtiefe, was bei nahe an der Oberfläche liegenden Tumoren erwünscht ist. Die Absorption erfolgt nach dem logarithmischen Schwächungsgesetz und ist energieabhängig. Je geringer die Energie ist, desto stärker ist die Schwächung, desto „weicher" ist also die Strahlung. Durch Übergang zu höheren Strahlenenergien läßt sich die Strahlenwirkung in größere Tiefen verlegen.
Ein weiterer Vorteil höherer Energien ist der geringere Absorptionsunterschied verschiedener Substanzen wie z. B. Knochen- und Muskelgewebe. Weiterhin werden Photonen mit höherer Energie weniger aufgestreut, so daß benachbarte Organe stärker geschont werden. Ein weiterer Vorteil von Photonenstrahlung höherer Energie ist die geringere Belastung des Gewebes an der Strahleneintriffspforte. Das Maximum der absorbierten Energie liegt bei Cs-137 in 1,5 mm und bei Co-60 in 5 mm Tiefe. Dies resultiert aus dem sogenannten Dosisaufbaueffekt, der darauf beruht, daß die Energieübertragung auf das Gewebe durch Sekundärelektronen erfolgt, die sich an der Oberfläche nicht in genügender Zahl gebildet haben. Die Tiefe des Dosismaximums entspricht der Reichweite der Sekundärelektronen. Um das Dosismaximum sehr weit in die Tiefe zu verlegen, sind Photonen mit entsprechend hoher Maximalenergie notwendig. Hierzu müssen Elektronen mehrfach beschleunigt werden, was sich mit Beschleunigern erreichen läßt. (Siehe Abschnitt „Entstehung der Gamma- und Elektronenstrahlen", „Im Linearbeschleuniger" und „Im Kreisbeschleuniger" in diesem Kapitel). Mit Röntgenröhren sind solch hohe Elektronenbeschleunigungen nicht zu erzielen.

Korpuskularstrahlung

Als **Korpuskularstrahlung** stehen uns prinzipiell Atome, Atomkerne oder Atombestandteile zur Verfügung. Die häufigste verwendete Korpuskularstrahlung sind Elektronen. Weitere Möglichkeiten bestehen in der Bestrahlung mit Protonen, Neutronen und schwe-

ren geladenen Teilchen wie Helium, Neon, Kohlenstoff, Argon oder auch Pi-Mesonen.
Vorteil der geladenen Korpuskularstrahlung gegenüber der Photonenstrahlung ist eine von der Energie abhängige begrenzte Reichweite, so daß tiefer liegende Strukturen geschont werden können. Der Energiegehalt von Korpuskularstrahlen ist abhängig von der Masse und der Geschwindigkeit der Teilchen und wird in eV (Elektronenvolt) bzw. keV oder MeV gemessen. Je größer die Masse und die Geschwindigkeit, desto größer ist die Energie der Strahlung.

▷ Elektronen

Elektronen zeigen die gleichen radiobiologischen Eigenschaften wie Photonen. Der Vorteil im klinischen Einsatz beruht auf der von der Energie abhängigen Reichweite.

▷ Neutronen

Die Wechselwirkung von schnellen Neutronen mit Gewebe produziert 20 bis 100 Ionisationen mehr pro Längeneinheit als hochenergetische Photonen, so daß sie im Gegensatz zu Photonen und Elektronen als dicht ionisierende Teilchen bezeichnet werden. Die hohe Energie zeigt wichtige radiobiologische Eigenschaften wie: bessere Zerstörung hypoxischer Zellen, geringere Reparatur von subletalen und letalen Strahlenschäden und geringere Abhängigkeit von der Strahlenempfindlichkeit der Tumorzellen. Die übrigen physikalischen Eigenschaften wie Abschwächung oder seitliche Begrenzung des Bestrahlungsfeldes entsprechen denen von Photonen.

▷ Protonen

Protonen zeigen hervorragende physikalische Eigenschaften wie scharfe seitliche Kanten des Bestrahlungsfeldes und eine energieabhängige Eindringtiefe mit steilem Dosisabfall. Die relative biologische Wirksamkeit im Vergleich zu Kobalt beträgt für Protonen 1:1. Die erfolgreichste klinische Anwendung findet sich in der Bestrahlung von Aderhautmelanomen. Weitere Anwendungen sind

Bestrahlungen von Chordomen oder Chondrosarkomen der Schädelbasis oder Halswirbelsäule, Prostatakarzinomen, Weichteilsarkomen oder Rezidiven bei benignen Meningeomen.

▷ **Schwere Teilchen (Helium, Neon)**

Helium besitzt ähnlich wie Protonen Vorteile in der Dosierung. Ionen mit höherer Kernladungszahl haben aufgrund ihres höheren linearen Energietransfers strahlenbiologische Eigenschaften wie schnelle Neutronen. Bei der Heliumbestrahlung von Aderhautmelanomen, Chondromen und Chondrosarkomen konnten ähnlich gute Behandlungsergebnisse erzielt werden wie bei einer Therapie mit Protonen. Die Strahlentherapie mit Neon-Ionen bei Prostatakarzinomen wird derzeit in Phase-III-Studien mit der Therapie durch Protonenstrahlung verglichen.

▷ **Pionen**

Negative Pi-Mesonen zeigen eine theoretisch vorteilhafte, gut definierte Reichweite mit den Vorteilen eines hohen linearen Energietransfers. Sehr gute Ergebnisse der Tumorkontrolle finden sich bei fortgeschrittenen Blasenkarzinomen, bei invasiven Prostatakarzinomen und vor allem bei nicht resektablen retroperitonealen und pelvinen Osteo- und Weichteilsarkomen. Leider existiert in Europa nur eine Pionentherapieanlage.

Entstehung der Gamma- und Elektronenstrahlen

In Röntgengeräten

Die Kathode der **Röntgenröhre** ist mit einer Beryllium-Schicht überzogen. Im Inneren der Kathode befindet sich ein Glühdraht bzw. eine Glühwendel, die auf 900 °C aufgeheizt werden kann. Durch die so entstandenen hohen Kathodentemperaturen erfahren die Elektronen der Berylliumatome eine entsprechende Anregung, so daß sie ihre Elektronenbahnen verlassen und eine Elektronenwolke um die Kathode bilden (Abb. 10-1).

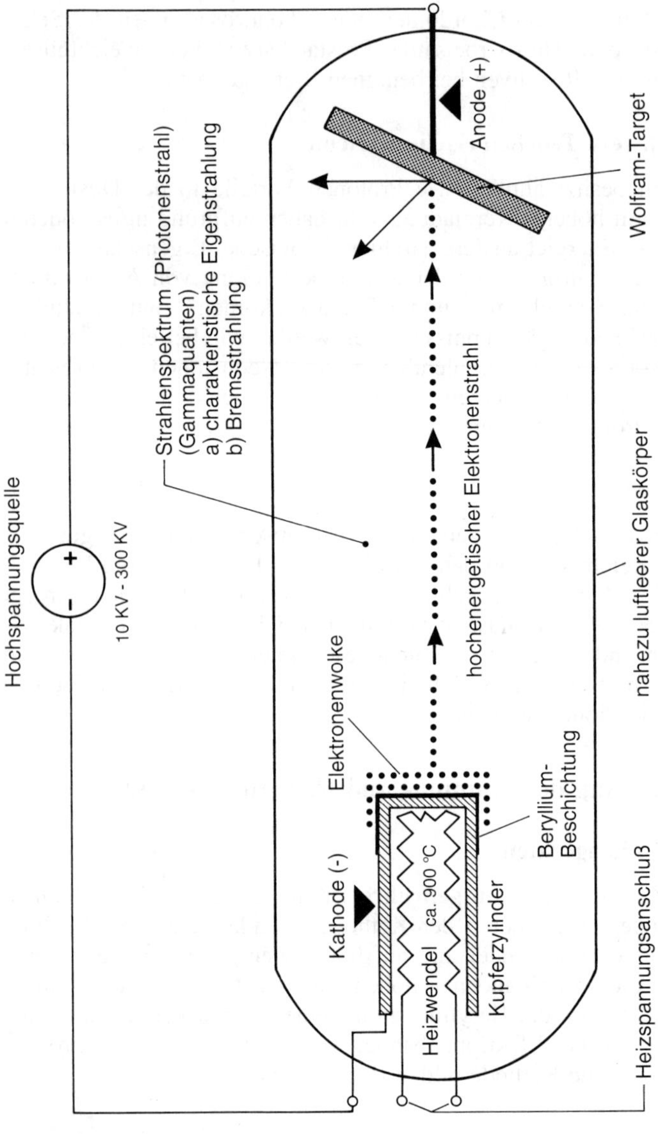

Abb. 10-1: Prinzipieller Bau einer Röntgenröhre

Nach Anlegen einer Hochspannung an die Kathode und Anode der Röntgenröhre, in der ein Vakuum herrscht, werden die Elektronen in Richtung Wolfram-Antikathode beschleunigt. Durch den Aufprall der beschleunigten Elektronen auf die Wolfram-Antikathode (Anode) erfährt ein Elektron des Wolframatoms eine kinetische Energie, verläßt infolge der Energieübertragung seine kernnahe Elektronenbahn und geht auf eine Elektronenbahn mit einem höheren Energieniveau über, d. h. es wird in eine dem Kern entferntere Elektronenbahn befördert oder ganz aus der Elektronenhülle herausgeschlagen. Sein Platz auf der Elektronenbahn wird nun durch ein Elektron besetzt, das aus einer Elektronenbahn stammt, die dem Kern etwas entfernter ist, also durch ein Elektron, das sich ursprünglich auf einem höheren Energieniveau befand. Hierbei gibt dieses potentielle Energie ab. Diese frei gewordene Energie wird als Röntgenquant abgestrahlt und bildet die *charakteristische Eigenstrahlung des Anodenmaterials*.

Nicht in jedem Fall regt das beschleunigte Berylliumelektron ein Wolframelektron an, sondern es kann durch die Elektronenbahnen des Wolfram-Atoms hindurch bis zum Atomkern vordringen. Das Elektron erfährt in Kernnähe infolge der elektrisch-positiven Ladung des Kerns eine Ablenkung und ändert dadurch seine Bewegungsrichtung. Durch die Ablenkung des Elektrons wird kinetische Energie frei (sogenannte *Bremsstrahlung*), die dann in Form eines Gammaquants (Gammastrahlen) abgestrahlt wird. Kommt jedoch das beschleunigte Elektron in die Nähe eines Wolfram-Elektrons, so wird es infolge der auch hier wirksam werdenden Coulomb-Kraft durch Abstoßung abgelenkt und ändert somit seine Bewegungsrichtung. Hierdurch wird ebenfalls kinetische Energie als Bremsstrahlung frei, die dann ebenfalls als Gammaquant (Gammastrahlung) abgestrahlt wird.

Alle drei Möglichkeiten der Röntgenquantenbildung treten gleichzeitig auf (Eigenstrahlung und zwei Formen der Bremsstrahlung). Hieraus ergibt sich das sogenannte Emissionsspektrum (Röntgenstrahlung).

Die entstehenden Röntgenquanten werden gebündelt und ergeben die zur Therapie angewandten Strahlen.

Im Linearbeschleuniger

Linearbeschleuniger sind moderne Geräte zur Erzeugung hoher Strahlenenergien, wie sie mit Röntgenröhren nicht erreichbar sind. Die Strahlenquelle ist wie die Röntgenröhre eine Vakuumröhre, diesmal allerdings eine langgestreckte Röhre, an deren einem Ende sich die Kathode befindet, die ähnlich wie die Kathode der Röntgenröhre (s. d.) aufgebaut ist, mit dem Unterschied, daß am Ausgang des Kathodenraumes zusätzlich eine Wechselstromquelle angelegt wird. Hierdurch wird ein gepulster Elektronenstrahl hergestellt, d. h. die negativ geladenen Elektronen verlassen gepulst (stoßweise) die Kathode (Abb. 10-2).
Durch eine Beschleunigungseinrichtung (hintereinander geschaltete *Hohlraumresonatoren*, an denen jeweils eine Wechselspannung angelegt ist) erfahren die Elektronen eine zunehmende Beschleunigung (daher *Linearbeschleuniger*!). Das Besondere an diesen Beschleunigern ist, daß die an einem Resonator angelegte Spannung während des Elektronendurchflusses umgepolt wird (Wechselspannung), so daß die Elektronen immer wieder von einem positiven Pol des Resonators angezogen und daher beständig weiter beschleunigt werden, bis sie schließlich ihre erforderliche Endgeschwindigkeit erreicht haben. Die am Ende der Röhre austretenden Elektronen ergeben nun den *Elektronenstrom*, d. h. die *Korpuskularstrahlen*. Diese Korpuskularstrahlen finden therapeutische Anwendung.
Werden am Ende eines Linearbeschleunigers die stark beschleunigten Elektronen auf ein Target (Metallblech mit Wolfram-Beschichtung) geleitet, so kommt es infolge der Bildung von Eigen- und Bremsstrahlung am Wolfram-Target zur Freisetzung von kinetischer Energie, die in Form von Gammaquanten (Gammastrahlen, *Photonenstrahlen*) abgestrahlt wird (siehe Strahlenerzeugung in der Röntgenröhre).

> Auf diese Weise können also im Linearbeschleuniger sowohl Elektronenstrahlen als auch Photonenstrahlen erzeugt werden.

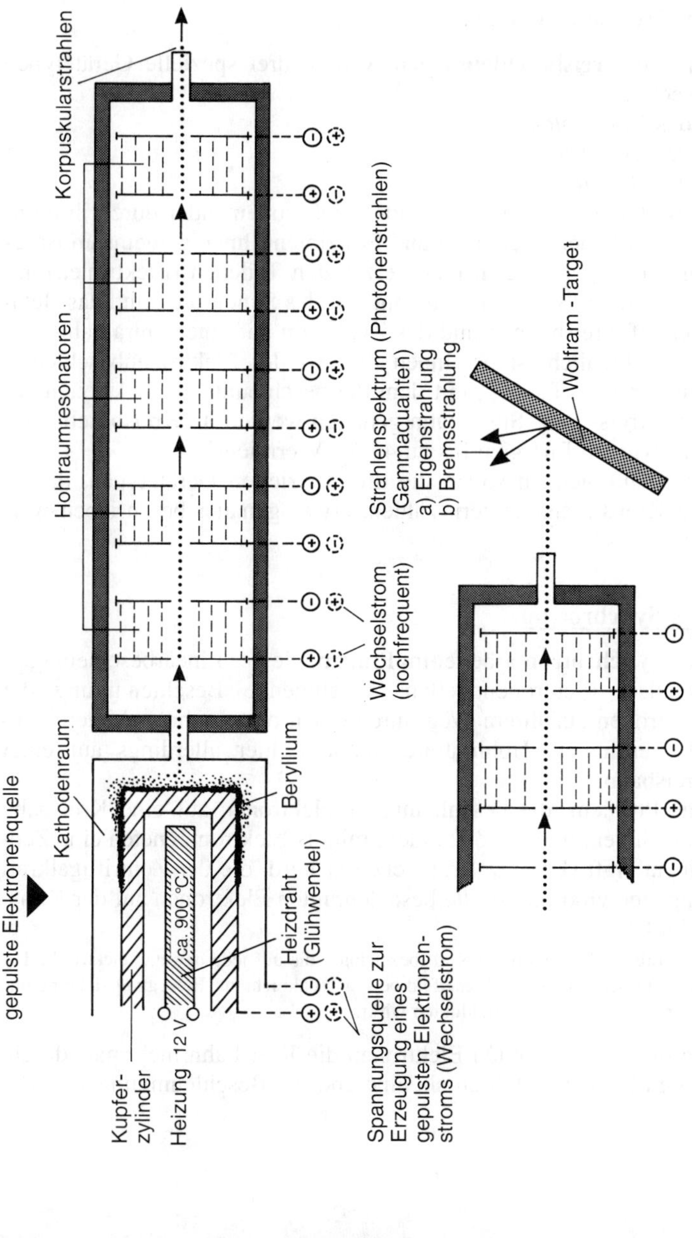

Abb. 10-2: Aufbauprinzip eines Linearbeschleunigers

Im Kreisbeschleuniger

Zu den **Kreisbeschleunigerǹ** werden drei spezielle Gerätetypen gerechnet:

- das *Synchroton*,
- das *Zyklotron*,
- das *Betatron*.

Diese Gerätetypen unterscheiden sich voneinander durch ihre unterschiedlichen Techniken und Prinzipien. Ihnen gemeinsam ist lediglich, daß sie die in ihnen erzeugten Teilchen (Elektronen) auf gekrümmten Bahnen beschleunigen, das Synchroton und das Betatron auf Kreisbahnen und das Zyklotron auf einer Spiralbahn.
Unterschiedlich ist bei ihnen die Art der Elektronenbeschleunigung und das Prinzip, mit dem die beschleunigten Elektronen auf ihrer Kreis- bzw. Spiralbahn gehalten werden. In Kreisbeschleunigern werden Energien bis zu 42 MeV erreicht!
Im nachfolgenden sollen die drei speziellen Gerätetypen, die zu den Kreisbeschleunigern zählen, etwas genauer beschrieben werden.

Das Synchrotron

Das **Synchrotron** arbeitet im Prinzip wie der Linearbeschleuniger: Gepulste Elektronenquellen, zunehmende Beschleunigung der Elektronen auf ihrem Weg durch einen oder mehrere hintereinander geschaltete Hohlraumresonatoren, hier allerdings auf einer Kreisbahn.
Das Problem, die beschleunigten Elektronen auf eine Kreisbahn zu zwingen, wird gelöst, indem mittels Elektromagneten eine Zentripetalkraft (Lorentz-Kraft) erzeugt wird, die der Zentrifugalkraft entgegenwirkt und so die beschleunigten Elektronen auf der Kreisbahn hält.

Als Lorentz-Kraft wird die Kraft bezeichnet, die auf jede bewegte elektrische Ladung, die sich in einem Magnetfeld bewegt, senkrecht zur Bewegungsrichtung und senkrecht zu den Magnetfeldlinien wirkt.

Da die beschleunigten Elektronen die Kreisbahn mehrmals durchlaufen können, erfahren sie eine enorme Beschleunigung.

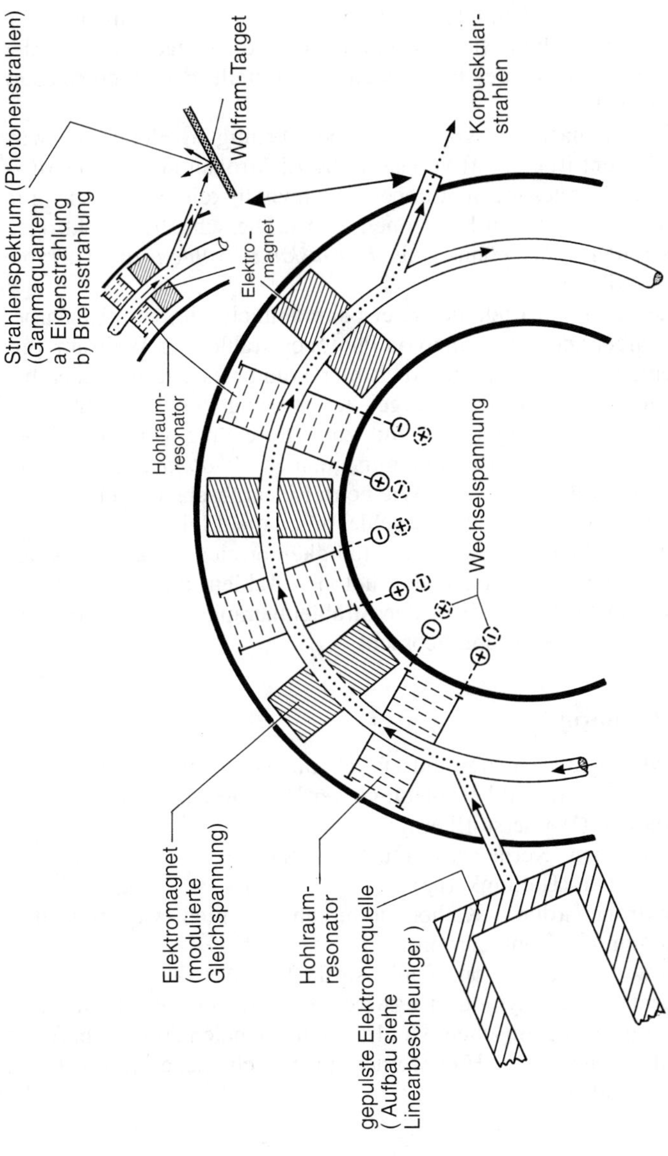

Abb. 10-3: Aufbauprinzip eines Synchrotrons

Um die so beschleunigten Elektronen an einer bestimmten Stelle aus der Kreisbahn ausleiten zu können, wird zu gegebener Zeit der letzte Magnet vor der Elektronenaustrittsstelle computergesteuert ausgeschaltet.
Infolge der nach wie vor auf die beschleunigten Elektronen wirkenden Zentrifugalkraft verlassen die Elektronen an der Austrittsstelle des Gerätes mit sehr hoher Geschwindigkeit die Kreisbahn in Form eines gepulsten Elektronenstroms. Die schnellen Elektronen (Elektronenstrahl) können als *Korpuskularstrahlen* zur Therapie angewandt werden.
Wieder kann am Ende der Kreisbahn ähnlich wie beim Linearbeschleuniger zur Erzeugung von Photonenstrahlen ein Wolfram-Target eingeschaltet werden. Auch hier kommt es wie im Linearbeschleuniger am Wolfram-Target zur Bildung von Eigenstrahlung und Bremsstrahlung und damit zur Freisetzung von kinetischer Energie, die in Form von Gammaquanten (*Photonenstrahlen*) abgestrahlt wird (Abb. 10-3). Wie beim Linearbeschleuniger, so werden also auch beim Kreisbeschleuniger die Elektronen, die hier eine wesentlich größere Geschwindigkeit erreicht haben, direkt als Korpuskularstrahlen oder als Photonenstrahlen, die am Wolfram-Target entstanden sind, in der Strahlentherapie maligner Erkrankungen zur Anwendung gebracht.

Das Zyklotron

Im **Zyklotron** können grundsätzlich alle elektrisch geladenen Teilchen produziert und beschleunigt werden, wie zum Beispiel:
- Protonen (Wasserstoffkerne)
- Deuteronen (Kerne schweren Wasserstoffs)
- α-Teilchen (Heliumkerne)
- Elektronen (durch Kathodenerhitzung, ähnlich wie im Kathodensystem der Röntgenröhre)
- Schwere Ionen (Neon, Kohlenstoff, Argon)

Im Zentrum des Zyklotrons, zwischen den beiden vakuumisierten D-förmigen metallischen Hohlräumen (Schalenhälften) befindet sich die *Ionenquelle*. Hier werden auf verschiedene Weisen Ionen erzeugt und freigesetzt.

Als **Ionenquelle** wird zum einen zur Erzeugung von Elektronen ein aufheizbares Kathodensystem (Kathodendraht, der mit einem Metalloxid beschichtet ist, ähnlich wie bei dem Kathodensystem der Röntgenröhre) verwendet, und zum anderen eine Vorrichtung, in der die Atomkerne eines chemischen Elementes (z. B. Natrium, Kalium, Kalzium usw.) durch Neutronenbeschuß (frei werdende Neutronen aus einer Radium-Beryllium-Quelle) in geladene Kernbruchstücke zerlegt werden.
Die so in der Ionenquelle erzeugten elektrisch geladenen Teilchen werden nun im Beschleunigungsgerät (Zyklotron) durch Anlegen einer hochfrequenten Wechselspannung beschleunigt und durch die Einwirkung eines homogenen Magnetfeldes auf entsprechend gekrümmten Bahnen (Spiralbahnen) gehalten, bis sie nach mehrmaligem Durchlaufen der vakuumisierten schalenförmigen Hohlräume und des elektrischen Beschleunigungsfeldes im Gerät schließlich ihre Soll- bzw. Endbeschleunigung erreicht haben und dann aus dem Gerät freigegeben werden, um zu therapeutischen Zwecken Anwendung zu finden.
Das Zyklotron besteht aus einem flachen zylindrischen Hohlraum aus Metall, der in zwei Hälften geteilt und vakuumisiert ist. Die beiden Hohlraumhälften sind so voneinander getrennt, daß zwischen ihnen ein schmaler Spalt entsteht, in dessen Zentrum sich die Ionenquelle befindet.
An beiden Schalenhälften wird eine hochfrequente Hochspannung (Wechselspannung) angelegt, um im Zwischenraum zwischen den beiden Schalenhälften ein elektrisches Feld zu erzeugen.
Senkrecht zur Kreisebene der Schalenhälfte wird mit Hilfe zweier Elektromagneten ein homogenes Magnetfeld angebracht.
Das aus der Ionenquelle austretende Teilchen erfährt zunächst eine Beschleunigung im elektrischen Feld. Nach Verlassen des elektrischen Feldes gelangen die Teilchen in den feldfreien Hohlraum einer Schalenhälfte. Durch das Magnetfeld wirkt nun die Lorentzkraft auf das bewegte Teilchen in Richtung Kreiszentrum. Beim Austritt des Teilchens aus dem feldfreien Raum wird die Hochspannung umgepolt, so daß es eine erneute Beschleunigung erfährt. Durch die erhöhte Geschwindigkeit wird die vom Teilchen durchlaufene Kreisbahn in der anderen Schalenhälfte größer, wodurch es sich letztlich auf einer Spiralbahn bewegt.

Durch ständige Beschleunigung der Elektronen vergrößert sich der Radius der gekrümmten Bahn, bis er schließlich größer wird als der Radius der vakuumisierten metallischen D-förmigen Hohlräume. Dann verlassen die Elektronen in Form eines gepulsten Elektronenstroms den Kreisbeschleuniger an der Elektronenaustrittsstelle des Gerätes und können so zur therapeutischen Anwendung kommen (Abb. 10-4). Bei den beschleunigten Elektronen handelt es sich um Korpuskularstrahlung. Zur Erzeugung von Photonenstrahlen kann auch hier ein entsprechendes Target (Wolfram) in den Strahlengang eingebracht werden.

Das Betatron

In einem nach dem Transformatorenprinzip erzeugten magnetischen Feld werden die Elektronen durch Umlauf in einem elektrischen Ringfeld beschleunigt.

Im **Betatron** laufen die Teilchen im wesentlichen auf einer ortsfesten Kreisbahn in einer Vakuumröhre. Innerhalb dieser Kreisbahn herrscht ein magnetischer Fluß (Änderung des Magnetfeldes mit der Zeit).

Das Betatron ist so aufgebaut, daß sich in seinem oberen und unteren Bereich je ein kegelstumpfförmiger Eisenkern befindet, der lamellenartig aufgebaut ist. Jeder dieser beiden metallischen Kegelstümpfe ist von einem Spulenring umgeben.

(Eine Spule besteht aus einem gewickelten elektrischen Draht, ähnlich der Wicklung bei einem Transformator.)

Zwischen den beiden Kegelstümpfen befindet sich in der Mitte in der Horizontalebene die ringförmige Vakuumröhre, in der die Teilchen beschleunigt werden.

Die beiden Kegelstümpfe werden als *ferromagnetisches Joch* bezeichnet. Sie haben die Funktion, das elektromagnetische Feld, welches durch die Spulen aufgebaut wurde, um ein Vielfaches zu verstärken. Durch die spezifische Form des ferromagnetischen Joches ist dieses in der Lage, die in der Vakuumröhre befindlichen Elektronen auf einer Kreisbahn zu beschleunigen (Prinzip nach Wideröe). Denn gleichzeitig mit dem Beschleunigungsfeld wird ein Magnetfeld aufgebaut, das eine Zentripetalkraft auf die Elek-

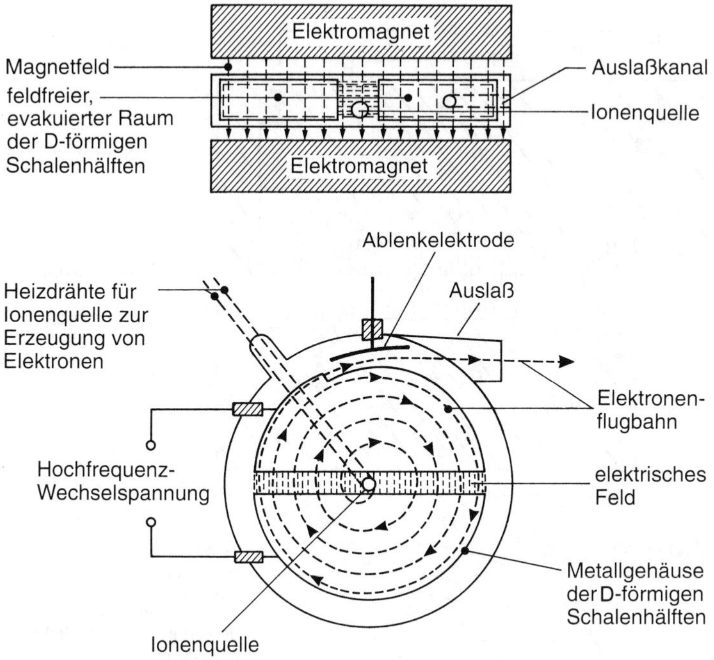

Abb. 10-4: Aufbauprinzip eines Zyklotrons

tronen ausübt, so daß diese auf einer Kreisbahn gehalten werden. Die Elektronen stammen aus einer der Röntgenröhre ähnlichen Elektronenquelle.

Nach Anlegen einer Wechselspannung an die Spulen (Erregerwicklungen) fließt durch diese Spulen ein niederfrequenter Wechselstrom. Zwischen den beiden Wicklungsebenen entsteht ein magnetisches Wechselfeld, die magnetischen Feldlinien verlaufen senkrecht zur Beschleunigungsebene der Elektronen. Das Magnetfeld wechselt sowohl in seiner Stärke als auch in seiner Feldrichtung. Durch die zeitliche Änderung des Magnetfeldes wird in der ringförmigen Vakuumröhre, in der sich die Elektronen mit hoher Geschwindigkeit bewegen, das elektrische Beschleunigungsfeld induziert.

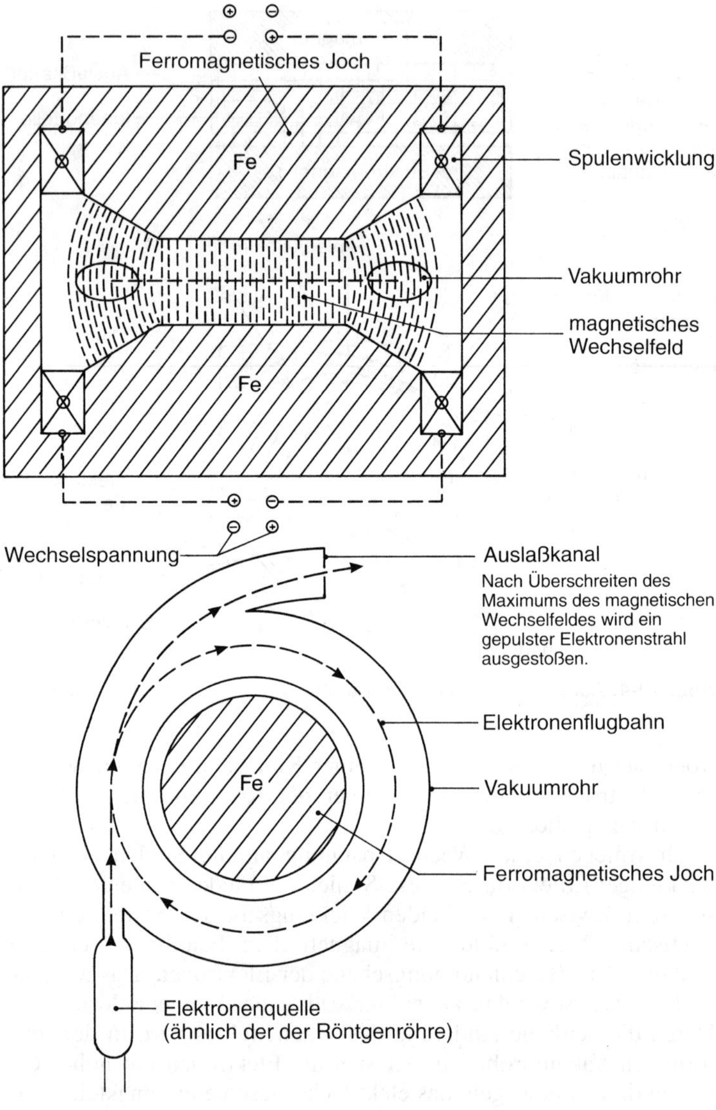

Abb. 10-5: Aufbauprinzip eines Betatrons

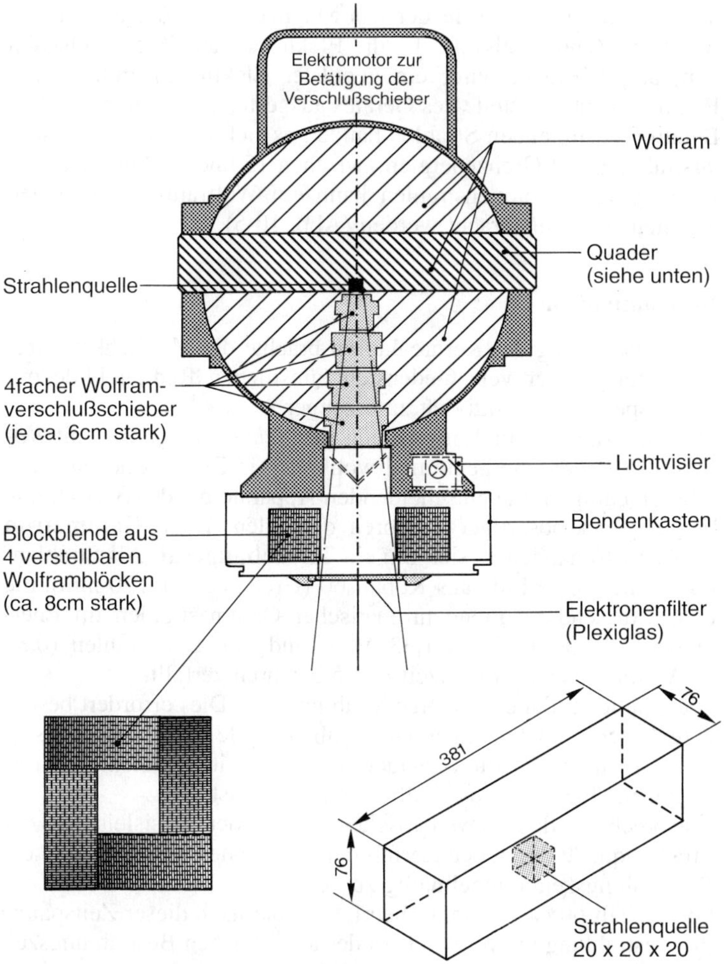

Abb. 10-6: Aufbauprinzip eines Gammatrons

Dieses elektrische Feld wirkt tangential zur Kreisbahn der Elektronen. Somit wird eine Beschleunigung der Elektronen erreicht. Nach Überschreiten des Maximums des magnetischen Wechselfeldes wird in der Phase, in der das Magnetfeld wieder abfällt und somit die Zentripetalkraft, die die Elektronen auf ihrer Kreisbahn hält, abgeschwächt wird, ein gepulster Elektronenstrahl an der Elektronenaustrittsstelle des Gerätes ausgestoßen. Bei den aus dem Betatron austretenden Strahlen handelt es sich um eine Korpuskularstrahlung mit Grenzenergien zwischen 15 und 45 MeV. Zur Erzeugung von Photonenstrahlen kann ein Wolfram-Target in den Strahlengang eingebracht werden (Abb. 10-5).

Im Gammatron

Die Entwicklung der Kernreaktoren brachte die Möglichkeit, größere Mengen der verschiedensten künstlichen Radionuklide mit hoher spezifischer Aktivität zu erzeugen.
Dadurch kam es zur Entwicklung der *Telegammageräte* mit *Kobalt-60-Quellen,* die heute und wohl auch in Zukunft neben Linearbeschleunigern die entscheidenden Apparate bei der Bestrahlung tiefgelegener bösartiger Tumoren darstellen. Beim **Gammatron** (Abb. 10-6) handelt es sich um ein **Telekobaltgerät.** Als Strahlenquelle dient eine Pille aus Kobalt 60 (Größe ca. 20×20 mm), die unter Aussendung monochromatischer Gammastrahlen im Energiebereich von 1,17 bis 1,33 MeV und von Betastrahlen (0,33 MeV) mit einer Halbwertzeit von 5,3 Jahren zerfällt.
Die Quelle sendet eine stetige Strahlung aus. Dies erfordert besondere Abschirmmaßnahmen. Die Strahlenquelle (Pille) befindet sich daher in einem Wolfram-Quader, der seinerseits in einen kugelförmigen Strahlenkopf aus Wolfram eingebaut ist.
Entsprechend dem physikalischen Abfall der Dosisleistung der Strahlenquelle durch den Zerfall der strahlenden Substanz sind die Bestrahlungszeiten regelmäßig zu verlängern. Da die Halbwertzeit von Kobalt 60 ca. 5,3 Jahre beträgt, müßte nach dieser Zeitspanne die Bestrahlung im Vergleich zu der anfänglichen Bestrahlungszeit bei gleicher Strahlendosis verdoppelt werden.

Nach fünf bis sechs Jahren etwa wird die Strahlenquelle mit dem Wolframquader ausgetauscht.
Der Schacht für den Austausch verläuft durch die Mitte der Kugel horizontal und ist von der Seite her zugänglich.

Der Strahlenaustrittskanal in der Kugel steht horizontal im rechten Winkel zum horizontal eingebauten Quader mit der Strahlenquelle. Der Verschluß des Strahlenaustrittsfensters muß so konstruiert sein, daß eine versehentliche Öffnung oder ein unvollständiger Verschluß unter keiner Betriebsbedingung möglich ist.
Der Strahlenaustrittskanal wird durch vier Schieber aus je ca. 6 cm dickem Wolfram verschlossen. Diese sind so angeordnet, daß die Verschlußspalten gegeneinander versetzt sind, so daß auch im Falle eines unvollständigen Verschlusses eines der vier hintereinander angeordneten Schieber eine Strahlendurchlässigkeit unmöglich ist. Somit ist die Strahlenquelle nach außen hin ausreichend gesichert.
Diese Verschlußmechanismen werden durch einen auf der Strahlerkugel aufsitzenden Elektromotor betätigt. Der Schalttisch für den Motor befindet sich selbstverständlich außerhalb des Bestrahlungsraumes. Am Ausgang des Strahlenaustrittsfensters der Kugel ist nun noch ein Blendensystem aus Wolfram, das eine Schichtdicke von 8 cm hat, angeordnet, wodurch eine Einstellung verschieden geformter Bestrahlungsfelder möglich ist.
Es handelt sich hierbei um sogenannte verstellbare Blockblenden zur Herstellung rechteckiger Felder (Bestrahlungsfelder), die vor dem Bestrahlungsvorgang manuell eingestellt werden.
Ganz außen am Strahlenaustrittsfenster wird ein Plexiglasfilter angebracht, um die neben den Gamma-Strahlen auch austretenden Beta-Strahlen während der Bestrahlung abzufiltern, um Hautschäden zu vermeiden. Denn radioaktives Kobalt 60 strahlt neben Gamma-Strahlen auch Beta-Strahlen ab, die aber keine therapeutische Wirkung haben.
Gegenüber der Therapie mit Gamma-Strahlen aus Beschleunigern und Röntgentherapiegeräten nimmt das Gammatron eine besondere Stellung ein. Der Betrieb von Beschleunigern ist wegen ihrer komplizierten Elektronik störanfällig und kostenaufwendig. Die anfallenden Kosten beim Gammatron dagegen beziehen sich nur auf die Kosten der Quelle. Wartungskosten bzw. Reparaturkosten fallen kaum an.

Entstehung und Zerfall von Kobalt 60

Bei dem in der Natur vorkommenden elementaren Kobalt 59 handelt es sich um eine nicht-radioaktive Substanz.
Im Kernreaktor entsteht durch Neutronenbeschuß aus einem Teil des nicht-radioaktiven Kobalt 59 das radioaktive Kobalt 60. Der Anteil der so entstehenden radioaktiven Substanz beträgt, gemessen an der im Kernreaktor befindlichen Gesamtmenge an elementarem Kobalt, nur etwa 20%.
Dieses Gemisch, bestehend aus 20% radioaktivem Kobalt 60 und 80% Kobalt 59 wird als Energiequelle in einem Wolfram-Quader an Kliniken bzw. Strahleninstitute geliefert.
Im Gammatron zerfällt infolge des stark angeregten, instabilen Zustands von Kobalt 60 ein aus dem Atomkern von Kobalt 60 stammendes Neutron in ein Proton und ein Elektron. Das so freigewordene Elektron aus dem Kern wird jetzt in die Elektronenhülle des Kobaltatoms abgegeben, oder es wird ganz aus dieser herausgeschleudert. Das Proton bleibt im Atomkern. Dadurch ändert sich hier die Protonenzahl und es entsteht ein angeregter Nickelkern. Bildung und Zerfall des Kobalt 60 sind in Abb. 10-7 dargestellt.
Die abgestrahlten Gammaquanten entstehen aus der freigewordenen Energie im angeregten Nickelkern, die die Folge des Neutronenzerfalls im radioaktiven Kobalt 60 ist. Die freigewordenen Elektronen bilden die Betastrahlung, die durch Vorschalten eines Plexiglasfilters vor dem Strahlenaustrittsfenster des Gammatrons abgefangen wird, um unerwünschte Hautschäden zu vermeiden. Zurück bleibt Nickel in seinem Grundzustand.

Zusammenfassung

Zur Krebstherapie eingesetzte Strahlen entstehen im Gammatron direkt durch Kernzerfall (Gammastrahlen) oder werden (Gammaharte Röntgen- und Korpuskularstrahlen) in evakuierten Röhren von verschiedener Form und Länge gebildet. Zunächst werden freie Elektronen am Kathodenende der jeweiligen Röhre produziert. Die Elektronen werden dann beschleunigt, entweder durch Anlegen einer Hochspannung (Röntgentherapieröhre), wodurch Elektronen in Richtung auf die Wolfram-Anode beschleunigt wer-

den, oder durch in den Röhren (Linear- und Kreisbeschleuniger) hintereinander angeordnete und mit Wechselspannung gespeiste Beschleunigungseinrichtungen (Resonatoren).
Im Kreisbeschleuniger werden die beschleunigten Elektronen durch zusätzlich eingebaute Elektromagnete auf der Kreisbahn gehalten.
Nach dem Auslaß aus den Beschleunigern werden die stark beschleunigten Elektronen entweder direkt in Form von Korpuskularstrahlen zur Therapie angewandt oder können durch Einbau eines Wolfram-Targets am Auslaß eines Beschleunigers zur Produktion von Photonenstrahlen (Gammastrahlen) genutzt werden.
Die freiwerdende Energie entsteht dann durch den Aufprall der Elektronen auf das Wolfram-Target, wo zum einen eine sogenannte Eigenstrahlung und zum anderen die sogenannte Bremsstrahlung entsteht. Beide werden als Gammaquanten abgestrahlt. Das so ent-

Bildung von Kobalt 60 aus Kobalt 59

$$^{59}_{27}Co = ^{(32N+27P)}_{(27P)}Co \xrightarrow[(+1\,Neutron)]{Neutronenbeschuß} ^{(33N+27P)}_{(27P)}Co = ^{60}_{27}Co$$

$$= (\text{radioaktives Kobalt !}) = ^{60}_{27}Co$$

Zerfall des Kobalt 60

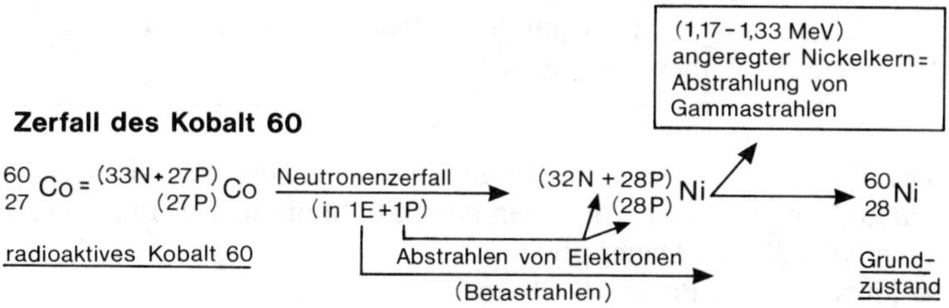

Nickel $\left(^{60}_{28}Ni\right)$ entsteht durch die Veränderung der Protonenzahl im Kern des Kobalt 60 $\left(^{60}_{27}Co\right)$ nach einem Neutronenzerfall

Abb. 10-7: Aufbau und Zerfall des Kobalt 60. Links oben vor dem Elementensymbol steht die Massenzahl (also die Summe der Neutronen und Protonen), links unten die Ordnungszahl (also die Anzahl der Protonen).

standene Strahlenspektrum, das in dieser Form Anwendung in der Strahlentherapie findet, besteht also aus Eigen- und Bremsstrahlung.

> Sowohl die Korpuskularstrahlen als auch die Gamma-Strahlen lösen in den bestrahlten Geweben einen Ionisationsprozeß aus, wodurch der beabsichtigte Strahlenschaden entsteht.

Die Einsatzmöglichkeiten der drei in der Strahlentherapie am häufigsten verwendeten Gerätetypen werden in Tab. 10-1 zusammengefaßt.

Wirkung ionisierender Strahlung auf Zellen

Strahlenchemische und -biochemische Veränderungen

> Ionisierende Strahlen üben ihre Wirkung über die Ionisation und Anregung von Atomen bzw. Molekülen durch Energieübertragung aus. Wirksam ist nur die Energieübertragung, die bei der Absorption der Strahlung im Gewebe erfolgt, also die Anzahl der im Organismus verursachten Ionisationen. Nicht absorbierte, den Organismus durchstrahlende Korpuskel und Strahlenquanten bleiben ohne jede Wirkung.

Die Wirkung ionisierender Strahlung auf Gewebe läßt sich unabhängig von der Art der ionisierenden Strahlung in vier Phasen mit unterschiedlicher Dauer gliedern:

- Physikalische Phase 10^{-13} sec
  Energieabsorption im Gewebe mit Ionisation, Molekülanregung und Erwärmung.
- Physikalisch-chemische Phase 10^{-10} sec
  Direkte und indirekte Strahlenwirkungen.
- Biochemische Phase 10^{-6} sec
  Veränderung organischer Moleküle durch Hydroxylierung oder Decarboxylierung.

Tab. 10-1: Übersicht der Vor- und Nachteile der Behandlung mit Röntgentherapiegeräten, Beschleunigern und radioaktiven Substanzen

	Bestrahlung mit Röntgentherapiegeräten	Bestrahlung mit radioaktiven Substanzen (Radionuklide)		Bestrahlung mit Beschleunigern: (Elektronen, Photonen)
		Cäsium 137	Kobalt 60	
Dosismaximum (Tiefe)	in der Haut	bei ca. 0,3 cm	bei 0,5 cm	(23 MeV) bei 3–6 cm
Bestrahlungszeit	gering	höher (abhängig vom Alter der Quelle)		geringer
Indikation 1. Oberfläche (Haut)	gut	mit sogenannter Hautauflage geeignet, aber Gewebe dahinter wird belastet		mit Elektronen: gut mit Photonen: weniger gut
2. Halbtiefentherapie (bis 10 cm Tiefe)	schlecht	gut		mit Elektronen: gut mit Photonen: weniger gut
3. Tiefentherapie (tiefer als 10 cm)	ungeeignet	mit Kobalt 60: weniger gut mit Cäsium 137: weniger gut bis schlecht		gut

- Biologische Phase bis zu mehreren Jahren

Die ersten drei Phasen bewirken durch molekulare und genetische Veränderungen Störungen der Vitalfunktion der Zelle und die Entstehung latenter oder manifester Schäden, die zu Mutationen oder zum Zelltod führen können.

In der physikalischen Phase findet die Ionisation der Moleküle statt: als Folge ihrer Absorption in Materie verursachen ionisierende Strahlen die Bildung von Radikalen und einsamen Elektronen.

Radikale sind Atome oder Moleküle mit einem einsamen (= ungepaarten) Elektron. Sie entstehen, wenn durch die Einwirkung ionisierender Strahlung ein Elektron aus der Elektronenhülle eines Atoms oder Moleküls „herausgeschlagen“ wird. In diesem Fall entstehen ein freies Elektron und ein positiv geladenes Radikal. Das Elektron kann sich an ein ungeladenes Molekül anlagern, so daß ein negativ geladenes Radikal entsteht. Je ein positiv und ein negativ geladenes Molekülradikal können auch durch Bruch einer Valenzbindung zwischen zwei Atomen eines Moleküls entstehen, wenn jedes der Molekülbruchstücke eines der beiden Elektronen, die die Valenzbindung bilden, behält. (Eine Valenzbindung zwischen zwei Atomen eines Moleküls wird immer von einem Elektronenpaar gebildet.)

Im Gewebe entstehen als Ionisationsprodukte also sowohl Radikale mit positiven oder negativen Ladungen als auch freie Elektronen. Radikale sind wegen ihres ungepaarten Elektrons instabil und „bemüht“, sich durch Abgabe bzw. Aufnahme eines Elektrons zu stabilisieren. Sie sind daher sehr reaktionsfreudig. Durch Strahleneinwirkung hervorgerufene Ionisationsvorgänge lösen in der bestrahlten, lebenden Materie eine Vielzahl von strahlenchemischen Vorgängen aus, die nebeneinander, miteinander und gleichzeitig ablaufen können (*Radiolyse*). Die so primär entstandenen Teilchen (*Radiolyse-Produkte*) bilden, indem sie miteinander reagieren, neue Verbindungen, die ihrerseits sehr reaktionsfreudig sein können (z. B. Wasserstoffperoxid).

Durch Anwesenheit von Sauerstoff wird die Strahlenintensität chemischer Substanzen erhöht. Den primären physikalischen Prozessen der Energieabsorption in bestrahlten Biosystemen folgen sehr komplexe chemische Reaktionen der durch Ionisation und Molekülspaltung gebildeten Radikale.
Infolge des hohen Wassergehaltes in den Zellen und Geweben (80 %) entfällt ein hoher Anteil der gesamten Energieabsorption auf Wassermoleküle.

Inzwischen sind zur Erklärung des Mechanismus der Strahlenwirkung verschiedene Theorien aufgestellt worden, von denen heute nur noch

- die *Treffertheorie,* die eine direkte Strahlenwirkung auf den Organismus beschreibt (Dessauer 1922) und
- die *Theorie der indirekten Strahlenwirkung* (Rajewski)

Bedeutung haben.

In diesem Zusammenhang muß betont werden, daß die strahlenbiologische Problematik mit diesen Theorien nicht vollständig erfaßt werden kann, da der Organismus mit seinen vielfältigen Reaktions- und Reparaturvorgängen, die bis heute noch nicht gänzlich geklärt sind, insgesamt auf den Strahleninsult reagiert.

Die prinzipielle Funktionsweise zellulärer Reparaturmechanismen ist auf S. 220 ff. ausführlich beschrieben. Unter Zugrundelegung der beiden erwähnten Theorien unterscheidet man zwischen einer *direkten Strahlenwirkung*, die auf der unmittelbaren Wechselwirkung zwischen ionisierenden Strahlen und lebenswichtigen Biomolekülen beruht, und der *indirekten Strahlenwirkung*, die durch die äußerst reaktiven radiolytischen Zersetzungsprodukte des Wassers verursacht wird. Bestrahlungsprodukte des Wassers sind:

- das hydratisierte Elektron (e_{aq}^{-})
- das OH-Radikal (OH^{-})
- Atomarer Wasserstoff ($H^{\bullet}$)
- Wasserstoffperoxid (H_2O_2)
- Molekularer Wasserstoff (H_2)

Direkte Strahlenwirkung

Wenn ein einziges Teilchen mit einem großen spezifischen Ionisationsvermögen ein Chromosom durchquert, so vermag es mehrere Ionisationen in diesem auszulösen und kann dadurch einen Chromosomenbruch verursachen, dessen Auftreten bei einer einzigen Ionisation nur sehr geringe Wahrscheinlichkeit hätte. Ein solcher Chromosomenbruch ist reparabel.

Um wirksame und bleibende Chromosomenschäden zu erreichen, sind mehrere gleichzeitige oder aufeinanderfolgende Treffer im strahlenempfindlichen Volumen erforderlich. Diese führen zu Doppelstrangbrüchen am DNS-Molekül und sind irreparabel. Derartige Prozesse führen dann in den Gewebszellen zur Mitosehemmung und damit zum Zelltod.

Die *Strahleneinwirkung* führt nach der sogenannten *Treffertheorie* zu einer punktförmigen Schädigung im biologischen oder bestrahlten Objekt Zelle.
Zu der Gruppe der *Eintreffervorgänge* gehören biologische Reaktionen, die durch eine einzige Ionisation ausgelöst werden (z. B. Genmutationen).
Beim sogenannten *Konzentrationseffekt* (Zunahme der Ionisationsdichte) lösen mehrere (fast) gleichzeitige Treffer ein entsprechendes biologisches Ereignis mit zellschädigender Wirkung aus; so werden beispielsweise Chromosomenbrüche verursacht.
Die *additive Akkumulation* setzt mehrere zeitlich aufeinanderfolgende Treffer im strahlenempfindlichen Volumen voraus. Die erzielte Wirkung kann durch einen einmaligen Effekt (auch Konzentrationseffekt) nicht erreicht werden. Derartige Prozesse führen zu einer Zellschädigung im Sinne einer Mitosehemmung.

Aufgrund der eben beschriebenen direkten Strahleneinwirkung nach der Treffertheorie, die auf dem sogenannten Schrotschußverfahren basiert, ist zu erwarten, daß nur bei Erhöhung der Strahlendosis (Heraufsetzung der Ionisationsdichte) im Zielobjekt eine ausreichende Schädigung zur Vernichtung von Zellen erreicht werden kann. Es hat sich jedoch herausgestellt, daß selbst bei einer Herabsetzung der Strahlendosis innerhalb eines gewissen Konzentrationsbereiches der Strahleneffekt konstant bleibt.
Dieses Phänomen hat seine Ursache in der *indirekten Strahlenwirkung.*

Indirekte Strahlenwirkung

Um eine Zellschädigung zu erreichen, ist eine direkte Schädigung von Makromolekülen nicht immer nötig. Es genügt, wenn eine

Ionisation in ihrer unmittelbaren Umgebung ausgelöst wird, was zu einem entsprechenden strahlenchemischen Effekt z. B. an einem Wassermolekül führt:

> Das ionisierende Teilchen verursacht die Spaltung des Wassermoleküls. Die dabei gebildeten Umwandlungsprodukte in Form von $H^{\bullet}$- und $OH^{\bullet}$-Radikalen können über eine gewisse Entfernung diffundieren und aufgrund ihrer hohen Reaktivität selbst chemische Veränderungen an Makromolekülen induzieren. Oder sie reagieren mit anderen kleineren Molekülen (z. B. anderen Wassermolekülen) oder Atomen, wobei der hochreaktive radikalische Charakter in Art eines ungeordneten Staffellaufs von Teilchen zu Teilchen weitergegeben werden kann und erst nach mehreren Etappen die Schädigung eines Makromoleküls erfolgt. Die Schädigung der Makromoleküle (Proteine, DNS, Membranlipide) führt dann zu intermediären Stoffwechselstörungen, die schließlich wesentliche morphologische Veränderungen der Zellen und Gewebe und den Zelltod auslösen.

Im Anschluß an den Absorptionsprozeß, der zur Anregung und Ionisation von Molekülen führt, laufen chemische Prozesse ab.
Aufgrund unserer heutigen Kenntnisse kann keine eindeutige Aussage darüber gemacht werden, welche molekularen Primäreffekte nach einer Strahleneinwirkung zur Abtötung von Zellen führen oder einen entscheidenden Beitrag dazu liefern. Ebensowenig sind die Stoffwechselprozesse bekannt, die zur Entwicklung eines Strahlenschadens beitragen. Bekannt ist jedoch, daß schon geringe Strahlendosen die DNS und ihre Funktion im Zellstoffwechsel irreversibel schädigen und daß es durch Strahleneinwirkung zu genmutierten und so zu nicht lebensfähigen Zellen kommt.
Da alle Proteine in jeder Zelle mehrfach vorhanden sind und eine Neusynthese von Zellproteinen möglich ist, ist als primärer Effekt einer Strahleneinwirkung auf die Zelle ein Ausfall bestimmter Zellstoffwechselfunktionen wesentlich unwahrscheinlicher als eine strahlenbedingte Schädigung der DNS.

Die Einwirkung ionisierender Strahlen auf die DNS führt zu folgenden Schäden:

- Unterbrechung einer oder beider Polynukleotidketten (Kettenbruch),
- durch strahlenchemische Reaktionen kommt es zur Modifizierung oder Eliminierung der Nukleinsäurebasen. Das führt zu strukturellen Veränderungen der DNS,
- Vernetzung der DNS-Polynukleotidketten.

Diese strahlenbedingten Schäden beeinträchtigen die zellulären Stoffwechselvorgänge durch Störung der DNS-Synthese und der RNS-Synthese. Jedoch verfügen die Zellen über ein wirksames Reparatur-System, welches die Schäden, die durch ionisierende Strahlen an der DNS entstanden sind, teilweise beheben kann. Es ist auf S. 220–226 ausführlich beschrieben.

Elektronenmikroskopische Untersuchungen haben gezeigt, daß es schon wenige Stunden nach einer Bestrahlung mit einer Strahlendosis von etwa 3–4 Gy (Gray) zu Zellveränderungen an den Kernmembranen und an der DNS kommt, die zum Zelltod führen. Erst bei einer Strahlendosis von etwa 8–10 Gy kommt es auch zu einer Schädigung der Mitochondrien und des endoplasmatischen Retikulums.

Die Auswirkung einer Strahlung auf den Organismus hängt jedoch nicht allein von der physikalischen Dosis, sondern auch von der Art der Strahlung ab, denn Korpuskularstrahlen rufen aufgrund ihrer höheren Ionisationsdichte einen größeren biologischen Effekt hervor als Photonenstrahlen.

Die verschiedenen Strahlenarten haben eine unterschiedliche Wirksamkeit auf das zu bestrahlende Gewebe. Man spricht von der *relativen biologischen Wirksamkeit (RBW)*, und vergleicht dabei jeweils die biologische Wirksamkeit einer Strahlenart mit derjenigen von Röntgenstrahlen oder mit der von Kobalt-60-Gammastrahlen. Die **RBW** ist von der Energie, der Ladung und der Masse der Strahlenpartikel abhängig. Diese Parameter beeinflussen die örtliche Verteilung der Ionisationsereignisse im durchstrahlten Gewebe.

Die Ionisationsdichte nimmt mit der Masse und der Ladung der Strahlenpartikel zu. Sie hängt davon ab, in welchen räumlichen Abständen Energie von Strahlenpartikeln oder Quanten auf Materie übertragen wird.
Die RBW einer bestimmten Strahlung muß für jeden Organismus und für jeden biologischen Effekt speziell bestimmt werden. Allgemein gilt, daß die relative biologische Wirksamkeit (RBW) mit der Ionisationsdichte zunimmt.
Die biologische Strahlenwirkung ist ferner abhängig von der zeitlichen Verteilung der Strahlendosis. Eine bestimmte Strahlendosis wirkt bei hoher Dosisleistung (Kurz- und Einzeitbestrahlung) stärker als bei niedriger Dosisleistung (Langzeitbestrahlung), da sich bei Langzeitbestrahlung Erholungsvorgänge stärker auswirken können als bei Einzeitbestrahlung.

Als kurative Bestrahlungsdosis sind 50–70 Gy in fünf bis sieben Wochen anzusetzen (Gesamt-Strahlendosis).

Sensibilisierungsdosis:	4– 6 Gy
Palliativbestrahlung:	25–50 Gy
Tumorvernichtungsdosis:	50–70 Gy
Tägliche Strahlendosis:	1 1/2–2 1/2 Gy
Wochendosis:	8–10 Gy

Bei Mehrfeldbestrahlung wird diese Dosis gleichmäßig auf die einzelnen Felder verteilt.
Schädigungen an den Kernmembranen haben eine Permeabilitätsstörung zur Folge, die bei niedrigen Strahlendosen zunächst zum Schwellen der Zellkerne führt. Ferner werden Chromatinverklumpungen beobachtet. Bei höheren Strahlendosen werden die Kerne dann pyknotisch (Verdichtung des Chromatins bei schrumpfendem Volumen der Zellkerne = Kernzerfall bei absterbenden Zellen). Abgestorbene Zellen werden durch autolytische Prozesse und Phagozytose aus den Geweben entfernt.
Der Mechanismus dieser strahlenbedingten Veränderungen ist bis heute unklar, auch, in welchem molekularen Bereich der Membranen der Angriffspunkt ionisierender Strahlen liegt. Im folgenden sind die Strahlenwirkungen auf die Zelle stichwortartig zusammengefaßt.

▷ Strahlenschäden an der DNS

Es entstehen
- Einzelstrangbrüche (reparabel)
- Doppelstrangbrüche (irreparabel)
- Basenveränderungen (reparabel)

▷ Strahlenwirkung auf DNS, RNS und Proteine

Der enzymatische Abbau von Proteinen, RNS und besonders DNS ist nach Bestrahlung verstärkt, die Biosynthese von Proteinen, RNS und besonders DNS gehemmt.

▷ Strahlenwirkung auf biologische Membranen

Die Permeabilität von Membranen der Zellen und der Zellorganellen ist nach Bestrahlung erhöht, d. h. die Membranen sind durchlässiger.

▷ Strahlenwirkung auf Zellorganellen

Allgemein kommt es zu Schwellungen, Vakuolenbildungen und Membranveränderungen. Dies führt
- am Kern zu Pyknose und Karyolyse,
- an den Mitochondrien zu Vakuolenbildung, Fragmentationen, Verlust der Cristae mitochondriales,
- am endoplasmatischen Retikulum zur Abnahme des Ribosomenbesatzes.

▷ Strahlenwirkung auf den Zellzyklus

Es kommt zur Mitosehemmung infolge einer Blockade der G_2-Phase und zur Verlängerung der G_1- und der S-Phase.
Die strahlenempfindlichsten Stadien im Zellzyklus sind die Mitosephase und das G_2-Stadium der Interphase. Durch Strahleneinwirkung in der Interphase werden Synthese und Polymerisation der DNS beeinflußt und ihre energieliefernden Prozesse gestört. So kommt es zu einer Desorganisation der Chromosomen. Diese besondere Empfindlichkeit des Teilungsstoffwechsels der Zelle bildet

die eigentliche Grundlage der strahlentherapeutischen Angriffsmöglichkeit an der Tumorzelle.

Strahlenempfindlichkeit der Tumorzellen im Generationszyklus

Der Generationszyklus (Zellzyklusphasen) ist für die Strahlenempfindlichkeit der Zellen von großer Bedeutung.
Kurze Rekapitulation der Phase des Zellzyklus (s. Kapitel 1, „Zellzyklus"):
Während der G_1*-Phase* des Zellzyklus finden vor allem das Wachstum der Zellen und die Enzymsynthese für die Vorbereitung der DNS-Synthese statt. In der G_2*-Phase* wird insbesondere die Mitosephase vorbereitet. Im Laufe der *S-Phase* werden die Chromosomen der Zelle durch DNS-Synthese verdoppelt. In der *Mitosephase* findet die Teilung der Zelle statt.
Zellen, die sich in der G_0*-Phase* (ruhende Phase) befinden, sind in bezug auf eine Chemotherapie unempfindlich. Hinsichtlich einer Strahlentherapie besteht die Unempfindlichkeit nur gegenüber lokker ionisierender Strahlung. Schwere Teilchen, Protonen, Neutronen wirken durch ihre hohe Ionisationsdichte auch auf Zellen in der G_0-Phase.
Erwähnt sei an dieser Stelle nochmals, daß im normalen Gewebe und in Tumoren im allgemeinen nur ein geringer Teil der Zellen proliferiert und der restliche Teil der Zellen sich in einer Ruhephase befindet, die als G_0-Phase bezeichnet wird.

Grundsätzlich gilt:

- Zellen in der Mitosephase sind besonders strahlenempfindlich. In dieser Zyklusphase ist eine intrazelluläre Erholung von subletalen Strahlenschäden kaum möglich.
- Zellen in der G_1-Phase und in der frühen S-Phase sind noch relativ gut strahlensensibel; d. h., es ergibt sich hier ebenfalls eine niedrige Überlebensrate.
- Im Laufe der S-Phase steigt die Strahlenresistenz der Zellen an und erreicht am Ende der S-Phase ihren höchsten Wert. In diesem Stadium des Zellzyklus ist das Erholungsvermögen der strahlengeschädigten Zellen besonders gut.
- In der G_2-Phase (Übergang in die Mitosephase), in der die DNS-Synthese und die DNS-Verdoppelung abgeschlossen sind, reagieren Zellen wie in der Mitosephase sehr strahlenempfindlich.

Bestrahlt man eine proliferierende Zellpopulation, so wird als erster Strahleneffekt eine Abnahme der Mitoserate beobachtet. Zellen, die sich bereits in der Mitose befinden, vollenden die Zellteilung, aber neue Prophasen werden nicht gebildet (Denekamp 1975).

Bei niedriger Strahlendosis (etwa 1 Gy) nimmt wenige Stunden nach der Bestrahlung die Mitoserate wieder zu. Die Anzahl der Mitosen kann jetzt sogar größer sein als vor der Bestrahlung. Die reversible Strahlenwirkung auf die Mitoserate führt lediglich zu einer Veränderung des Generationszyklus (Verlängerung der G_1- und der S-Phase und eine Verzögerung der Zellen in der G_2-Phase).

Bei einer niedrigen Strahlendosis wird die DNS-Synthese von Zellen in der S-Phase herabgesetzt.

Mit zunehmender Strahlendosis treten in verstärktem Maße irreversible Schäden auf, die zu abnormen Teilungsprozessen und Zytolyse führen.

Man kann daher zwei verschiedene Phänomene der Strahlenwirkung je nach Strahlendosis unterscheiden:

- die Mitoseverzögerung und
- den Zelltod.

Schnell proliferierende Zellen gehen im allgemeinen schon ein bis zwei Tage nach Bestrahlung zugrunde oder verlieren ihre Teilungsfähigkeit.
Interessant ist die Änderung der Abtötungsrate mit zunehmender Strahlendosis: Eine Strahlendosis von 3 Gy senkt den überlebenden Anteil einer einheitlichen Zellpopulation auf 10 % der zum Bestrahlungszeitpunkt vorhandenen Zellzahl. Zwischen den Bestrahlungen ist die Proliferation unbedeutend. Die Überlebensrate nach 6 Gy beträgt noch 1 %, die nach 9 Gy etwa 0,1 % usw. Geht man also z. B. von einem Tumor mit 10^{10} Zellen aus, überleben nach einer Strahlendosis von 24 Gy 10^2 Zellen.
Die zum Zelltod führende Strahlendosis liegt etwa bei 8–10 Gy.

Es läßt sich zwar keine generelle Abstufung für die Strahlenempfindlichkeit der Zellen festlegen, da sie von vielfältigen Faktoren abhängt, jedoch gilt allgemein die Regel, daß mit erhöhter Proliferation und abnehmender Differenzierung die Strahlenempfindlichkeit der Zellen ansteigt.

Demzufolge ist die Strahlenempfindlichkeit von Tumoren durchaus verschieden.

Sehr strahlenempfindlich sind:
Leukämien, Chorionkarzinom, maligne Lymphome, das Seminom, die embryonalen Tumoren, das kleinzellige Karzinom.

Mäßig strahlenempfindlich sind:
Plattenepithelkarzinome, Glioblastome, das Osteosarkom, die Adenokarzinome, die Teratokarzinome.

Wenig strahlenempfindlich sind:
Ausgereifte Sarkome, alle gutartigen Tumoren.

Die Möglichkeiten der Strahlentherapie hängen mit den unterschiedlichen strahlenbiologischen Eigenschaften der verschiedenen Gewebe zusammen. Mit der Strahlensensibilität wird das Anspre-

chen von Tumoren auf die Strahlenbehandlung ausgedrückt. Eine feste Beziehung zwischen Strahlensensibilität und Heilbarkeit besteht jedoch nicht.
Generell gilt, daß höhere Strahlendosen eine bessere Tumorzerstörung bewirken. Ein klinisch palpabler Tumor (T_1) benötigt eine Dosis von etwa 60.0 Gy, wogegen ein größerer Tumor (T_4) 75.0–80.0 Gy bei einer täglichen Dosis von 2 Gy und fünfmaliger Bestrahlung (fünf Fraktionen) in einer Woche benötigt.

Eine kurative Strahlentherapie kann durchgeführt werden, wenn die gesamte Tumorausdehnung einschließlich der befallenen angrenzenden Gewebsanteile und Lymphknotenstationen in einem Bestrahlungsvolumen erfaßt werden kann.

Bei Befall weiterer, entfernter Lymphknotenstationen wird das zu behandelnde Körpervolumen so groß, daß die Strahlendosen gesenkt werden müssen und dann nur noch zur zeitlich begrenzten Symptomverbesserung ausreichen. Auch lokal weit fortgeschrittene Tumoren mit Beteiligung von z. B. Trachea, Hauptbronchien und Aorta oder Perikard sind nicht mehr kurativ zu behandeln.

Zelluläre Reparaturmechanismen bei Strahlenschäden

Der Organismus besitzt Reparatursysteme, die imstande sind, die durch Strahleneinwirkung entstandenen Zellschädigungen, vor allem diejenigen an der DNS, wieder zu beseitigen. Zellen verfügen über Mechanismen, die sie in die Lage versetzen, strahleninduzierte molekulare Veränderungen rückgängig zu machen. Dies geschieht vorwiegend durch die Funktion der in den Zellen befindlichen Reparaturenzyme.

Klassifikationskriterien für Reparaturvorgänge

▷ Die Zeitspanne, in der die Reparaturen durchgeführt werden

Je nachdem, ob Reparaturen unmittelbar nach dem Eintreten der strahleninduzierten Moleküländerung vorgenommen werden oder erst nach einer Verdoppelung der veränderten DNS, unterscheidet man zwischen präreplikativen und postreplikativen Reparaturen.

> Man spricht von einem *präreplikativen Reparaturprozeß*, wenn die Reparatur unmittelbar nach dem Eintreten der strahleninduzierten Molekularveränderung, also vor der nächsten Replikation, durchgeführt wird.
> Von einem *postreplikativen Reparaturprozeß* spricht man, wenn dieser erst nach der Replikation der veränderten DNS erfolgt.

▷ Die Ergebnisse der Reparaturprozesse

Ist die DNS-Struktur nach den Reparaturprozessen stets identisch mit der Struktur, die vor der Bestrahlung vorhanden war, oder sind Strukturveränderungen aufgetreten? Ist das Resultat des Vorganges eine fehlerfreie oder eine fehlerhafte Reparatur?

▷ Die Energie, die für die Durchführung der Reparatur notwendig ist

Wird diese in Form von chemischer Energie in den Zellen bereitgestellt oder in Form von physikalischer Energie (sichtbares Licht)? Im ersten Fall werden diese Vorgänge als nicht lichtabhängige Reparaturprozesse bezeichnet (*Dunkelreparaturen*) und im zweiten Fall als *Photoreparatur*, die nur in Gegenwart von Licht (UV-Strahlung) und nur in Zellen, die vom Licht erreicht werden (z. B. in der Haut) durchgeführt werden können, und zwar in Gegenwart des Enzyms *Photolyase*.

Präreplikative Reparaturmechanismen

Photoreparatur

Die Photoreparatur hat eine außerordentlich spezifische Wirkung. Durch diesen Reparaturvorgang werden ausschließlich Pyrimidindimere in Monomere zerlegt.
Durch UV-Strahlenschäden treten im DNS-Molekül Pyrimidindimere auf (ein Dimer ist eine kovalente Verbindung zweier gleichartiger Moleküle). Nach der Bestrahlung mit sichtbarem Licht mit einer Wellenlänge von 300–600 nm werden die Pyrimidindimere in Gegenwart des Enzyms Photolyase gespalten. Somit wird der ursprüngliche Zustand der DNS wiederhergestellt.

Dunkelreparatur

Während für die Photoreparatur in den Zellen nur ein Mechanismus zur Verfügung steht, existieren für die Dunkelreparatur vielfältige Mechanismen (s. Abb. 10-8). So werden im einfachsten Fall strahleninduzierte Strangbrüche repariert oder veränderte Purin- oder Pyrimidinbasen herausgeschnitten und durch unbeschädigte Basen ersetzt. Häufig wird nicht nur die beschädigte Base entfernt, sondern mit der geschädigten Base auch ein kurzer oder längerer Strang benachbarter Nukleotide. Derartige Reparaturmechanismen werden deshalb als Ausschnittreparatur oder Exzisionsreparatur bezeichnet. Sie kommen ausschließlich bei präreplikativen Reparaturen vor.
Die Exzisionsreparaturen, wozu die Basenexzisionen und die Nukleotidexzisionen gerechnet werden, sowie die Strangbruchreparaturen gehören zu den Dunkelreparaturen. Sie benötigen also kein Licht als Energiequelle. Die zur Reparatur notwendige Energie wird von den Zellen selbst in Form von chemischer Energie (Adenosintriphosphat) bereitgestellt.

▷ Die Basenexzisionen

Die Basenexzision ist der erste Schritt des Reparaturvorganges, bei dem durch Einwirken von DNS-Glykosylasen eine strahlungsgeschädigte Base aus dem DNS-Molekül „herausgeschnitten“ wird. Im zweiten Schritt des Reparaturvorganges erfolgt ein Neueinbau der Base durch ein Enzym, das Insertase genannt wird (Laskowski, 1981).

▷ Die Nukleotidexzision

Hierbei handelt es sich um die Entfernung veränderter Basen nebst zugehörigen Zucker- und Phosphatgruppen sowie einer kleineren oder größeren Anzahl benachbarter Nukleotide. Bei der Nukleotidexzision konnte die Mitwirkung einer ganzen Reihe von Reparaturenzymen nachgewiesen werden. Diese Reparatursysteme haben vielfältige Funktionen. Sie können die DNS-Stränge zerschneiden (*Endonukleasen*), Nukleotide von freien Strangenden abbauen (*Exonukleasen*), fehlende Nukleotide eines Stranges wieder ergänzen (*Polymerasen*) oder Stranglücken schließen (*Ligasen*).
Bei Langstrangexzisionen werden bis zu 1500 Nukleotide aus dem geschädigten DNS-Molekül entfernt und ausgetauscht. Das Reparaturergebnis ist nicht fehlerfrei. Bei Kurzstrangexzisionen werden etwa 30–100 Nukleotide entfernt und ausgetauscht. Das Ergebnis dieses Reparaturvorganges ist fehlerfrei.

▷ Die Reparatur von Strangbrüchen

Strangbrüche treten in den DNS-Molekülen vorwiegend als Folge der Wirkung von ionisierenden Strahlen auf.
Es hat sich gezeigt, daß Strangbrüche außerordentlich schnell repariert werden können.
Bei der Reparatur von Strangbrüchen spielen drei Enzyme eine besondere Rolle:

- Die *Exonukleasen* entfernen zunächst die geschädigte Strangstelle.
- Daraufhin synthetisieren die *Polymerasen* ein neues Strangstück.
- Letztlich verbinden die *Ligasen* das neu synthetisierte Strangstück mit dem erhalten gebliebenen Reststrang.

Lange Zeit hat man angenommen, daß Doppelstrangbrüche nicht mehr repariert werden können. Heute weiß man, daß das unter bestimmten Bedingungen doch möglich ist. Doppelstrangreparaturen erfolgen jedoch nur, wenn die Zellen Enzyme besitzen, die für Rekombinationsprozesse erforderlich sind.

Postreplikative Reparaturmechanismen

Schäden, die vor der nächsten Replikation (Verdoppelung) nicht repariert werden, verursachen bei der Replikation größere Lücken im neusynthetisierten Tochterstrang. Diese Lücken können entweder durch *Rekombinationsprozesse* (Reparaturen) oder durch nachträgliche Neusynthesen gefüllt werden. Diese nachträgliche Auffüllung der bei der Replikation entstandenen längeren Stranglücken ist die letzte Chance der Zellen, mit dem Strahlenschaden fertigzuwerden. Denn bleiben Stranglücken erhalten, so fehlen Informationen, und Zellen mit derart geschädigten DNS-Molekülen sind oft nicht mehr lebensfähig. Diese letzte Reparatur-Chance wird deshalb als die *SOS-Reparatur* bezeichnet.

▷ Rekombinationsreparatur

Als Rekombination bezeichnen Erbbiologen einen Vorgang, der dazu führt, daß normalerweise gekoppelt vererbte Merkmale in einer folgenden Generation nicht mehr gekoppelt, sondern in neuen Kombinationen auftreten. Das Erbgut der Eltern ist dann *rekombiniert* worden.

Die gekoppelte Vererbung bestimmter Merkmale beruht darauf, daß die Informationen zur Ausbildung bestimmter Merkmale (die Gene) nahe beieinander auf einem Chromosom liegen. Soll die Vererbung von Merkmalen rekombiniert werden, so müssen zunächst einmal Chromosomen rekombiniert werden, d. h. ein Austausch von DNS-Stücken zweier homologer Chromosomen erfolgen. Diese Prozesse werden enzymatisch katalysiert und nur dann, wenn in der Zelle für die Rekombination die notwendigen Enzyme vorhanden und aktiv sind.

▷ SOS-Reparatur

Die Prozesse der SOS-Reparatur sind wohl die kompliziertesten bekannten DNS-Reparaturprozesse.

Die SOS-Reparatur unterscheidet sich von der Rekombinationsreparatur dadurch, daß die nach der DNS-Replikation in den Tochtersträngen auftretenden Stranglücken nicht durch Strangaustausch, sondern durch Neusynthese der fehlenden Teilstränge beseitigt werden. Sie hat also Ähnlichkeit mit der Langstrang-Nukleotidexzision, erfolgt aber im Unterschied zu dieser erst nach der Replikation.
Eine weitere Besonderheit bei der SOS-Reparatur liegt insofern vor, als dieser Reparaturvorgang durch sogenannte induzierte Enzyme katalysiert wird, d. h. diese Enzyme müssen erst synthetisiert werden. Die Induktoren für die Neusynthetisierung solcher Reparaturenzyme stammen aus dem Zerfallsprozeß der geschädigten DNS.

Zusammenfassung

Der Organismus verfügt in seinen Zellen über wirksame Reparaturmechanismen (Abb. 10-8), die entstandene Strahlenschäden vielfach wieder beseitigen können. Diese Reparaturvorgänge werden durch in den Zellen vorhandene spezielle Enzyme (Reparaturenzyme) katalysiert. Die für diese Vorgänge notwendige Energie wird entweder durch UV-Strahlung des sichtbaren Lichtes oder durch in den Zellen vorhandene chemische Energie (Adenosintriphosphat, ATP) zur Verfügung gestellt.
Werden Strahlenschäden in der Zeit vor der nächsten Replikation durch den zellulären Reparaturmechanismus nicht beseitigt, so werden hierdurch bei der nun folgenden Replikation größere Lükken im synthetischen Tochterstrang verursacht.
Die Lücken können nun noch durch eine Rekombinationsreparatur oder eine nachträgliche Neusynthese in der sogenannten SOS-Reparatur geschlossen werden.
Entscheidend sind letztlich die Ergebnisse des Reparaturprozesses, nämlich ob es sich um eine fehlerfreie oder fehlerhafte Reparatur handelt, d. h. ob die Struktur der DNS nach der Reparatur des Schadens identisch mit der Struktur der DNS vor der Strahlenschädigung ist. Denn bleiben Stranglücken zurück oder ergibt die Reparatur fehlerhafte Resultate, fehlen hierdurch bedingt der Zelle möglicherweise entscheidende genetische Informationen. Zellen

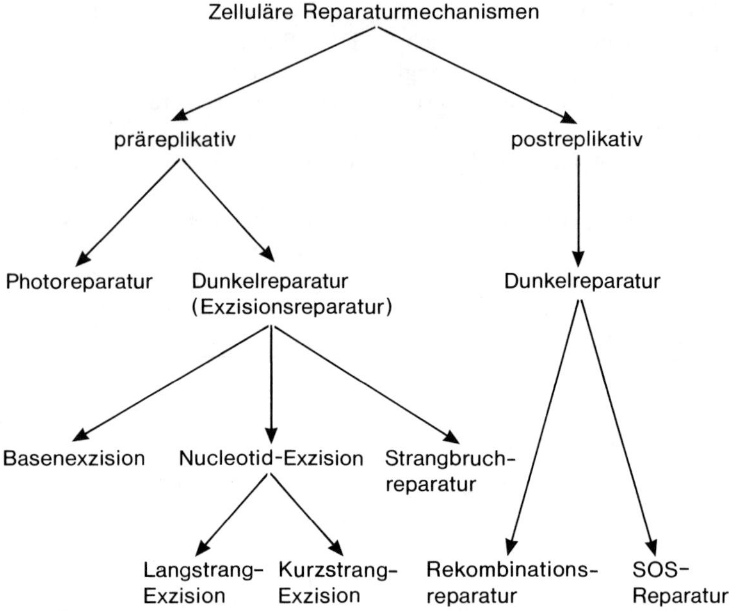

Abb. 10-8: System zellulärer Reparaturmechanismen (nach W. Laskowski)

mit derartig geschädigten DNS-Molekülen sind oft nicht mehr lebensfähig. Bei der Strahlentherapie sind derartige Reparaturprozesse in Tumorzellen natürlich unerwünscht.

Wahl der Therapieform

Bestrahlungsplanung

Vor jeder Strahlentherapie wird eine Bestrahlungsplanung vorgenommen. Sie erfolgt aufgrund der vorliegenden Kenntnis über die vollständige Tumorausdehnung, die Histologie und die anatomische Lokalisation des Tumors oder potentielle Lymphknotenmeta-

stasen. Weiterhin ist zu berücksichtigen, ob es sich um eine kurative oder palliative Therapie handelt. Die geeignete Behandlungsform, Strahlentherapie allein oder in Kombination mit Operation oder Chemotherapie, beeinflußt die optimale Strahlendosis.
Unter Berücksichtigung des Allgemeinzustandes des Patienten und einer eventuellen Vorschädigung des gesunden Gewebes durch vorangegangene Therapien ist in Abhängigkeit von den zur Verfügung stehenden Bestrahlungsgeräten der Bestrahlungsplan festzulegen.

Die räumliche Dosisverteilung ist wesentlich für den Erfolg einer Therapie. Ziel ist eine homogene Belastung des Zielvolumens mit möglichst geringer Belastung des umgebenden Gewebes. Im Idealfall sollte nur das Zielvolumen belastet werden.

Ein weiterer wichtiger Gesichtspunkt einer Bestrahlungstechnik ist die Fehlertoleranz, d. h. die Einstelltechnik sollte nicht zu kompliziert sein, so daß z. B. Patientenbewegungen die Dosis im Zielvolumen möglichst wenig beeinflussen.

Interstitielle Bestrahlung

Die Bestrahlung erfolgt durch Implantieren radioaktiven Materials in das Zielvolumen, z. B. Spickung der Prostata mit Jod-125, Gold-198, Iridium-192 oder Palladium-103.

Intrakavitäre Therapie

Die Bestrahlung erfolgt durch Einführen von radioaktiven Nukliden in Körperhöhlen. Bei der konventionellen Technik werden mit Radium oder Kobalt bestückte Applikatoren in die Körperhöhle eingebracht. Bei der von Henschke 1960 entwickelten Afterloadingtechnik werden die Applikatoren unbeladen in der Körperhöhle fixiert. Die Beladung erfolgt ferngesteuert. Vorteil der Afterloadingtechnik ist:

- Es können Strahler mit einer höheren Dosisleistung verwendet werden.

- Die Bestrahlungszeit, d. h. die Zeit, in der der Patient ruhiggestellt sein muß, ist kürzer.
- Das behandelnde Personal erhält keine Strahlungsdosen.

Der Schwerpunkt der klinischen Anwendung liegt in der Gynäkologie. Weitere Anwendungen finden sich im Hals-Nasen-Ohren-Bereich, in Bronchien und Ösophagus.
Als Bestrahlungsquelle ist Ir-192, Energie 0,38 MeV, aus Strahlenschutzgründen gut geeignet.

Therapie mit offenen Radionukliden

Die Therapie mit offenen Radionukliden beruht auf einer metabolischen Anreicherung eines Radionuklids durch Vorgänge am Krankheitsherd. Große klinische Bedeutung besitzt die Radiojodtherapie mit Jod-131 bei Schilddrüsenkarzinomen. Weitere Indikationen sind Polyzythämie (P-32), Knochenmetastasen (P-32, Sr-89), Aszites oder Pleuritis carcinomatosa (Au-192, P-32). Eine endolymphatische Radionuklidtherapie ist an den Extremitäten möglich (P-32).

Perkutane Bestrahlung

Unter perkutaner Bestrahlung versteht man die Bestrahlung eines Tumors durch externe, außerhalb des Körpers befindliche Strahlenquellen. Als Bestrahlungstechniken bieten sich hier die *Stehfeldbestrahlung* (feststehende Röhre) mit den Variationen

- *Einfeldbestrahlung* (z. B. Wirbelsäule, Spinalkanal, Hautprozesse)
- *Mehrfeldbestrahlung* (über opponierende Stehfelder = ventral-dorsal oder von beiden Seiten) und
- *Kreuzfeuerbestrahlung* (von mehreren Feldern aus) bei tief im Körper gelegenen Tumoren sowie die
- *Pendelbestrahlung (Rotationsbestrahlung)* an, die aus einer Vielzahl von Einzelstehfeldern besteht (Abb. 10-9).

Die am einfachsten durchführbare Bestrahlungstechnik ist die *Stehfeldbestrahlung*. Die Lage des Dosismaximums und der Verlauf der Tiefendosis hängen von der benutzten Strahlenquelle ab.

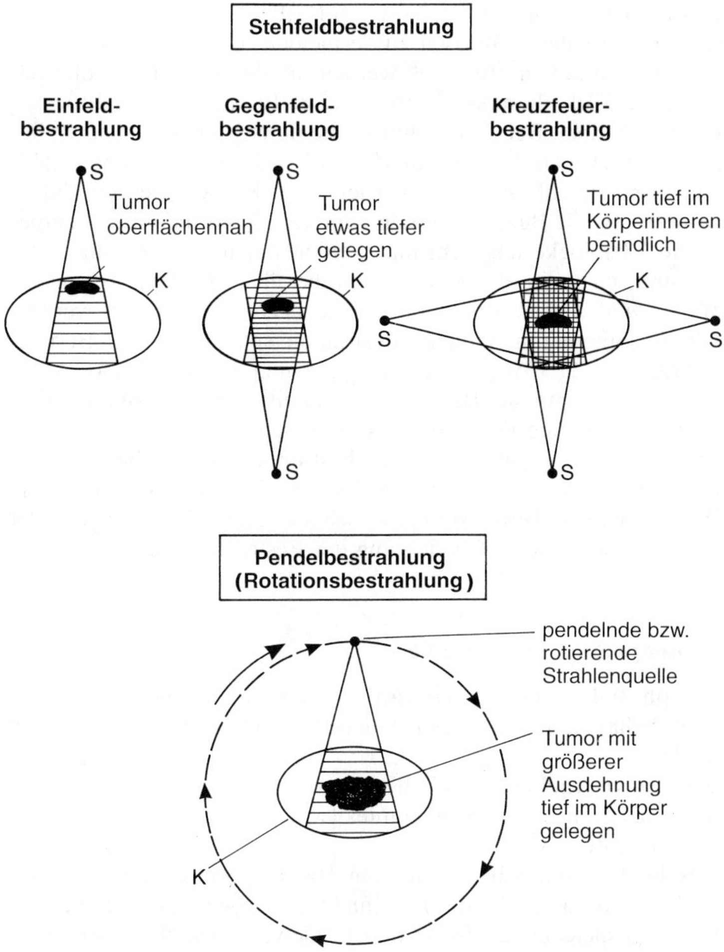

Abb. 10-9: Mögliche Bestrahlungstechniken bei perkutaner Bestrahlung. **S:** Strahlenquelle; **K:** Körperquerschnitt. Die bestrahlten Körperbereiche sind je nach Bestrahlungsintensität streifig oder rautiert unterlegt. Bei der Wahl der Bestrahlungstechnik ist auf die Lage des Tumors im Körper und auf seine Ausdehnung zu achten.

Das Dosismaximum sollte 3 Gy pro Bestrahlung nicht überschreiten, um subkutane Fibrosen zu vermeiden. Bei einer Bestrahlung über eine Strahleintrittspforte werden im allgemeinen nur oberflächennahe Zielvolumina therapiert, z. B. Basaliome oder Prozesse im Wirbelkanal. Bei Zielvolumina, die tiefer im Körperinneren liegen, benutzt man die *Gegenfeldtechnik,* bei der die zweite Strahleintrittspforte auf der gegenüberliegenden Körperseite liegt. Nicht zu bestrahlende Bezirke werden zum Teil durch individuell hergestellte Bleiblöcke abgeschirmt. Werden mit dieser Technik Toleranzgrenzen der umgebenden Gewebe überschritten, so müssen *Mehrfelder- und Rotationsbestrahlungstechniken* gewählt werden. Durch computerunterstützte Bestrahlungsplanung unter Berücksichtigung von Computertomographie und Kernspintomographie läßt sich die optimale Bestrahlungstechnik ermitteln. Bei der Tangentialbestrahlung der Mamma lassen sich notwendige Abschwächungen, die computerunterstützt bestimmt werden können, durch Einfügen zusätzlicher Absorber in den Strahlengang erreichen. Weitere Möglichkeiten sind gewebeäquivalente Hautauflagen oder eine unterschiedliche Gewichtung der Bestrahlungsfelder.

Photodynamische Therapie

Die **photodynamische Therapie** ist eine relativ neue Form der Krebsbehandlung bei oberflächlichen Tumoren. Sie ruht auf drei Säulen:

- Sensitizer (lichtempfindliches Agens)
- auf den Sensitizer abgestimmtes Licht
- Sauerstoff

Das lichtempfindliche Agens, ein Hämatoporphyrinderivat, wird nach intravenöser oder direkter Injektion in (oder auf) Tumorzellen länger gespeichert als in normalem Gewebe. Durch Einstrahlung von Licht entsteht ein Sauerstoffradikal.

Ähnlich wie bei der Strahlentherapie wird hierdurch im Gewebe ein Ionisationsprozeß ausgelöst, der zu molekularbiologischen Veränderungen in den Zellen führt und dadurch eine Zellschädigung verursacht. Leider hängt die Eindringtiefe von Licht von der Wellenlänge ab. Sie beträgt für rotes Licht maximal 5 mm, so daß

ohne Zerstörung von gesundem Gewebe nur oberflächennah gelegene Tumoren behandelt werden können.
Die einzige bisher bekannte Nebenwirkung der photodynamischen Therapie ist eine erhöhte Lichtempfindlichkeit der Haut. Patienten sollten direktes Sonnenlicht für vier bis sechs Wochen vermeiden. Bei der Behandlung oberflächlich gelegener maligner Tumoren könnten sich in der Kombination von Sensitizern und photolumineszenten Substanzen mit entsprechenden Wellenlängen weitere klinische Möglichkeiten in bezug auf therapeutische Maßnahmen ergeben.

Nebenwirkungen und Spätschäden

Wie bereits betont, ist das Ziel jeder Strahlentherapie maligner Geschwülste die maximale Zerstörung des Tumors bei möglichst geringer Schädigung des gesunden Gewebes. Grundsätzlich gilt, daß höhere Strahlendosen eine bessere Tumorzerstörung bewirken. Die zu wählende Gesamtdosis muß aber auch die Nebenwirkungen und Spätfolgen für das gesunde Gewebe berücksichtigen. Diese hängen von der Gesamtdosis und der Fraktionierung ab und nehmen mit Zunahme des bestrahlten Volumens zu. Im folgenden werden einige Beispiele angeführt.
Das strahlenempfindlichste Organsystem ist das blutbildende Knochenmark. Seine Strahlenempfindlichkeit wird durch die undeterminierten Stammzellen bestimmt. Für die ambulante Strahlentherapie werden Leukozytenzahlen von 3000/mm^3 und Thrombozytenzahlen von 70 000/mm^3 als Grenze angesehen. Wenn keine primäre Erkrankung des blutbildenden Knochenmarkes oder eine Vorschädigung, wie z. B. durch eine Chemotherapie, vorliegt, ist eine myelosuppressive Wirkung nur zu erwarten:

- Bei niedrig dosierten, fraktionierten Ganzkörperbestrahlungen, Bestrahlung großer Körpervolumina, z. B. des Abdomens oder der gesamten Lunge.
- Bei simultaner Bestrahlung großer Anteile des blutbildenden Knochenmarkes wie z. B. bei Bestrahlung des Zerebrums und des gesamten Spinalkanals.

Diese myelosuppressiven Wirkungen lassen sich heute durch Wachstumsfaktoren, z. B. durch G-CSF (im Handel als Granozyte), durch Neupogen und durch GM-CSF (im Handel als Leucomax) abkürzen oder vermeiden.
Bestrahlungen der Thoraxorgane können neben der Strahlenpneumonitis Fibrosen der Lunge und Mediastinums zur Folge haben. Die Toleranzdosis der Lunge beträgt bei einer Fraktionierung von 5 pro Woche mit einer Einzeldosis von 2,0 Gy etwa 20 Gy.
Im Intestinaltrakt sind Duodenum und Jejunum am empfindlichsten. Morphologische Veränderungen an Dünndarmepithelien lassen sich bereits nach einer Dosis von 1–2 Gy nachweisen. Darmstenosen können sich nach Dosen von 45 Gy etwa ein bis zwei Jahre nach der Therapie ausbilden.
Zerebrale Nekrosen können nach Dosen von etwa 50 Gy in üblicher Fraktionierung auftreten. Die Toleranzdosis des Rückenmarkes liegt mit 40 Gy niedriger. Die durchschnittliche Latenzzeit bis zum Auftreten neurologischer Symptome beträgt 1,5 Jahre.
Eine Schädigung der Augenlinse durch Kataraktbildung ist bei Bestrahlungen im Kopf-Hals-Bereich bei fraktionierten Bestrahlungen unter 10 Gy nicht zu erwarten.

Erhöhung der Effektivität der Radiotherapie

Aus der Sicht der Strahlentherapeuten kann grundsätzlich jeder Tumor mit einer genügend hohen Strahlendosis vernichtet werden. Bei einer Dosis von 100 Gy wäre zwar die Wahrscheinlichkeit der Tumorvernichtung 100 %, aber gleichzeitig die Toleranzgrenze für das gesunde Gewebe bei weitem überschritten. Es muß daher eine Situation herbeigeführt werden, bei der der Tumor mit einer niedrigen Dosis von etwa 40–50 Gy eliminiert, dabei aber das umgebende Gewebe selbst weitgehend geschont wird. Das gelingt am besten bei kleineren Tumoren. Denn schon bei einer Tumorgröße von 4 cm – dieses Maß gilt heute als relevant – enthält der Tumor einen sehr hohen Anteil an hypoxischen Zellen (mit Sauerstoff unterversorgten Zellen), die gegenüber Gammastrahlen und ultraharten Röntgenstrahlen resistent sind. Mit zunehmendem Pool hypoxischer Tumorzellen nimmt auch die Zahl von Zellen in der radioresistenten G_0-Phase des Zellzyklus zu. Diese sind (s. Kapitel

6) auch Hauptursache für das Versagen der Chemotherapie. Um solche hypoxischen Tumorzellen eliminieren zu können, müßten demnach weitaus höhere Strahlendosen verabreicht werden als bei Euoxie (Zellen, die normal mit Sauerstoff versorgt sind).

Wege zur Optimierung der Strahlentherapie
(Die „4 großen R“ der Strahlentherapie)
- Reoxygenierung der Tumorzellen.
- Verhinderung des „Repair“ subletal bestrahlter Tumorzellen.
- Rekrutierung der Tumorzellen aus der G_0-Phase.
- Verhinderung der Regeneration der Tumorzellen.

Diese Ziele können durch folgende Strategien erreicht werden:
- Durch *Hyperthermie*, also Wärme, die künstlich mit von außen wirksamen physikalischen Mitteln (z. B. Kurzwelle) eine Erhöhung der Körpertemperatur über die Normaltemperatur hinaus bewirkt.
- Durch eine *hyperbare Sauerstofftherapie* (Sauerstoffüberdruckbehandlung).
- Durch *Radiosensitizer* (Sensibilisierungsfaktoren in bezug auf eine Strahlentherapie), z. B. Misonidazol oder Metronidazol. Diese Substanzen sind allerdings sehr toxisch und können daher nicht breit klinisch eingesetzt werden.

Als eine der erfolgversprechendsten Maßnahmen gilt heute die Integration der Chemotherapie in den strahlentherapeutischen Behandlungsplan mit dem Ziel der Erhöhung der Tumorkontrolle und der Beseitigung von Mikrometastasen durch einen additiven Effekt mit der Bestrahlung.

Kombinierte Strahlen- und Chemotherapie

Vier Gründe sprechen dafür:

▷ Durch eine niedrigdosierte Bestrahlung des Tumors mit 5–6 Gy etwa 3–4 Tage vor Beginn der geplanten Chemotherapie kommt es im Tumorgewebe zu einer deutlichen Steigerung der Permeabilität der Zell- und auch der Kernmembranen für wasserlösliche Substanzen. Dieser durch die Bestrahlung ausgelöste sensibilisierende Effekt auf die Tumorzelle führt zu einer erheblich günstigeren Einflußnahme der stark hydrophilen zytotoxisch aktiven Substanzen auf die Tumorzellen.

▷ Als weiterer zellsensibilisierender Faktor bei niedrig dosierter Bestrahlung konnte eine Blockierung der sich in der Proliferation befindlichen Zellen in einer bestimmten Phase des Zellzyklus beobachtet werden (Zellsynchronisation), und zwar in der sogenannten G_2-Phase, in der die Zellen auf bestimmte Chemotherapeutika besonders empfindlich reagieren.

▷ Da in der Tumorzelle durch Bestrahlungseinfluß die Umwandlung der freien Sulfhydryle (SH) zu Disulfiden ausgelöst wird, wird auf diese Weise den Zellen ein Teil ihres natürlichen Schutzmechanismus, den sie den Zytostatika (besonders den Alkylantien) gegenüber besitzen, genommen.

Die Sulfhydrylgruppe (SH-Gruppe) ist chemisch ähnlich der Hydroxylgruppe (OH^--Gruppe).
Viele biochemische Verbindungen enthalten Sulfhydryl-Gruppen. Für die Zellen stellen diese einen Schutzmechanismus gegenüber bestimmten chemischen Substanzen dar.
Durch Bestrahlung von Geweben werden die Sulfhydryle in den Zellen zu Disulfiden umgewandelt. Hierdurch wird den Zellen ihr Schutzmechanismus gegenüber Chemotherapeutika genommen.

▷ Schließlich führt die vom Zytostatikum selbst ausgehende SH-Blockierung in der Zelle ihrerseits wiederum zu einer Steigerung der Strahlensensibilität der Zelle, so daß auch aus dieser Perspektive ein Simultaneinsatz (gleichzeitiger Einsatz) von Bestrahlung und Chemotherapeutikum (Alkylans) sinnvoll erscheint.

Auf keinen Fall empfiehlt es sich aber, das Zytostatikum erst im Anschluß an eine Applikation von Tumorvernichtungsdosen (also *sehr hohen* Strahlendosen) zu geben, da es durch eine solche Bestrahlung zu einem fibrösen Verödungsprozeß im Tumorgewebe kommt und dadurch eine Diffusion von Zytostatika (alkylierende Agentien) in die Tumorzelle, zum Ort ihrer Wirkung, erschwert wird.

Die Kombination der Therapieformen kann simultan (d. h. Bestrahlung und Chemotherapie am gleichen Tag) oder sequentiell (d. h. zehn Tage lang eine Strahlentherapie mit einer Gesamtdosis bis 20 Gy, danach ein Chemotherapiezyklus) erfolgen. Die Wirkungsverstärkung ist bei der simultan angewandten Kombinationstherapie am besten. Der Antitumoreffekt ist so am größten.

Folgende Mechanismen sind für eine Verbesserung des therapeutischen Effektes durch eine Kombination der beiden Modalitäten verantwortlich:

- Verschiedene Zytostatika können die Reparatur von subletalen Strahlenschäden an den Zellen verhindern (z. B. Cisplatin und Adriamycin).
- Durch eine sequentielle (aufeinanderfolgende) Chemo- und Strahlentherapie ist wahrscheinlich eine Teilsynchronisation der Zellen in einer radiosensitiven Zyklusphase möglich.
- Bei der Chemokombination kommt es zu einer besseren Sauerstoffversorgung und dadurch zur Rekrutierung von Tumorzellen in die Proliferationsphase und somit wieder zu einer erhöhten Radio- bzw. Chemosensitivität der Tumorzellen.

11. Schmerztherapie bei Tumorpatienten

Allgemeines

Eine bessere spezifische Tumortherapie führte in den letzten 10 Jahren bei der Mehrzahl der Krebskranken zu einer deutlich verlängerten Überlebenszeit. Jedoch ist diese bei einem Großteil der Betroffenen, bei Fortschreiten der Tumorkrankheit, oft auch gleichzeitig mit zunehmenden und stärkeren Schmerzzuständen verbunden. Hierdurch bedingt nahm im Rahmen der Weiterbehandlung und Betreuung Tumorkranker in den letzten Jahren die Schmerztherapie immer mehr an Bedeutung zu. Nicht nur für den Onkologen, sondern auch für den in der Praxis tätigen Facharzt und Allgemeinpraktiker, der in zunehmendem Maße in der Mit- und Weiterbehandlung von Tumorpatienten wie auch in der Tumornachsorge mit einbezogen wird, wird die Schmerzbehandlung zu einer immer wichtigeren Aufgabe.

> Unter **Schmerzen** versteht man allgemein ziehende, stechende oder dumpfe Sinnesempfindungen unterschiedlicher Qualität, die bei Tumorpatienten unter anderem durch die Geschwulst selbst, deren Volumenzunahme oder Infiltration verursacht werden.

Schmerz entsteht durch eine Gewebeschädigung infolge mechanischer, thermischer, chemischer oder elektrischer Reize. Diese Reize führen im geschädigten Gewebe zu einer Freisetzung von körpereigenen Substanzen, den sogenannten Schmerzstoffen, und diese wiederum zu einer Erregung der Schmerzrezeptoren (Nozizeptoren).

Zu den **Schmerzstoffen** zählen: Wasserstoffionen, Kaliumionen, Acetylcholin, Serotonin, Bradykinin und, vor allem bei Dauerschmerz, Prostaglandine.

Prostaglandine ist ein Sammelbegriff für zahlreiche natürliche, hormonähnliche Substanzen (Gewebshormone bzw. Mediatorstoffe = Mittler- oder Regulatorstoffe).

Prostaglandine werden fast in allen Organen nachgewiesen. Ihre *Wirkungen* sind vielfältig, zum Teil auch mit gegensätzlichen Effekten. Sie beeinflussen z. B.

- den Tonus der glatten Muskulatur und somit auch den des kardiovaskulären Systems mit blutdrucksenkenden und blutdrucksteigernden Effekten,
- die Hemmung der Thrombozytenaggregation,
- die Drosselung der Magensaftsekretion,
- die Steigerung der Synthese und Freisetzung bestimmter Gewebshormone und der Hormonsekretion verschiedener endokriner Organe.

Bei der Entstehung von Fieber, Schmerzen und Entzündungsprozessen spielen die Prostaglandine eine pathophysiologische Rolle. Nach Erregung der Schmerzrezeptoren (Nozizeptoren) werden die Impulse an das Zentralnervensystem weitergeleitet.

Nozizeptoren sind feine Nervenendungen in der Haut oder in anderen Organen, deren Aktivierung durch Reize infolge der freigesetzten Schmerzstoffe ausgelöst werden.

▷ Verlauf der sogenannten Schmerzbahn

Nach der Aktivierung spezifischer Schmerzrezeptoren läuft die Erregungsleitung von Schmerzimpulsen über markhaltige *A-Delta-Fasern* und über marklose *C-Fasern* über die Hinterwurzeln in das Rückenmark und endet meistens in der Substantia gelatinosa des Hinterhorns. Hier wird die Erregung synaptisch auf die nachgeschalteten Neurone übergeleitet, deren Axone die Erregung entweder über den Truncus spinothalamicus oder über den Truncus spinocervicalis zum Gehirn weitergeben. Die über den Truncus spinothalamicus weitergeleitete Erregung endet im Bereich der *thalami-*

schen Kerne. Hier wird die einfließende Information als „schmerzhaft“ gewertet. Von den thalamischen Kernen ausgehend wird die Information einmal zum *limbischen System* und zum anderen zu den *Assoziationsarealen* der Hirnrinde weitergeleitet und hier in ein subjektives Schmerzerlebnis umgewandelt.

Medikamentöse Schmerztherapie bei Tumorpatienten

Vor Beginn einer Schmerzbehandlung bei Krebspatienten ist unbedingt eine genaue **Schmerzdiagnostik**, d. h. eine Schmerzanamnese und eine Schmerzanalyse (Lokalisation, Ausstrahlung, Intensität, Dauer und Qualität der Schmerzen wie dumpfe, stechende, brennende Schmerzen usw.) durchzuführen.
Bei Krebspatienten im fortgeschrittenen Tumorstadium kann davon ausgegangen werden, daß die Schmerzen, vorwiegend durch den Tumor selbst, durch vorhandene Knochenmetastasen oder Obstruktionen von Hohlorganen oder Infiltrationen in benachbartes Weichteil- und Nervengewebe verursacht wird.

> Solange es sinnvoll erscheint, zur Schmerzbekämpfung spezifische, gegen die Tumorkrankheit gerichtete Maßnahmen, wie eine Strahlen-, Chemo- und Hormontherapie sowie auch ein operatives Vorgehen, einzusetzen, haben diese vor einer alleinigen analgetischen, medikamentösen Behandlung absolute Priorität.

Eine effektive, stufenweise angepaßte Schmerzbehandlung wird parallel zur spezifischen antineoplastischen Therapie durchgeführt und die Schmerzbehandlung entsprechend der Rückbildung der Schmerzen durch die spezifische Therapie reduziert.
Zur Erleichterung der individuellen **Therapie** hat die Weltgesundheitsorganisation (WHO) ein **dreistufiges Schema** vorgeschlagen, das jedoch nicht in allen Fällen so durchlaufen werden muß:

Stufe I. Nichtopioidhaltige Analgetika
Stufe II. "Schwache“ Opioide
+ nichtopioidhaltige Analgetika

Stufe III. "Starke" Opioide +
nichtopioidhaltige Analgetika

Zur Behandlung spezieller Schmerzformen oder anderer Symptome kann in allen drei Stufen eine zusätzliche Gabe von *Adjuvantien* (Substanzen, die therapieunterstützend wirken) erforderlich sein. Die **Einnahme von Analgetika** muß regelmäßig und nach einem festen Zeitplan erfolgen, wobei die nächste Dosis gegeben wird, bevor die Wirkung der vorausgegangenen abgeklungen ist. Der Plasmaspiegel muß ständig über der minimalen effektiven, aber unterhalb der toxischen Konzentration gehalten werden. Alle Analgetika müssen in einer ausreichend hohen Dosis verordnet werden.

Bei einigen Ärzten herrscht oft im Umgang mit Schmerzmitteln, besonders aber mit Opiaten, bei Krebskranken noch eine Unsicherheit in bezug auf Auswahl und Dosierung analgetisch wirkender Substanzen vor.

Eine nichtadäquate Schmerztherapie, vor allem aus Angst vor einer Abhängigkeit gegenüber opioiden Analgetika, führt zu einer Unterbehandlung der Patienten mit Schmerzmitteln und somit letztlich zu weiter bestehenden Schmerzen.

Von seiten des Arztes und auch des Patienten erfordert die Einstellung des Kranken auf eine ausreichend wirkende Schmerztherapie in vielen Fällen etwas Geduld und Verständnis.

Therapieprinzipien zur Behandlung von Tumorschmerzen auf medikamentöser Basis

Zur medikamentösen Schmerztherapie werden u. a. Analgetika eingesetzt.

Analgetika sind Substanzen, die in therapeutischen Dosen die Schmerzempfindung verringern bzw. unterdrücken, jedoch bei solcher Dosierung keine allgemeinnarkotische Wirkung besitzen.

Hinsichtlich ihrer Wirkungsstärke, ihres Wirkmechanismus und auch ihrer Nebenwirkungen werden bei den Analgetika zwei **Gruppen** unterschieden:

- die nichtopioidhaltigen, peripher und schwach bis mittelstark wirkenden Analgetika, die gleichzeitig auch antiphlogistisch, antirheumatisch und antipyretisch wirksam sind
- die opioidhaltigen, zentral und stärker bis stark wirkenden Analgetika. Hierzu gehören die Opiate und die Opioide.

Zu den schmerzstillenden bzw. schmerzbeeinflussenden medikamentösen Substanzen gehören weiterhin:

- Antitussiva
- Psychopharmaka
- Spasmolytika
- Muskelrelaxantien

Nichtopioidhaltige, peripher wirkende Analgetika

Der **Wirkmechanismus** der nichtopioidhaltigen und peripher wirkenden Analgetika liegt in erster Linie in einer *Hemmung* der *Prostaglandinsynthese* und der *Prostaglandinfreisetzung*. Diese Analgetika wirken gleichzeitig auch entzündungshemmend und fiebersenkend.
Tabelle 11-1 zeigt in der Übersicht eine Auswahl nichtopioidhaltiger und peripher wirkender Analgetika zur medikamentösen Behandlung von Tumorschmerzen.

Opioidhaltige, zentral wirkende Analgetika

Der **Wirkmechanismus** der opioidhaltigen und zentral wirkenden Analgetika auf das Zentralnervensystem, besonders aber hier auf bestimmte Hirnareale, besteht in ihrer reversiblen *Bindung* an die im ZNS befindlichen *Opiatrezeptoren*, d. h. an die zentralen Bindungsstellen für Morphine und Opioide.
Die Wirkung dieser Substanzen besteht in einer *Reflexhemmung* und Dämpfung der repetitiven (wiederholenden) Erregungsvorgänge bei der Schmerzleitung und in einer *Modifizierung* der Weiterverarbeitung der Schmerzimpulse in übergeordnete Zentren, wodurch die Schmerzwahrnehmung verändert empfunden wird.

Tab. 11-1: Nichtopioidhaltige Analgetika (Auswahl). Dosisangaben nach Auskunft der wissenschaftlichen Abteilung des jeweiligen Herstellers.

Freiname	**Handelsname**	**Tagesdosis (mg)**
Acetylsalicylsäure	Aspirin®, Aspro, ASS-ratiopharm®, Alka-Seltzer®, Contradol®, Godamed®	1500–3000 (max. Dosis: 4000–6000)
Metamizol	Novalgin®, Baralgin® M	500–1000 (max. Dosis: 4000–6000)
Paracetamol	ben-u-ron®, Octadon®, Pyromed®, Lonarid® mono, Treupel® mono	2000–4000 (max. Dosis: 4000–6000)
Diclofenac	Voltaren®, Diclo-Wolff® duravolten®, Diclophlogont®, Allvoran®	100–150 (max. Dosis: 300)
Ibuprofen	Tabalon®, Anco®, Brufen®, Dolgit®, Contraneural®, Novogent®	600–1200 (max. Dosis: 2000)
Indometacin	Amuno®, Indocontin®, Indomet-ratiopharm®, Indo-Phlogont®	150–200 (max. Dosis: 300)

Bei den opioidhaltigen, zentral wirkenden Analgetika unterscheidet man:

- schwach bis mittelstark wirkende
- stärker bis stark wirkende

> Die schwach bis mittelstark wirkenden opioidhaltigen Analgetika unterliegen nicht der Betäubungsmittel-Verschreibungsordnung, während die stärker bis stark wirkenden Analgetika der Betäubungsmittel-Verschreibungsordnung unterliegen!

Die zentrale Wirkung der *stark wirkenden Analgetika* (Opiate und Opioide) besteht darin, daß sie

- die Schmerzempfindung durch Stimulation von Opiatrezeptoren herabsetzen (*analgetische Wirkung*),
- die geistige Aktivität reduzieren (*sedative Wirkung*),
- Angst- und Konfliktgefühle beseitigen (*tranquillisierende Wirkung*)
- oft die Stimmungslage erhöhen (*euphorische Wirkung*) und
- das Atem- und Hustenzentrum hemmen (*atemdepressive* und *antitussive Wirkung*).

In den Tabellen 11-2 und 11-3 ist eine Auswahl opioidhaltiger und zentral wirkender Analgetika in der Übersicht dargestellt.

Tab. 11-2: Schwach bis mittelstark wirkende Opioide. Dosisangaben nach Auskunft der wissenschaftlichen Abteilung des jeweiligen Herstellers

Freiname	Handelsname	Tagesdosis (mg)
Tramadol	Tramal®, Tramundin®, Tramundin® retard	300–600
Tilidin/Naloxon	Valoron®N	300–600
Dihydrocodein	DHC Mundipharma®	240

Therapie mit Antitussiva

Die Antitussiva leiten sich von den Hypnoanalgetika, d. h. von den zentral und stark wirkenden opioidhaltigen Analgetika ab. Der **Wirkmechanismus** besteht in der *Hemmung* des sogenannten *Hustenzentrums* im Stammhirn und/oder auch in einer *Blockade sensibler Rezeptoren* (Hustenrezeptoren) im Bronchialtrakt. Dadurch setzen diese hustenstillenden Mittel die Häufigkeit und Intensität von Hustenstößen durch Unterdrückung des Hustenreflexes herab.

Tab. 11-3: Stärker bis stark wirkende Opioide. Dosisangaben nach Auskunft der wissenschaftlichen Abteilung des jeweiligen Herstellers.

Freiname	**Handelsname**	**Tagesdosis (mg)**
Morphin	Morphinum hydrochloricum MST Mundipharma® Retardtabletten, MSI Mundipharma® Injektionslösung, MSR Mundipharma® Suppositorien, Sevredol® Filmtabletten	ab 10 – Obergrenze nicht definiert
Pethidin	Dolantin®	150–500
Levomethadon	L-Polamidon®	10–15
Buprenorphin	Temgesic®	0,9–4,8

Diese Substanzen sind nur bei einem trockenen Reizhusten (z. B. bei Lungentumoren und Tumoren im Bronchialsystem) **indiziert**, wobei es, durch Ausschaltung der Hustenreflexe, nicht zu einer Sekretanstauung kommt.
Zu diesen Wirkstoffen gehören die in Tabelle 11-4 aufgelisteten.
Nebenwirkungen der Antitussiva sind geringe Hemmung des Atemzentrums, Übelkeit, schwache Obstipation.

Therapie mit Psychopharmaka

Bei Patienten, bei denen psychische und emotionale Mechanismen die Intensität der Schmerzempfindung mit beeinflussen, ist der zusätzliche Einsatz von Psychopharmaka (Antidepressiva und Neuroleptika) zu einem festen Bestandteil in der Tumorschmerzbehandlung geworden. Hierdurch bekommen die Krebskranken eine andere Einstellung zu ihrem Schmerz. Der Schmerz wird den Patienten weniger bewußt, und er kann so leichter verarbeitet werden.

Tab. 11-4: Überblick über die bei der Behandlung Krebskranker angewandten Antitussiva (Morphin- und Dihydromorphin-Derivate). Dosisangaben nach Auskunft der wissenschaftlichen Abteilung des jeweiligen Herstellers.

Freiname	**Handelsname**	**Tagesdosis (mg)**
Codein	Codipertussin®int, Dicton®, Codipront® mono, Codicaps® mono, Tricodein retard Optipect® Kodein Forte, Codeinum phosphoricum forte Compretten®, Codicompren®	30–300
Dihydrocodein	Paracodin®, Remedacen®, DHC Mundipharma®, Tiamon® mono	30–300
Hydrocodon	Dicodid®	10–30

Neuroleptika: Psychopharmaka mit antipsychotischer, sedierender und psychomotorisch-dämpfender Wirkung
Antidepressiva: Psychopharmaka mit antriebssteigernder und stimmungsaufhellender Wirkung.

In Tabelle 11-5 sind die in der Onkologie verordneten Psychopharmaka aufgeführt.

Tab. 11-5: In der Onkologie verordnete Psychopharmaka (Antidepressiva und Neuroleptika)

Freiname	Handelsname	Tagesdosis (mg)
Neuroleptika		
Levomepromazin	Neurocil®	10–50
Thioridazin	Melleril®	30–90
Haloperidol	Haldol®	0,5–1,5
Antidepressiva		
Clomipramin	Anafranil®	25–75
Maprotilin	Ludiomil®	25–225
Amitriptylin	Saroten®, Laroxyl®	10–100
Doxepin	Aponal®	25–150

Therapie mit Spasmolytika und Muskelrelaxantien bei Krebspatienten

Bei Schmerzverstärkung infolge einer spastischen Komponente des Magen-Darm-Traktes oder anderen Hohlsystemen, z. B. bei enteralen, peritonealen oder urogenitalen Tumoren, kann die analgetische Wirkung der systemisch wirkenden Analgetika durch eine zusätzliche Gabe eines Spasmolytikums (z. B. Buscopan®) verbessert werden.

Die Schmerzzustände können deutlich zum Positiven hin beeinflußt werden durch zusätzliche Gaben von Muskelrelaxantien (z. B. Muskel-Trancopal®) oder auch Tranquilizer (z. B. Diazepam) zu den systemisch wirkenden Analgetika bei schmerzhaften Tonuserhöhungen der quergestreiften Muskulatur (Schulter, Arm, Bein, Rücken) infolge vorhandener Knochenmetastasen.

Neurochirurgische Maßnahmen zur Behandlung von Tumorschmerzen

Bei umschriebenen Schmerzen ist die Indikation für ein neurochirurgisches Vorgehen als rechtzeitige schmerztherapeutische Maßnahme zu stellen. Durch eine vorübergehende oder permanente

Unterbrechung der Leitungsbahnen vom Ort der Schmerzauslösung zu schmerzverarbeitenden Zentren (bestimmte Hirnareale) werden durch Nervenblockaden oder Neurolysen periphere oder sympathische Nervenstrukturen ausgeschaltet, die die sogenannten Schmerzimpulse weiterleiten.
Bei der **Schmerzblockade** (Unterbrechung der Nervenleitung) unterscheidet man:

- eine *reversible* Nervenblockade durch Anwendung von Lokalanästhetika
- eine *irreversible* Nervenblockade durch Anwendung von Neurolytika (z. B. Äthylalkohol, Phenol, Ammoniumsulfat). Hierbei handelt es sich um eine Nervenschädigung, die nur als letzte Möglichkeit in der Schmerztherapie angewandt wird.

Weitere invasive neurochirurgische Maßnahmen zur Behandlung schwerster und anhaltender Schmerzzustände sind:

- die **Neurotomie** (operative Freilegung und gezielte Nervendurchtrennung)
- die **Rhizotomie** (operative Freilegung einer Spinalwurzel und selektive Durchtrennung von Wurzelanteilen)

Seitdem der Periduralkatheter mit implantierbaren Analgetika-Reservoirs in den letzten Jahren in der Behandlung des Tumorschmerzes mit Erfolg Anwendung gefunden hat, wird die risikoreichere laterale **Chordotomie** (Durchtrennung des Truncus spinothalamicus) zur selektiven Schmerzausschaltung nicht mehr angewandt.

12. Tumornachsorge

Allgemeines

Unter **Tumornachsorge** versteht man die Phase der Patientennachbetreuung im Anschluß an eine durchgeführte primäre Tumortherapie.

Im Gesamtkonzept der Tumorbehandlung der Krebspatienten bekommt die Nachsorge eine zunehmende Bedeutung. Neben einer optimalen, auf dem neuesten Wissensstand basierenden **Primärbehandlung** des Tumorleidens, d. h., wenn möglich Durchführung einer radikalen Therapie mit kurativer Zielsetzung oder aber zumindest Durchführung entsprechender palliativer Maßnahmen, die dem Patienten in bezug auf die Ausdehnung seines malignen Prozesses und in Anpassung an seinen allgemeinen Gesundheitszustand noch zugemutet werden können, werden in regelmäßigen und zeitlich vorgegebenen Abständen entsprechende **Kontrolluntersuchungen** durchgeführt. Diese dienen verschiedenen **Zwekken:**

- Der Überwachung einer kurativ behandelten Erkrankung, so daß durch sie gegebenenfalls bei einem Neuauftreten des Tumors (Lokalrezidiv oder Fernrezidiv) sofort entsprechende weitere therapeutische Maßnahmen veranlaßt werden können, denn in vielen Fällen sind solche Tumorneubildungen noch erfolgreich zu behandeln
- Beobachtung der nichtkurativ behandelten Erkrankungen in bezug auf ihr malignes Verhalten, z. B. Metastasierung während stattfindender Palliativmaßnahmen (Chemo-, Hormon- oder Strahlentherapie), um hier, wenn nötig, Therapieumstellungen vornehmen zu können

- Der rechtzeitigen Erkennung von Therapiebehandlungsschäden, so daß gegebenenfalls sofort geeignete Gegenmaßnahmen eingeleitet werden können
- Der psychologischen Patientenführung

Das **Untersuchungsprogramm** bei kurativ behandelten Krebspatienten sollte in regelmäßigen, dreimonatigen Abständen mindestens zwei Jahre lang, unter Umständen aber auch über einen längeren Zeitraum, durchgeführt werden. Es sollte hauptsächlich nur solche Untersuchungen enthalten (technische und Laboruntersuchungen), die zur Rezidiverkennung notwendig sind.

Zur Nachsorgeuntersuchung gehören:
- eine **Zwischenanamnese**
- eine gründliche **körperliche Untersuchung**
- **Laboruntersuchungen** wie: Blutbild (Hgb, Erythozyten, Leukozyten, u.U. Differentialblutbild, Thrombozytenzahl), alkalische Phosphatase, Gamma-GT und LDH sowie auch die Tumormarker (z. B. CEA, CA 19-9, CA 15-3, CA 125, SCC, Beta-HCG, AFP, PSA u.a., s. S. 101 ff.), die bei bestimmten Tumoren schon frühzeitig auf ein Rezidiv hinweisen können
- **technische Untersuchungen** (wie endoskopische, computertomographische, kernspintomographische, szintigraphische), bezogen auf die jeweils vorhandene Tumorerkrankung

Bei nichtkurativ behandelten Patienten sind standardisierte Nachsorgeprogramme nicht angezeigt. In solchen Fällen ist ein individuelles Vorgehen bei der Nachsorge erforderlich, denn hier werden oft weitere palliative Maßnahmen nötig.

Die jeweiligen Nachsorgeprogramme orientieren sich an den Empfehlungen
- der Aktionsgemeinschaft der Tumorzentren in Deutschland

- der Arbeitsgemeinschaften der onkologischen Arbeitskreise und Tumorzentren der entsprechenden Bundesländer Deutschlands
- der Kassenärztlichen Vereinigungen der deutschen Bundesländer

Die Nachsorgeuntersuchungen werden überwiegend in Zusammenarbeit zwischen den therapieführenden Kliniken, den niedergelassenen Fachärzten und den Hausärzten durchgeführt. Hierzu sind, bezogen auf jede Tumorerkrankung, umfangreiche **Nachsorgepläne** von der **ATO**, d. h. von der Aktionsgemeinschaft der Tumorzentren in Deutschland und den Arbeitsgemeinschaften der onkologischen Arbeitskreise und Tumorzentren der entsprechenden Bundesländer Deutschlands erstellt worden. Diese wurden inzwischen mehrmals überarbeitet, um die Nachsorgeuntersuchungen in bezug auf ihren Umfang auf ein vernünftiges, aber notwendiges Maß zu reduzieren, das jedoch ausreichend ist, bei *kurativ behandelten* Krebspatienten frühzeitig lokoregionäre oder Fernrezidive zu erkennen. Hier werden standardisierte Nachsorgeprogramme angewandt. Bei *nichtkurativ behandelten* Patienten, d. h., bei Tumorpatienten, bei denen palliative Behandlungsmaßnahmen durchgeführt wurden bzw. werden, also bei Kranken, bei deren Rezidivtumoren keine kurativen Maßnahmen mehr möglich sind, und auch bei Kranken, bei denen zum Zeitpunkt der Diagnosestellung das maligne Geschehen bereits solche Ausmaße angenommen hat, daß eine kurative Behandlung von vornherein erfolglos ist, können standardisierte Nachsorgeprogramme nicht angewandt werden. Hier ist das Nachsorgeprogramm der individuellen Situation des jeweiligen Tumorpatienten (Tumorprogression, Metastasierung) anzupassen.

Da die Tumorentstehung häufig schmerzfrei und unbemerkt abläuft, wird der Krebskranke oft erst durch die Diagnosestellung von einem Tag zum anderen, oder besser gesagt, von einer Stunde zur anderen, in die Situation eines Schwerkranken, und wie allgemein angenommen wird, in die eines Unheilbaren, versetzt. Diese Tatsache ist bei dem Betroffenen meistens mit der Vorstellung as-

soziiert, daß er nun vor einem qualvollen Lebensabschnitt steht, der letztlich zum frühen Tod führt. Durch diese Vorstellung bedingt werden bei den Patienten selbst und auch bei den Angehörigen wegen auf sie nun zukommende und zunächst nicht abschätzbare veränderte Lebensbedingungen quälende Ängste ausgelöst.
Dank der Möglichkeiten einer frühen Diagnosestellung durch inzwischen modernste Untersuchungstechniken sowie aufgrund der heute auf dem neuesten Wissensstand basierenden therapeutischen Maßnahmen (Operation, Strahlen-, Chemo-, Hormon-, Immuntherapie) ist in vielen Fällen eine kurative Behandlung realisierbar. In anderen Fällen führen kombiniert angewandte Behandlungsmethoden in der Regel zu besseren und oft langfristig anhaltenden Therapieerfolgen mit weniger Rezidiven und besseren Lebensbedingungen. Die Tumornachsorge spielt dabei eine entscheidende Rolle.

Nachsorgeschemata

Im folgenden werden Untersuchungsprogramme zur Nachsorge maligner Tumoren entsprechend den Empfehlungen und Richtlinien der ATO in der Version vom März 1994 vorgestellt.

Nachsorgeschema Basaliom

Nachsorge-Nr.	1	2	3	4	5	6	7	8	9	10	11
Jahr	1.			2.		3.		4.		5.	
Monate	3	6	12	6	12	6	12	6	12	6	12
Anamnese, klinische Untersuchung (Hautbefund, Lokal-/Regionalbefund)	•	•	•	•	•	•	•	•	•	•	•
Labor (fakultativ)											
Röntgenuntersuchung, Endoskopie, CT, Skelettszinitigraphie (fakultativ)	Nur gezielt bei entsprechendem Verdacht auf metastatische Ausbreitung										

Bei superfiziellen Wachstumsformen und eindeutig abgrenzbaren Tumoren genügen 2 Nachsorgejahre, das Basalioma terebrans erfordert 10 Jahre und die Disposition zur multiplen Basaliomentwicklung lebenslange Kontrolle.
Diese Nachsorgeuntersuchungen ersetzen die jährliche gesetzliche Vorsorgeuntersuchung nicht.
Ab dem 2. bzw. 11. Jahr sind jährlich tumorspezifische Nachuntersuchungen beim nachsorgenden Arzt, parallel dazu jährlich gesetzliche Vorsorgeuntersuchungen durchzuführen.

Nachsorgeschema Melanoma in situ (pTis) und Lentigo maligna

Nachsorge-Nr.	1	2	3	4	5–12
Jahr	1.				2.–5.
Monate	$1^1/_2$	3	6	12	alle 6 Mon.
Anamnese (OP-Folgen? Neue Muttermale?)	•	•	•	•	•
Klinische Untersuchung (Narbe, lokoregionaler Befund, übrige Haut)	•	•	•	•	•

Diese Nachsorgeuntersuchungen ersetzen die jährliche gesetzliche Vorsorgeuntersuchung nicht.
Ab dem 6. Jahr sind jährlich tumorspezifische Nachuntersuchungen beim nachsorgenden Arzt, parallel dazu jährlich gesetzliche Vorsorgeuntersuchungen durchzuführen.

Nachsorgeschema Melanom Stadium Ia/pT1

Nachsorge-Nr.	1	2	3	4	5–12	
Jahr	1.				2.–5.	
Monate	1½	3	6	12	6	12
Anamnese (Schmerzen, Leistungsfähigkeit, Gewicht, Behinderung)	●	●	●	●	●	●
Klinische Untersuchung (Lokalbefund, Lymphknoten, insbes. reg., Hautbef., Naevuszellnaevi, Allgemeinbefund)	●	●	●	●	●	●
Labor (BSG, BB, aP, LDH, SGPT, γGT)	●	●	●	●	●	●
Röntgen des Thorax			●	●		●
Endoskopie, CT, Sonographie, Skelettszintigraphie (fakultativ)	Nur gezielt bei entsprechenden Befunden					

Die ATO empfiehlt für das 6. bis 10. Jahr nach Beendigung der Primärtherapie des Melanoms Stadium Ia bzw. pT1 Nachsorgeuntersuchungen nach Bedarf unter Berücksichtigung eventueller Tumorfolgen.

Die meisten Rezidive treten bereits in den ersten 4 Jahren auf. Der Rest folgt überwiegend in den folgenden 4 Jahren. Jedoch sind Metastasen bis zu 30 Jahre nach der Primärtherapie beschrieben.

Nachsorgeschema Melanom Stadium Ib/pT2

Nachsorge-Nr.	1	2	3	4	5	6–17				18–29	
Jahr	1.					2.–4.				5.–10.	
Monate	$1^{1}/_{2}$	3	6	9	12	3	6	9	12	6	12
Anamnese (Schmerzen, Leistungsfähigkeit, Gewicht, Behinderung)	•	•	•	•	•	•	•	•	•	•	•
Klinische Untersuchung (Lokalbefund, Lymphknoten, insbes. reg., Hautbef., Naevuszellnaevi, Allgemeinbefund)	•	•	•	•	•	•	•	•	•	•	•
Labor (BSG, BB, aP, LDH, SGPT, γGT)	•	•	•	•	•	•	•	•	•	•	•
Röntgen des Thorax			•		•		•		•		•
Endoskopie, CT, Sonographie, Skelettszintigraphie (fakultativ)	Nur gezielt bei entsprechenden Befunden										

Diese Nachsorgeuntersuchungen ersetzen die jährliche gesetzliche Vorsorgeuntersuchung nicht.

Ab dem 11. Nachsorgejahr sind jährlich tumorspezifische Nachuntersuchungen beim nachsorgenden Arzt, parallel dazu jährlich gesetzliche Vorsorgeuntersuchungen durchzuführen.

Nachsorgeschema Melanom Stadium II und III/pT3 und pT4

Nachsorge-Nr.	1	2	3	4	5	6	7	8	9–16				17–24	
Jahr	1.–4.								5.–6.				7.–10.	
Monate	$1\frac{1}{2}$	3	$4\frac{1}{2}$	6	$7\frac{1}{2}$	9	$10\frac{1}{2}$	12	3	6	9	12	6	12
Anamnese (Schmerzen, Leistungsfähigkeit, Gewicht, Behinderung)	•	•	•	•	•	•	•	•	•	•	•	•	•	•
Klinische Untersuchung (Lokalbefund, Lymphknoten insbes. reg., Hautbef., Naevuszellnaevi, Allgemeinbefund)	•	•	•	•	•	•	•	•	•	•	•	•	•	•
Labor (BSG, BB, aP, LDH, SGPT, γGT)	•	•	•	•	•	•	•	•	•	•	•	•	•	•
Röntgen des Thorax		•		•		•		•		•		•		•
Endoskopie, CT, Sonographie, Skelettszintigraphie (fakultativ)	Nur gezielt bei entsprechenden Befunden													

Diese Nachsorgeuntersuchungen ersetzen die jährliche gesetzliche Vorsorgeuntersuchung nicht.

Ab dem 11. Nachsorgejahr sind jährlich tumorspezifische Nachuntersuchungen beim nachsorgenden Arzt, parallel dazu jährlich gesetzliche Vorsorgeuntersuchungen durchzuführen.

Nachsorgeschema Plattenepithelkarzinom der Haut

Nachsorge-Nr.	1	2	3	4	5	6	7	8	9	10	11	12	13	14	15
Jahr	1.					2.				3.		4.		5.	
Monate	1	3	6	9	12	3	6	9	12	6	12	6	12	6	12
Anamnese (Schmerzen, Leistungsfähigkeit, Behinderung)	•	•	•	•	•	•	•	•	•	•	•	•	•	•	•
Klin. Untersuchung Lokalbefund, reg. Lymphknoten, Hautbefund)	•	•	•	•	•	•	•	•	•	•	•	•	•	•	•
Röntgen des Thorax (wenn reg. Lymphknoten befallen)	•	•	•	•	•	•	•	•	•	•	•				
Sonographie, Labor, CT, Endoskopie, Skelettszintigraphie etc. (fakultativ)	Nur gezielt bei entsprechendem Verdacht auf metastatische Ausbreitung														

Diese Nachsorgeuntersuchungen ersetzen die jährliche gesetzliche Vorsorgeuntersuchung nicht.
Ab dem 6. Nachsorgejahr sind jährlich tumorspezifische Nachuntersuchungen beim nachsorgenden Arzt, parallel dazu jährlich gesetzliche Vorsorgeuntersuchungen durchzuführen.

Nachsorgeschema kleinzelliges Bronchialkarzinom

Nachsorge-Nr.	1	2	3	4	5	6	7	8	9	10	11–19
Jahr	1.						2.				3.–5.
Monate	2	4	6	8	10	12	3	6	9	12	alle 4 Mon.
Anamnese, klinische Untersuchung	•	•	•	•	•	•	•	•	•	•	•
Labor (BSG, Leukozyten, Thrombozyten, Hb, LDH, aP, γGT, Elektrolyte)	•	•	•	•	•	•	•	•	•	•	•
Tumormarker (falls präop. erhöht)	•	•	•	•	•	•	•	•	•	•	•
Röntgen des Thorax (in 2 Ebenen)	•	•	•	•	•	•	•	•	•	•	•
Sonographie	•	•	•	•	•	•	•	•	•	•	•
Skelettszintigraphie			•			•					

Diese Nachsorgeuntersuchungen ersetzen die jährliche gesetzliche Vorsorgeuntersuchung nicht.
Ab dem 6. Nachsorgejahr sind jährlich tumorspezifische Nachuntersuchungen beim nachsorgenden Arzt, parallel dazu jährlich gesetzliche Vorsorgeuntersuchungen durchzuführen.

Nachsorgeschema nichtkleinzelliges Bronchialkarzinom

Nachsorge-Nr.	1	2	3	4	5	6	7	8	9	10	11–19
Jahr	1.						2.				3.–5.
Monate	2	4	6	8	10	12	3	6	9	12	alle 4 Mon.
Anamnese, klinische Untersuchung	•	•	•	•	•	•	•	•	•	•	•
Labor (BSG, Leukozyten, Thrombozyten, Hb, LDH, aP, γGT, Kreatinin)	•	•	•	•	•	•	•	•	•	•	•
Tumormarker: CEA (falls präop. erhöht)	•	•	•	•	•	•	•	•	•	•	•
Röntgen des Thorax (in 2 Ebenen)	•	•	•	•	•	•	•	•	•	•	•
Sonographie	•	•	•	•	•	•	•	•	•	•	•

Diese Nachsorgeuntersuchungen ersetzen die jährliche gesetzliche Vorsorgeuntersuchung nicht.
Ab dem 6. Nachsorgejahr sind jährlich tumorspezifische Nachuntersuchungen beim nachsorgenden Arzt, parallel dazu jährlich gesetzliche Vorsorgeuntersuchungen durchzuführen.

Nachsorgeschema Magen/Ösophagus

Nachsorge-Nr.	1	2	3	4	5	6	7	8	9	10–14
Jahr	1.				2.		3.	4.	5.	6.–10.
Monate	3	6	9	12	6	12	1 × jährlich			
Anamnese, klinische Untersuchung	•	•	•	•	•	•	•	•	•	•
Sonographie, Endosonographie	•	•		•	•	•	•	•	•	•
Röntgen des Thorax		•		•	•	•	•	•	•	•
Ösophagogastroskopie (ersatzweise Rö-Kontrastunters.)		•		•	•	•	•	•	•	•
gesetzliche Vorsorge laut KV-Formular				•		•	•	•	•	•

Diese Nachsorgeuntersuchungen ersetzen die jährliche gesetzliche Vorsorgeuntersuchung nicht.
Ab dem 11. Nachsorgejahr sind jährlich tumorspezifische Nachuntersuchungen beim nachsorgenden Arzt, parallel dazu jährlich gesetzliche Vorsorgeuntersuchungen durchzuführen.

Nachsorgeschema Kolon

Nachsorge-Nr.	1	2	3	4	5	6	7	8	9	10–14
Jahr	1.				2.		3.	4.	5.	6.–10.
Monate	3	6	9	12	6	12	1 × jährlich			
Anamnese, klinische Untersuchung	•	•	•	•	•	•	•	•	•	•
Labor (Stuhl auf Blut, CEA)	•	•	•	•	•	•	•	•	•	•
Sonographie	•	•	•	•	•	•	•	•	•	•
Röntgen des Thorax		•		•	•	•	•	•	•	•
Rektoskopie und Koloskopie (ersatzweise KE)		•		•	•	•	•	•	•	•
CT-Becken		•								
gesetzliche Vorsorge laut KV-Formular				•		•	•	•	•	•

Diese Nachsorgeuntersuchungen ersetzen die jährliche gesetzliche Vorsorgeuntersuchung nicht.
Ab dem 11. Nachsorgejahr sind jährlich tumorspezifische Nachuntersuchungen beim nachsorgenden Arzt, parallel dazu jährlich gesetzliche Vorsorgeuntersuchungen durchzuführen.

Nachsorgeschema Rektum

Nachsorge-Nr.	1	2	3	4	5	6	7	8	9	10–14
Jahr	1.				2.		3.	4.	5.	6.–10.
Monate	3	6	9	12	6	12	1 × jährlich			
Anamnese, klinische Untersuchung	•	•	•	•	•	•	•	•	•	•
Labor (Stuhl auf Blut, CEA)	•	•	•	•	•	•	•	•	•	•
Sonographie	•	•	•	•	•	•	•	•	•	•
Röntgen des Thorax		•		•	•	•	•	•	•	•
Rektoskopie und Koloskopie (ersatzweise KE)		•		•	•	•	•	•	•	•
Bei erhaltener Kontinuität: Endosonographie		•		•	•	•	•	•	•	•
CT-Becken		•								
gesetzliche Vorsorge laut KV-Formular				•		•	•	•	•	•

Diese Nachsorgeuntersuchungen ersetzen die jährliche gesetzliche Vorsorgeuntersuchung nicht.

Ab dem 11. Nachsorgejahr sind jährlich tumorspezifische Nachuntersuchungen beim nachsorgenden Arzt, parallel dazu jährlich gesetzliche Vorsorgeuntersuchungen durchzuführen.

Nachsorgeschema Anus

Nachsorge-Nr.	1	2	3	4	5	6	7	8	9	10–14
Jahr	1.				2.		3.	4.	5.	6.–10.
Monate	3	6	9	12	6	12	1 × jährlich			
Anamnese, klinische Untersuchung	•	•	•	•	•	•	•	•	•	•
Labor (Stuhl auf Blut, CEA)	•	•	•	•	•	•	•	•	•	•
Sonographie	•	•	•	•	•	•	•	•	•	•
Röntgen des Thorax		•		•	•	•	•	•	•	•
Rektoskopie und Koloskopie (ersatzweise KE)		•		•	•	•	•	•	•	•
Bei erhaltener Kontinuität: Endosonographie		•		•	•	•	•	•	•	•
gesetzliche Vorsorge laut KV-Formular				•		•	•	•	•	•

Ab dem 11. Nachsorgejahr sind einmal jährlich gesetzliche Vorsorgeuntersuchung laut KV-Formular durchzuführen.

Nachsorgeschema hepatopankreatische Region

Nachsorge-Nr.	1	2	3	4	5	6	7	8	9
Jahr	1.				2.		3.	4.	5.
Monate	3	6	9	12	6	12	1 × jährlich		
Anamnese, klinische Untersuchung	•	•	•	•	•	•	•	•	•
Labor (aP, γGT)	•	•	•	•	•	•	•	•	•
Tumormarker (CEA, CA-19-9)	•	•	•	•	•	•	•	•	•
Sonographie	•	•		•	•	•	•	•	•
gesetzliche Vorsorge laut KV-Formular				•		•	•	•	•

Diese Nachsorgeuntersuchungen ersetzen die jährliche gesetzliche Vorsorgeuntersuchung nicht.

Ab dem 6. Nachsorgejahr sind jährlich tumorspezifische Nachuntersuchungen beim nachsorgenden Arzt, parallel dazu jährlich gesetzliche Vorsorgeuntersuchungen durchzuführen.

Nachsorgeschema Nephroblastom

Nachsorge-Nr.	1	2	3	4	5	6	7	8	9	10
Jahr	1.				2.		3.		4.	5.
Monate	3	6	9	12	6	12	6	12	jährl.	
Anamnese, klinische Untersuchung	•	•	•	•	•	•	•	•	•	•
Labor (BSG, BB, γGT, Kreatinin)	•	•	•	•	•	•	•	•	•	•
Röntgen des Thorax	•	•	•	•	•	•	•	•	•	•
Sonographie (Niere, Leber)	•	•	•	•	•	•	•	•	•	•
Computertomographie (fakult.), ggf. Feinnadelpunktion										

Diese Nachsorgeuntersuchungen ersetzen die jährliche gesetzliche Vorsorgeuntersuchung nicht.
Ab dem 6. Nachsorgejahr sind jährlich tumorspezifische Nachuntersuchungen beim nachsorgenden Arzt, parallel dazu jährlich gesetzliche Vorsorgeuntersuchungen durchzuführen.

Nachsorgeschema Niere

Nachsorge-Nr.	1	2	3	4	5	6	7	8	9
Jahr	1.			2.		3.		4.	5.
Monate	3	6	12	6	12	6	12	jährl.	
Anamnese, klinische Untersuchung	•	•	•	•	•	•	•	•	•
Labor (BSG, BB, LDH, γGT, aP, Kreatinin, Harnsediment)	•	•	•	•	•	•	•	•	•
Sonographie	•	•	•	•	•	•	•	•	•
Röntgen des Thorax		•	•		•		•		•
Skelettszintigramm		•	•		•		•		•
Computertomographie (fakult.), ggf. Feinnadelpunktion									

Diese Nachsorgeuntersuchungen ersetzen die jährliche gesetzliche Vorsorgeuntersuchung nicht.
Ab dem 6. Nachsorgejahr sind jährlich tumorspezifische Nachuntersuchungen beim nachsorgenden Arzt, parallel dazu jährlich gesetzliche Vorsorgeuntersuchungen durchzuführen.

Nachsorgeschema urotheliales Karzinom

Nachsorge-Nr.	1	2	3	4	5	6	7	8	9	10	11	12	13	14
Jahr	1.					2.				3.		4.		5.
Monate	1	3	6	9	12	3	6	9	12	6	12	6	12	12
Anamnese, klinische Untersuchung	•	•	•	•	•	•	•	•	•	•	•	•	•	•
Urinstatus, Zytologie	•	•	•	•	•	•	•	•	•	•	•	•	•	•
Zystoskopie	•	•	•	•	•	•	•	•	•	•	•	•	•	•
Urogramm					•				•		•		•	•

Bei Zystektomie

Sonographie	•		•		•		•		•		•		•	•
Labor (BSG, BB, LDH, γGT, aP, Kreatinin)	•	•	•	•	•	•	•	•	•		•		•	•
Röntgen des Thorax			•		•		•		•		•		•	•
Skelettszintigramm					•				•		•		•	•

Diese Nachsorgeuntersuchungen ersetzen die jährliche gesetzliche Vorsorgeuntersuchung nicht.
Ab dem 6. Nachsorgejahr sind jährlich tumorspezifische Nachuntersuchungen beim nachsorgenden Arzt, parallel dazu jährlich gesetzliche Vorsorgeuntersuchungen durchzuführen.

Nachsorgeschema Prostata

Nachsorge-Nr.	1	2	3	4	5	6	7	8	9	10	11–15
Jahr	1.			2.		3.		4.		5.	6.–10.
Monate	3	6	12	6	12	6	12	6	12	jährlich	
Anamnese, klinische Untersuchung	•	•	•	•	•	•	•	•	•	•	•
Labor (BB, BSG γGT, aP, Kreatinin)	•	•	•	•	•	•	•	•	•	•	•
Tumormarker (PSA)	•	•	•	•	•	•	•	•	•	•	•
Sonographie (Abdomen)			•		•					•	
Röntgen des Thorax			•		•						
Skelettszintigraphie			•		•		•		•	•	•
Ausscheidungs-urogramm, Prostata-biopsie (fakultativ)											

Diese Nachsorgeuntersuchungen ersetzen die jährliche gesetzliche Vorsorgeuntersuchung nicht.
Ab dem 11. Nachsorgejahr sind jährlich tumorspezifische Nachuntersuchungen beim nachsorgenden Arzt, parallel dazu jährlich gesetzliche Vorsorgeuntersuchungen durchzuführen.

Nachsorgeschema Hoden

Nachsorge-Nr.	1	2	3	4	5	6	7	8
Jahr		1.		2.		3.	4.	5.
Monate	3	6	12	6	12	jährl.		
Anamnese, klinische Untersuchung	•	•	•	•	•	•	•	•
Labor (BB, BSG, LDH γGT, aP, Kreatinin)	•	•	•	•	•	•	•	•
Tumormarker (α-Fetoprotein, β-HCG, ggf. PLAP)	•	•	•	•	•	•	•	•
Röntgen des Thorax	•	•	•	•	•	•	•	•
Sonographie (Abdomen)	•	•	•	•	•	•	•	•
Computertomographie (fakultativ)								

Diese Nachsorgeuntersuchungen ersetzen die jährliche gesetzliche Vorsorgeuntersuchung nicht.
Ab dem 6. Nachsorgejahr sind jährlich tumorspezifische Nachuntersuchungen beim nachsorgenden Arzt, parallel dazu jährlich gesetzliche Vorsorgeuntersuchungen durchzuführen.

Nachsorgeschema Penis

Nachsorge-Nr.	1	2	3	4	5	6	7	8	9	10
Jahr		1.			2.		3.		4.	5.
Monate	3	6	9	12	6	12	6	12	jährlich	
Anamnese, klinische Untersuchung	•	•	•	•	•	•	•	•	•	•
Labor (BSG, BB, γGT, LDH, aP, Kreatinin)	•	•	•	•	•	•	•	•	•	•
Röntgen des Thorax	•	•	•	•	•	•	•	•	•	•
Sonographie (inguinale, intrapelvine Lymphknoten)	•	•	•	•	•	•	•	•	•	•
Skelettszintigramm				•		•		•	•	•

Diese Nachsorgeuntersuchungen ersetzen die jährliche gesetzliche Vorsorgeuntersuchung nicht.
Ab dem 6. Nachsorgejahr sind jährlich tumorspezifische Nachuntersuchungen beim nachsorgenden Arzt, parallel dazu jährlich gesetzliche Vorsorgeuntersuchungen durchzuführen.

Nachsorgeschema Vagina/Vulva

Nachsorge-Nr.	1	2	3	4	5	6	7	8	9	10–14
Jahr	1.				2.		3.	4.	5.	6.–10.
Monate	3	6	9	12	6	12	1 × jährlich			
Anamnese, klinische Untersuchung	•	•	•	•	•	•	•	•	•	•
Labor (BSG, BB, γGT, aP, Urinstatus)		•		•	•	•	•	•	•	•
Röntgen des Thorax				•		•	•	•	•	•
Zystoskopie und Biopsie (fakultativ)										

Diese Nachsorgeuntersuchungen ersetzen die jährliche gesetzliche Vorsorgeuntersuchung nicht.
Ab dem 11. Nachsorgejahr sind jährlich tumorspezifische Nachuntersuchungen beim nachsorgenden Arzt, parallel dazu jährlich gesetzliche Vorsorgeuntersuchungen durchzuführen.

Nachsorgeschema Corpus uteri/Collum uteri

Nachsorge-Nr.	1	2	3	4	5	6	7	8	9	10	11	12	13	14	15	16
Jahr	1.				2.				3.				4.		5.	
Monate	3	6	9	12	3	6	9	12	3	6	9	12	6	12	6	12
Anamnese, klinische Untersuchung (gyn. Unters., Zytologie, Lebergröße, Lymphknoten inguinal u. supraklavikulär	•	•	•	•	•	•	•	•	•	•	•	•	•	•	•	•
Labor (BSG, BB, Kreatinin)	•	•	•	•	•	•	•	•	•	•	•	•	•	•	•	•
Röntgen des Thorax		•		•				•				•		•		•
Sonographie		•		•				•				•		•		•
CT u. Skelettszintigraphie (fakultativ)																

Diese Nachsorgeuntersuchungen ersetzen die jährliche gesetzliche Vorsorgeuntersuchung nicht.

Ab dem 6. Nachsorgejahr sind jährlich tumorspezifische Nachuntersuchungen beim nachsorgenden Arzt, parallel dazu jährlich gesetzliche Vorsorgeuntersuchungen durchzuführen.

Nachsorgeschema Ovar

Nachsorge-Nr.	1	2	3	4	5	6	7	8	9	10	11	12	13	14	15	16
Jahr	1.				2.				3.				4.		5.	
Monate	3	6	9	12	3	6	9	12	3	6	9	12	6	12	6	12
Anamnese, klinische Untersuchung (gyn. Unters., incl. rektal, vaginal; Zytologie)	•	•	•	•	•	•	•	•	•	•	•	•	•	•	•	•
Labor (BSG, BB, GOT, GPT, γGT, aP, Elektrolyte, Kreatinin)	•	•	•	•	•	•	•	•	•	•	•	•	•	•	•	•
Tumormarker CA 12-5 (wenn präoperativ erhöht)	•	•	•	•	•	•	•	•	•	•	•	•	•	•	•	•
Sonographie (Abdomen, vaginaler US)		•		•		•		•		•		•		•		•
Röntgen des Thorax		•		•				•				•		•		•
Mammographie				•				•				•		•		•
CT u. Skelettszintigraphie, Laparoskopie (fakultativ)																

Hinweis: Während der adjuvanten Therapie unmittelbar nach der Primärtherapie sollten folgende Untersuchungen durchgeführt werden:

- monatlicher Untersuchungsintervall mit Anamnese, klinischer Untersuchung, Laboruntersuchungen
- 3monatlich Sonographie
- 6monatlich Röntgen des Thorax
- jährlich Mammographie

Diese Nachsorgeuntersuchungen ersetzen die jährliche gesetzliche Vorsorgeuntersuchung nicht.

Ab dem 6. Nachsorgejahr sind jährlich tumorspezifische Nachuntersuchungen beim nachsorgenden Arzt, parallel dazu jährlich gesetzliche Vorsorgeuntersuchungen durchzuführen.

Nachsorgeschema Mamma

Nachsorge-Nr.	1	2	3	4	5	6	7	8	9	10	11	12	13	14	15	16
Jahr	1.				2.				3.				4.		5.	
Monate	3	6	9	12	3	6	9	12	3	6	9	12	6	12	6	12
Anamnese, klinische Untersuchung	•	•	•	•	•	•	•	•	•	•	•	•	•	•	•	•
Labor (BB, BSG,GOT, GPT, γGT, aP)	•	•	•	•	•	•	•	•	•	•	•	•	•	•	•	•
Sonographie (Leber)	•		•		•		•		•		•		•		•	
Mammographie		•				•				•			•		•	
Röntgen des Thorax		•		•		•		•		•		•	•		•	
Skelett-szinti-graphie		•				•				•			•		•	
CT (fakultativ)																

Diese Nachsorgeuntersuchungen ersetzen die jährliche gesetzliche Vorsorgeuntersuchung nicht.

Ab dem 6. Nachsorgejahr sind jährlich tumorspezifische Nachuntersuchungen beim nachsorgenden Arzt, parallel dazu jährlich gesetzliche Vorsorgeuntersuchungen durchzuführen.

Nachsorgeschema maligne Knochentumoren

Nachsorge-Nr.	1	2	3	4	5	6	7	8	9	10	11	12	13	14	ab 15
Jahr	1.								2.				3.		4.–10.
Monate	$1^{1}/_{2}$	3	$4^{1}/_{2}$	6	$7^{1}/_{2}$	9	$10^{1}/_{2}$	12	3	6	9	12	6	12	jährl.
Anamnese, klinische Untersuchung (Karnofsky, Gewicht, Lymphknoten, klin. Lokalbefund)	•	•	•	•	•	•	•	•	•	•	•	•	•	•	•
Labor (BB, BSG, GOT, GPT, LDH, aP)	•	•	•	•	•	•	•	•	•	•	•	•	•	•	•
Rö.-Lokalbefund (in 2 Ebenen)	•	•	•	•	•	•	•	•	•	•	•	•	•	•	•
Röntgen des Thorax (in 2 Ebenen)	•	•	•	•	•	•	•	•	•	•	•	•	•	•	•
Ganzkörperskelettszintigraphie	•	•	•	•	•	•	•	•	•	•	•	•		•	

Bei Verdacht auf ein Lokalrezidiv oder Metastasen sind gegebenenfalls Schichtaufnahmen des Lokalbefundes und der Lunge, CT, MNR, Angiographie, spezielle Laboruntersuchungen und eine Rektumbiopsie durchzuführen.
Diese Nachsorgeuntersuchungen ersetzen die jährliche gesetzliche Vorsorgeuntersuchung nicht.
Ab dem 11. Nachsorgejahr sind jährlich tumorspezifische Nachuntersuchungen beim nachsorgenden Arzt, parallel dazu jährlich gesetzliche Vorsorgeuntersuchungen durchzuführen.

Nachsorgeschema Weichteilsarkome

Nachsorge-Nr.	1–12	13–18	19–22	23–24	25–30
Jahr	1.	2.	3.	4.	5.–10.
Monate	monatlich	alle 2 Mon.	alle 3 Mon.	alle 6 Mon.	jährl.
Anamnese, klinische Untersuchung (Karnofsky, Gewicht, Lymphknoten, klin. Lokalbefund)	•	•	•	•	•
Labor (BB, BSG, GOT, GPT, LDH, aP)	•	•	•	•	•
Rö-Lokalbefund (in 2 Ebenen)	•	•	•	•	•
Röntgen des Thorax (in 2 Ebenen)	•	•	•	•	•

Bei Verdacht auf ein Lokalrezidiv oder Metastasen sind gegebenenfalls Schichtaufnahmen des Lokalbefundes und der Lunge, CT, MNR, Angiographie, spezielle Laboruntersuchungen und eine Rektumbiopsie durchzuführen.

Nachsorgeschema palliative Nachsorge

Nachsorge-Nr.	1	2	3	4
Jahr	1.		2.	
Monate	6	12	6	12
Anamnese, klinische Untersuchung	•	•	•	•
Labor (nach Wahl und Indikation)	•	•	•	•

Diese Nachsorgeuntersuchungen ersetzen die jährliche gesetzliche Vorsorgeuntersuchung nicht.

Ab dem 3. Nachsorgejahr können die Untersuchungen nach Bedarf weitergeführt werden.

Maligne Lymphome und Leukämien

Erwähnt sei an dieser Stelle, daß es hinsichtlich der malignen systemischen Erkrankungen, wie maligne Lymphome und Leukämien, von Seiten der ATO keine Empfehlungen im Sinne einer Nachsorgeuntersuchung gibt. Diese Patienten stehen ohnehin unter einer ständigen Kontrolle der behandelnden Hämatoonkologen, denen die Behandlung dieser Tumorentitäten grundsätzlich vorbehalten bleiben soll.

Basisdokumentation der Tumornachsorge

Die Basisdokumentation gibt in schriftlicher Form eine kurze und übersichtliche Darstellung der Ergebnisse der bei Krebspatienten in zeitlich vorgegebenen und regelmäßigen Abständen durchgeführten körperlichen, labortechnischen und gerätetechnischen Untersuchungen wieder, die in ihrem Umfang ausreichend sind, Rezidive rechtzeitig zu erkennen und Therapiefolgeschäden unter Kontrolle zu haben.

Zutreffendes bitte ankreuzen

Nachsorgeuntersuchung

für Tumorpatienten in NRW

Name ______
Vorname ______
Geburtsname ______
Straße/Haus-Nr. ______
PLZ ______ Ort ______
Geburtsdatum Tag | Monat | Jahr ☐☐☐☐☐☐ Geschlecht m ◯ w ◯
Krankenkasse ______
Pat. Identifikation ______

Datum d. Therapiebeg.: / / (Tag Monat Jahr)

Betr.:
Krebs ☐ Risiko ☐ Rezidiv ☐ Zweittumor ☐

Diagnose: ......

Histologie: ......

Durchgeführte Therapie: ......

Postoperativer T N M

Datum der Nachuntersuchung: / / (Tag Monat Jahr)

1. **Grund der Nachuntersuchung:** Einbestellung ☐ Von anderem Arzt geschickt ☐ Kommt von selbst ☐
2. **Seit der letzten Untersuchung durchgeführte Behandlung:**
   Keine ☐ Bestrahlung ☐ Zytostatika ☐ Operation ☐ Kur ☐ sonstige ☐
   Klartext: ......
3. **Derzeitige Arbeitsfähigkeit:**
   arbeitsunfähig ☐ Teilzeit ☐ Hausfrau ☐ arbeitsfähig ☐ Rentner ☐
4. **Beschwerden:** ......
5. **Inspektion und Tastbefund:**
   1) Tumorregion unverdächtig ☐
   Verdachtsbefund: ......
   2) Regionale Lymphknoten unverdächtig ☐
   Verdachtsbefund: ......
   3) Fernmetastasen keine ☐
   Verdachtsbefund: ...... Lokalisation: ......
6. **Röntgenbefunde** (Unterstrichenes erforderlich)
   Lunge, Magen-Darm, Kolon-Rektum, Mammographie, sonstige:
   nicht durchgeführt ☐ durchgeführt ☐ unauffällig ☐ Verdachtsbefund: ......
7. **Endoskopie** (Unterstrichenes erforderlich)
   Recto-, Gastro-, Duodeno-, Kolo-, Cystoskopie, Kolposkopie, sonstige:
   nicht durchgeführt ☐ durchgeführt ☐ unauffällig ☐ Verdachtsbefund: ......
8. **Szintigraphie** (Unterstrichenes erforderlich)
   Leber-Milz, Knochen, Hirn, Lunge, Niere, Schilddrüse, sonstige:
   nicht durchgeführt ☐ durchgeführt ☐ unauffällig ☐ Verdachtsbefund: ......
9. **Sonographie** (Ultraschall):
   nicht durchgeführt ☐ durchgeführt ☐ unauffällig ☐ Verdachtsbefund: ......
10. **Computer-Tomographie:**
    nicht durchgeführt ☐ durchgeführt ☐ unauffällig ☐ Verdachtsbefund: ......
11. **Cytologie, Histologie:** ......
    nicht durchgeführt ☐ durchgeführt ☐ unauffällig ☐ Verdachtsbefund: ......
12. **Laborwerte:** Blutstatus:
    BKS: Hb: Ery: Leuko: Kreatinin:
    SGOT: SGPT: γ-GT: APP: Sonstige:
    Urinstatus:
    Eiweiß: Zucker: Ery: Leuko: Hämoccult:

Tumormarker ......

Veranlaßte Folgemaßnahmen: Routinemäßige Nachsorge ☐ Verkürztes Nachsorgeintervall ☐ Verlängertes Nachsorgeintervall ☐ Behandlung wegen Tumor ☐ Behandlung wegen sonstiger Erkrankung ☐ Aufnahme zur Durchuntersuchung ☐ Abschluß ☐

Therapieempfehlung: ......

Nu. durchgeführt wo? ......

Sonstige Maßnahmen: ......

...... Unterschrift und Stempel des Arztes

Nächster Nachsorgetermin: ...../...../..... (Tag Monat Jahr)

Behandelnder Arzt / Abteilung

Name
Vorname
Geburtsname
Straße/Haus-Nr.
PLZ ______ Ort
Geburtsdatum (Tag | Monat | Jahr) — Geschlecht m ○ w ○
Krankenkasse
Pat. Identifikation

Tumordiagnose / Lokalisation / Histologie

Therapie
(Operation / Strahlentherapie / Chemotherapie / sonstige Therapie)

NACHSORGEBERICHT

Anamnese:

Datum der tumorspezif. Diagnose (Tag | Monat | Jahr)

Leistungszustand nach Therapie (nach ECOG/WHO-Schlüssel siehe Rückseite) ☐

Diagnosesicherung / durchgeführte Untersuchungen

	o. B.	Tumor	fraglich		o. B.	Tumor	fraglich		o. B.	Tumor	fraglich
histologisch	○	○	○	endoskopisch	○	○	○	Röntgen	○	○	○
zytologisch	○	○	○	chirurgisch	○	○	○	klinisch	○	○	○
sonographisch	○	○	○	CT	○	○	○				
andere	○	○	○	______							

Tumormarker mit Normalbereich

CEA: ______/______ ______: ______/______ ______: ______/______ ______: ______/______

______: ______/______ ______: ______/______ ______: ______/______ ______: ______/______

Tumorstatus:

Vollremission ○ Teilremission ○ nur klin. gebessert ○ divergentes Geschehen ○
Progression ○ keine Änderung ○ nicht abgeklärt ○

Tumorausbreitung:

	Reste	neue	keine	fraglich
Tumor	○	○	○	○
LK_Metastasen	○	○	○	○
Fernmetastasen	○	○	○	○

Befundklassifikation jetzt:

keine Änderung ○ Änderung ○ Recidiv TNM: ⊥ T ____ N ____ M ____

Weiteres Vorgehen

○ **Nachsorge**
○ nach ATO Standart
○ wie bisher
○ zusätzl. Untersuchung
______
○ anderes Nachsorgeschema modifiziert
______

○ **Therapie**

○ **Konsil**
○ Telefonkonsil
○ Interdiszipl. Konsil

○ **Reha-Maßn.**

Vorstellung/Überweisung an anderen Arzt/Krankenhaus geplant?

nein ○ **ja** ○ **an wen:** ______

Datum der nächsten Nachsorge (Tag | Monat | Jahr)

Abbruch der Nachsorge ○

Derzeitige therapeutische Maßnahmen:

______

______

Datum

Unterschrift/Stempel

Version 9/93 KV No

1. Seite: Hausarzt oder Primärtherapeut 2. Seite: Nachsorgeleitstelle 3. Seite: Krankenblatt 4. Seite: mitbehandelnder Arzt

Bedeutung und Aufgaben der Tumornachsorge

Die Aufgaben und damit die Bedeutung der Tumornachsorge bestehen, neben den schon genannten, in:

- Überwachung der kurativ behandelten Patienten
- Betreuung und Überwachung sowie eventuelle Weiterführung oder Wiederaufnahme palliativer Maßnahmen bei nicht kurativ Behandelten
- Kontrolle und Behandlung der durch die Therapie auf den Gesamtkörper ausgelösten Nebenwirkungen
- Einleitung einer stationären Anschluß- bzw. Nachbehandlung (Kur) zur Wiederherstellung des körperlichen und psychischen Gesundheitszustandes nach durchgeführter chirurgischer, strahlen-, oder/und chemotherapeutischer Behandlung
- Einleitung von Rehabilitationsmaßnahmen vor einer beruflichen Wiedereingliederung in eine Ganztags- oder Teilzeitbeschäftigung
- Hilfestellung bei der Einleitung eines Rentenverfahrens (Berufs- und Erwerbsunfähigkeitsrente)
- Hilfestellung bei der Beantragung eines Ausweises für Schwerbeschädigte
- Hilfestellung bei der Beschaffung von Heil- und Hilfsmitteln sowie einer Einleitung von Zusatztherapien
- Hilfestellung bei der Lösung psychosozialer Probleme: Infolge der Krebsbehandlung durch Operation, Strahlen- und Chemotherapie kommt es in der Regel auch äußerlich zu erkennbaren Körperschädigungen. Hierdurch wird das Selbstwertgefühl der Betroffenen oft erheblich beeinträchtigt, was häufig zu einer sozialen Isolation mit Konfliktsituationen im Berufs- und auch Privatleben führt.
- Vermittlung von sozialen Diensten, von entsprechenden Beratungsstellen und von Selbsthilfegruppen

Schlußwort

Die malignen Erkrankungen und ihre Behandlung stellen für den Arzt eine besondere Herausforderung dar. Einmal im Hinblick auf das organische Leiden selbst, zum anderen, und das im besonderen, auch in bezug auf die psychische Führung der betroffenen Patienten.

Der Krankheitsverlauf und die dadurch bedingten, für die Patienten stets schwerwiegenden und schicksalhaften, aber unbedingt notwendig werdenden therapeutischen Maßnahmen wie Radikaloperationen, Chemo- und Strahlentherapien mit ihren Folgen stellen die Betroffenen plötzlich vor absolut veränderte Lebensbedingungen, die für sie oft erhebliche Minderungen der Lebensqualität bedeuten. Diese Patienten bedürfen einer besonderen psychischen und allgemeinärztlichen Betreuung durch ihren behandelnden Hausarzt, der ohnehin in der Regel auch das Vertrauen der ganzen Familie besitzt.

Die eigentliche Tumornachsorge sollte in dafür eigens eingerichteten Fachabteilungen der Kliniken oder von den für die Tumornachsorge qualifizierten niedergelassenen Fachärzten durchgeführt werden, die ihrerseits wieder Tumorzentren angeschlossen sind. Hier wird für jeden besonderen Tumorfall ein spezielles Nachsorgeprogramm erstellt mit Registrierung und Auswertung der erhobenen Befunde.

Da jede Fachdisziplin sich mit den malignen Erkrankungen und ihren Besonderheiten, bezogen auf ihr Fachgebiet, speziell befaßt und diese aus den entsprechenden Lehrbüchern und Fachliteraturen zu entnehmen sind, wurde in dieser Niederschrift bewußt darauf verzichtet, spezielle maligne Erkrankungen und die besonderen therapeutischen Maßnahmen im einzelnen zu beschreiben.

Das vorliegende Buch soll vielmehr dem Leser eine Einführung in die **Grundlagen** der Onkologie geben.

Schlußwort

[illegible]

Literatur

Aulbert E, Niederle N. Die Lebensqualität des chronisch Krebskranken. Stuttgart, New York: Thieme, 1990

Bruntsch U, Gallmeier WM. Immuntherapie bösartiger Krankheiten: Kritische Analyse des bisher Erreichten. Praktische Onkologie. Münch med Wochenschr 1989; 131: 121–22

Burghard E. Merkmale einer Geschwulst – Epitheliale Atypie. In: Pschyrembel Klinisches Wörterbuch. 245. Aufl. Berlin, New York: de Gruyter, 1982; S. 103

Cottier H. Pathogenese – Ein Handbuch für die ärztliche Fortbildung. Band 1. Berlin, Heidelberg, New York: Springer, 1980

Cottier H. Metastasierung. In: Strahlentherapie – Radiologische Onkologie. 3. Aufl. Scherer E (Hrsg.) Berlin, Heidelberg, New York: Springer, 1987, 337–39

Daniel H. Beschleuniger. Teubner Studienbücher Physik. Stuttgart: Teubner, 1974

Dellbrück H. Tumornachsorge. Stuttgart, New York: Thieme, 1988

Denekamp J. Störungen der Zellvermehrung nach Bestrahlung. In: Strahlentherapie – Radiologische Onkologie. 3. Aufl. Scherer E (Hrsg.) Berlin, Heidelberg, New York: Springer, 1975, S. 230

Dold U, Hermanek P, Höffken K, Sack H. Praktische Tumortherapie. 4. Aufl. Stuttgart, New York: Thieme, 1993

Donath H. Innere Medizin. 7. Aufl. Stuttgart, New York: Schattauer, 1993

Dummen R, Welters HP, Keilholz U, Tilgen W, Burg G. Interleukin 2: immunologischer Hintergrund und klinische Anwendung in der Tumortherapie. Hautarzt 1990; 41: 53–55

Eibl H, Unger C. Phospholipide – Ein neues Konzept. In: Mammakarzinome – Neue Perspektiven experimenteller und klinischer Therapieforschung. Nagel GA (Hrsg.) Berlin, Heidelberg, New York: Springer, 1986; S. 124–32

Eibl H, Unger C. Phospholipide als Antitumormittel: Möglichkeiten einer selektiven Therapie. In: Die Zellmembran als Angriffspunkt der Tumortherapie. Unger C, Eibl H, Nagel GA (Hrsg.) Aktuelle Onkologie 34. München, Bern, Wien: Zuckschwerdt, 1987

Eibl H, Unger C. Biologische Bedeutung der Phospholipide: Entwicklung von Hexadecylphosphocholin – eine Substanz mit selektiv antitumoralen Eigenschaften. In: Onkologie. Regensburger Universitäts-Kolloquium, Band 1, Schmähl D, Peukert M (Hrsg.) Stuttgart, New York: Schattauer, 1990; S. 41–51

Estler C-J. Pharmakologie und Toxikologie. 4. Aufl. Stuttgart, New York: Schattauer, 1994

Frauenfelder H, Henley, EM. Teilchen und Kerne. München, Wien: Oldenburg, 1979
Good RA. Immunabwehr des Körpers. In: Pschyrembel Klinisches Wörterbuch. 254. Aufl. Berlin, New York: de Gruyter, 1982; S. 541
Grond St, Zech D. Aktuelle Strategien in der Behandlung von Tumorschmerzen. Med Klin 1992; 87: 198–206
Grundmann E (Hrsg.) Einführung in die Allgemeine Pathologie. 8. Aufl. Stuttgart, New York: Fischer, 1992
Hadorn W, Wehner R. Allgemeine Zoologie. Stuttgart, New York: Thieme, 1978
Hamperl H. Lehrbuch der allgemeinen Pathologie und der Pathologischen Anatomie. 22./23. Aufl. Berlin, Göttingen, Heidelberg: Springer, 1957
Hess F. Therapie maligner Tumoren, Hämoblastome und Hämoblastosen. Band 3: Die Strahlentherapie. Stuttgart: Enke, 1969
Hipp/Trometer. Häufigkeitsverteilung von Metastasen. In: Pschyrembel Klinisches Wörterbuch. 252. Aufl. Berlin, New York: de Gruyter, 1975; S. 619
Höffken K. Aktuelle Aspekte der Hormontherapie des Mammakarzinoms. Stuttgart: Enke, 1986
Höfling O. Lehrbuch der Physik. Oberstufe. Ausgabe A. 7. Aufl. Bonn: Dümmler, 1966
Jost LM, GJ, Oelz O, Sauter C, Stahel RA. Immuntherapie von Tumoren mit Interleukin 2 und Lymphokin-aktivierten Killerzellen. Schweiz med Wochenschr 1989; 119: 137–43
Jungermann K, Möhler H. Biochemie. Ein Lehrbuch für Studierende der Medizin, Biologie und Pharmazie. Berlin, Heidelberg, New York: Springer, 1980
Klein E, Reinwein D. Klinische Endokrinologie, 1978; siehe Reinwein D, Benker G. Klinische Endokrinologie, 2. Aufl.
Korting GW, Frank P. Diagnose und Therapie der Hautkrankheiten. 2. Aufl. Stuttgart, New York: Schattauer, 1989
Kurth KH, Marquet R, Zwartendijk J, Warnaar SO, Jonas U. Aktive spezifische Immuntherapie des metastasierten Nierenkarzinoms mit autologem Tumormaterial. In: Immuntherapie in der Urologie. Otto U, Huland H, Klosterhalfen H (Hrsg). Basel: Editiones Roche, 1992
Lamerz R. Tumormarker – Prinzipien und Klinik. Dtsch Ärztebl 1989; 86: 45
Laskowski W. Biologische Strahlenschäden und ihre Reparatur. Berlin: de Gruyter, 1981
Mutschler E. Arzneimittelwirkungen – Lehrbuch der Pharmakologie und Toxikologie, 6. Aufl. Stuttgart: Wissenschaftliche Verlagsgesellschaft, 1991
Nagel R. Konservative Therapie des Prostatakarzinoms. Berlin, Heidelberg, New York: Springer, 1987
Osieka R, Schmidt CG. Allgemeine Chemotherapie. In: Gross R, Schmidt CG (Hrsg). Klinische Onkologie. Stuttgart, New York: Thieme, 1985
Otto T, Bex A. Immuntherapie in der Urologie. Urologe 1991; B 31: 251–56

Pfreundschuh M. Gegenwärtiger Stand und Perspektiven der Immundiagnostik und Immuntherapie in der Onkologie. Med Klinik 1987; 82: 320–29

Pschyrembel W. Klinische Wörterbuch. 257. Aufl. Berlin, New York: de Gruyter, 1993

Reinwein D, Benker G. Klinische Endokrinologie. 2. Aufl. Stuttgart, New York: Schattauer, 1992

Rockensüß K-D, Großmann A. Therapieversuchsprotokoll zur Behandlung des Nierenzell-Karzinoms mit autologer-Tumorzell-Vakzine-Macropharm. Lübeck: Macropharm, 1994

Sandritter W. Allgemeine Pathologie – Ein Lehrbuch für Studierende und Ärzte. Stuttgart, New York: Schattauer, 1981

Sandritter W. Morphologische Eigenschaften maligner Tumoren. In: Strahlentherapie – Radiologische Onkologie. 3. Aufl. Scherer E (Hrsg). Berlin, Heidelberg, New York: Springer, 1987

Scherer E. Strahlentherapie, Radiologische Onkologie. Berlin, Heidelberg, New York: Springer, 1987

Schirrmacher V. Krebs – Tumoren, Zellen, Gene. 3. Aufl. Heidelberg: Spektrum der Wissenschaft, 1986

Schmiedt E, Altwein JE, Bauer HW. Klinische und experimentelle Urologie. Band 10. Bauer, HW, Altwein, JE (Hrsg). Palliative Therapie des Prostatakarzinoms. München, Bern, Wien: Zuckschwerdt, 1985

Schwarz R. Die Krebspersönlichkeit. Stuttgart, New York: Schattauer, 1994

Soost HJ. Lehrbuch der klinischen Zytodiagnostik. Stuttgart, New York: Thieme, 1974

Starling E. Hormone als chemische Sendboten. In: Pschyrembel Klinisches Wörterbuch. 254. Aufl. Berlin, New York: de Gruyter, 1982; S. 504

Stryer L. Biochemie. Heidelberg: Spektrum der Wissenschaft, 1990

Thomas C (Hrsg). Grundlagen der klinischen Medizin. Band 2. Schmitz-Moormann P, Thomas C, Gebert G, Gerok W. Verdauungsapparat. Stuttgart, New York: Schattauer, 1989

Thomas C. Makropathologie. 8. Aufl. Stuttgart, New York: Schattauer, 1993

Thomsen K. Wirkmechanismus der Hormonrezeptoren, dargestellt am Beispiel der Östrogene. In: Pschyrembel Klinisches Wörterbuch. 254. Aufl. Berlin, New York: der Gruyter, 1982; S. 504

Thurn P, Bücheler E. Einführung in die radiologische Diagnostik. 9. Aufl. Stuttgart, New York: Thieme, 1992

Unger C, Eibl H. Phospholipide – Zytotoxische Prinzipien als Ergebnis von Strukturvariationen. In: Mammakarzinome – Neue Perspektiven experimenteller und klinischer Therapieforschung. Nagel GA (Hrsg.) Berlin, Heidelberg, New York: Springer, 1986; S. 115–23

Unger C, Eibl H. Onkologische Therapie mit Phospholipiden. In: Onkologie. Regensburger Universitäts-Kolloquium, Band 1. Schmähl D, Peukert M (Hrsg). Stuttgart, New York: Schattauer, 1990; S. 53–9

Vogel G, Angermann H. dtv-Atlas zur Biologie. München: Deutscher Taschenbuch Verlag, 1990

Voss H. Grundriß der normalen Histologie und mikroskopischen Anatomie. 7. Aufl. Leipzig: Thieme, 1952

Westphal W. Physik. 25./26. Aufl. Berlin, Heidelberg, New York: Springer, 1970

Zimmermann M, Arnau H. Schmerztherapeutische Versorgung von Tumorpatienten. Stuttgart, New York: Schattauer, 1995

Sachverzeichnis

PSYCHOONKOLOGIE

ausgezeichnet mit dem Römerpreis des Deutschen Kollegiums für Psychosomatische Medizin

1994.
136 Seiten,
30 tabellarische Darstellungen,
kart.
*DM 38,–
öS 297,–
sFr 38,–

1992.
164 Seiten,
9 Abbildungen,
40 Tabellen,
kart.
DM 48,–
öS 375,–
sFr 48,–

Schwarz
Die Krebspersönlichkeit
Mythos und klinische Realität

SCHRIFTENREIHE DER
AKADEMIE FÜR INTEGRIERTE MEDIZIN

Mit der Frage nach typischen Persönlichkeitsmerkmalen bei Krebspatienten beschäftigen sich Wissenschaft und Medien immer wieder auf ebenso spektakuläre wie spekulative Weise. Das Buch von Reinhold Schwarz setzt einen deutlichen Schlußstrich unter diese Diskussion – mit den folgenden Inhalten:

- Strenge Metaanalyse der gängigen Theorien zur Krebspersönlichkeit mit der Hervorhebung ihrer Schwachstellen und methodischen Fehler
- Ergebnisse der psychoonkologischen Forschung: retrospektive und prospektive Studien
- Bericht über eine eigene, methodisch brillante empirische Studie des Autors zum Thema „Krebspersönlichkeit" an Patienten mit Bronchialkarzinom und Brustkrebspatientinnen
- Zusammenfassende Diskussion der Befunde mit Schlußfolgerungen im Hinblick auf die Krankheitsbewältigung

Ein Grundlagenbuch, das mit vielen Vorurteilen aufräumt – für alle Ärztinnen und Ärzte, Angehörige psychosozialer Berufe und Pflegepersonen, die Patienten mit Malignomen behandeln, begleiten oder nachbetreuen.

Buddeberg
Brustkrebs
Psychische Verarbeitung und somatischer Verlauf

Die Bedeutung psychischer Faktoren für den Verlauf von Krebserkrankungen ist nach wie vor ungeklärt. Das vorliegende Buch befaßt sich mit möglichen Zusammenhängen zwischen der psychischen Verarbeitung und dem somatischen Verlauf von Brustkrebserkrankungen. Die dargestellten Ergebnisse basieren auf einer prospektiven Studie an neu an Brustkrebs erkrankten Patientinnen. Das Buch wendet sich an Ärzte und an Psychologen, die im Bereich der Psychoonkologie wissenschaftlich oder praktisch klinisch tätig sind.

*unverbindlich empfohlener Preis

Irrtum und Preisänderungen vorbehalten.